REHABILITATION AND STRENGTHENING TECHNOLOGY
OF CROSS-CURVED ARCH APPROACH BRIDGE OF
NANJING YANGTZE RIVER BRIDGE

南京长江大桥双曲拱引桥维修加固技术

周建庭　刘思孟　张洪　编著

人民交通出版社股份有限公司
北京

内 容 提 要

南京长江大桥是长江上第一座由我国自行设计和建造的公铁两用特大型桥梁,具有里程碑意义。大桥的公路桥由北岸引桥、正桥、南岸引桥、回龙桥四部分组成,其中南岸引桥、北岸引桥及回龙桥分别包含18孔、4孔和12孔混凝土双曲拱桥。本书围绕南京长江大桥双曲拱引桥维修加固技术,介绍双曲拱桥的常见病害及其处治方法,双曲拱引桥维修加固技术,复合拱圈(板肋)加固设计、施工与计算方法,以及桥梁加固后效果评价指标体系等内容。

本书可供从事桥梁维修、加固与增强相关工作的工程技术人员、学者及研究人员参考,也可作为相关专业学生的学习参考书。

图书在版编目(CIP)数据

南京长江大桥双曲拱引桥维修加固技术 / 周建庭,刘思孟,张洪编著. — 北京:人民交通出版社股份有限公司,2024.1
ISBN 978-7-114-19193-0

Ⅰ.①南… Ⅱ.①周…②刘…③张… Ⅲ.①铁路公路两用桥—维修—南京②铁路公路两用桥—加固—南京 Ⅳ.①U448.12

中国国家版本馆 CIP 数据核字(2024)第 013688 号

Nanjing Changjiang Daqiao Shuangqugong Yinqiao Weixiu Jiagu Jishu

书 名:	南京长江大桥双曲拱引桥维修加固技术
著 作 者:	周建庭 刘思孟 张 洪
策划编辑:	卢俊丽
责任编辑:	王景景
责任校对:	赵媛媛
责任印制:	刘高彤
出版发行:	人民交通出版社股份有限公司
地 址:	(100011)北京市朝阳区安定门外外馆斜街 3 号
网 址:	http://www.ccpcl.com.cn
销售电话:	(010)59757973
总 经 销:	人民交通出版社股份有限公司发行部
经 销:	各地新华书店
印 刷:	北京印匠彩色印刷有限公司
开 本:	787×1092 1/16
印 张:	13
字 数:	308 千
版 次:	2024 年 1 月 第 1 版
印 次:	2024 年 1 月 第 1 次印刷
书 号:	ISBN 978-7-114-19193-0
定 价:	65.00 元

(有印刷、装订质量问题的图书,由本公司负责调换)

前　言 PREFACE

南京长江大桥是万里长江上第一座由我国自行设计和建造的公铁两用特大型桥梁，是20世纪60年代我国经济建设的重要成就之一，具有里程碑意义。大桥自1968年建成通车以来，在铁路、公路、城市交通中发挥了巨大作用，为国家和区域的经济发展做出了卓越贡献。大桥的公路桥由北岸引桥、正桥、南岸引桥、回龙桥四部分组成，其中南岸引桥、北岸引桥及回龙桥都包含混凝土双曲拱桥。因此，双曲拱引桥的维修加固是南京长江大桥维修加固工程的重要组成部分。

改革开放以来，我国的公路桥梁事业进入了一个全新的发展阶段，目前桥梁总数已超过100万座。随着桥梁建设事业的迅猛发展，桥梁的维修、加固与增强的需求日益迫切。近年来，国内外众多的桥梁科技工作者围绕拱桥维修和加固课题开展了深入而卓有成效的研究与探索。本书在总结国内外拱桥维修加固技术研究成果的基础上，围绕南京长江大桥的双曲拱引桥维修与加固工作，介绍了双曲拱桥的常见病害及其处治方法，双曲拱引桥维修加固技术，复合拱圈(板肋)加固设计、施工与计算方法，桥梁加固后效果评价指标体系，可为同类型桥梁维修加固设计、施工提供有益的借鉴与参考。

本书共分为7章，由周建庭、刘思孟统稿。各章的编写人员分别为：第1章周建庭、刘思孟、张洪；第2章周建庭、张洪；第3章刘思孟、张洪；第4章刘思孟；第5章周建庭、陈磊；第6章周建庭、刘思孟、李伟、吴俊明；第7章刘思孟。本书得到了国家重点研发计划（2017YFC0806007、2016YFC0802202）、国家杰出青年科学基金（51425801）和南京市科技计划（201727002）的资助，由所有编写人员密切配合完成。同时，本书也借鉴、参考了国内外专家、学者的研究成果。在此，一并致以衷心的感谢！

受作者水平所限，本书难免有疏漏之处，敬请工程界同人和读者批评、指正！

周建庭

2023年6月于重庆交通大学

目 录 CONTENTS

第1章　绪论 ……………………………………………………………………………… 1
 1.1　南京长江大桥维修加固项目的重要意义与工程价值 …………………………… 1
 1.2　加固前南京长江大桥双曲拱引桥概况 …………………………………………… 4
 1.3　加固前南京长江大桥双曲拱引桥检测结果 ……………………………………… 9

第2章　双曲拱桥常见病害及成因分析 ……………………………………………… 11
 2.1　基础、墩台常见病害及成因分析 ………………………………………………… 11
 2.2　主拱圈常见病害及成因分析 ……………………………………………………… 13
 2.3　拱上建筑常见病害及成因分析 …………………………………………………… 19
 2.4　桥面铺装常见病害及成因分析 …………………………………………………… 22

第3章　双曲拱桥常用加固及病害处治技术 ………………………………………… 25
 3.1　增大截面加固技术 ………………………………………………………………… 25
 3.2　粘贴加固技术 ……………………………………………………………………… 28
 3.3　锚喷混凝土加固技术 ……………………………………………………………… 35
 3.4　改变结构体系加固技术 …………………………………………………………… 39
 3.5　调整压力线加固技术 ……………………………………………………………… 41
 3.6　体外预应力加固技术 ……………………………………………………………… 41
 3.7　典型病害处治技术 ………………………………………………………………… 43
 3.8　常用拱桥加固技术、病害处治技术评析 ………………………………………… 55

第4章　南京长江大桥双曲拱引桥适应性维修加固技术体系研究 ………………… 63
 4.1　南京长江大桥双曲拱引桥的维修加固原则 ……………………………………… 63
 4.2　南京长江大桥双曲拱引桥的拱圈性能提升技术 ………………………………… 64
 4.3　南京长江大桥双曲拱引桥的耐久性提升技术 …………………………………… 65
 4.4　自密实混凝土及其应用简介 ……………………………………………………… 66
 4.5　混凝土钢筋牺牲阳极阴极保护技术 ……………………………………………… 67

第5章 复合拱圈技术加固南京长江大桥双曲拱引桥研究 ···················· 69
5.1 复合拱圈技术加固机理 ··· 69
5.2 复合拱圈加固计算发展状况 ·· 70
5.3 基于应变斜率的组合截面二次承载力计算理论 ························· 74
5.4 复合拱圈截面承载力模型试验 ··· 86
5.5 复合拱圈截面承载力有限元分析 ·· 97
5.6 复合拱圈加固计算 ·· 116
5.7 箱形截面转换加固技术模型试验 ··· 126

第6章 复合板肋加固双曲拱桥施工关键技术研究 ······························ 153
6.1 复合板肋加固技术 ·· 153
6.2 南京长江大桥双曲拱引桥加固技术 ·· 161
6.3 南岸引桥双曲拱桥及回龙桥拱上建筑拆除施工 ························· 166
6.4 北岸引桥双曲拱桥拱上建筑拆除施工 ····································· 179

第7章 双曲拱桥加固后技术效果评估研究 ······································· 189
7.1 桥梁加固后效果评价研究现状及意义 ····································· 189
7.2 桥梁加固后效果评价指标体系——强度评价指标 ······················ 190
7.3 桥梁加固后效果评价指标体系——刚度评价指标 ······················ 194

参考文献 ·· 198

第1章
绪论

南京长江大桥是长江上第一座由中国自行设计和建造的双层式铁路、公路两用桥梁,在中国桥梁史和世界桥梁史上具有重要意义,是中国经济建设的重要成就,具有极大的经济意义、政治意义和战略意义,有"争气桥"之称。南京长江大桥的成功建设,以及中国在建桥过程中发展形成的低合金桥梁钢和深水基础工程等技术,是新中国技术成就与现代化的象征,承载了中国几代桥梁人的特殊情感与记忆。

1.1 南京长江大桥维修加固项目的重要意义与工程价值

南京长江大桥(图1-1)始建于1960年,1967年主体完工,1968年9月铁路桥(全长6772m)通车运营,同年12月公路桥(全长4588m)正式投入使用。

图 1-1 南京长江大桥实景

南京长江大桥的公路桥由北岸引桥、正桥、南岸引桥、回龙桥四部分组成,各桥跨分布信息见表1-1。南岸引桥双曲拱桥立面图及信息如图1-2和表1-2所示。如图1-3与表1-3所示,回龙桥由12孔双曲拱桥组成(对应H1~H12号孔),回龙桥全桥宽13.1m,车行道宽8m,两侧各有2.55m宽(含栏杆)的人行道。回龙桥双曲拱桥总计12孔,桥梁全长328.2m。北岸引桥路线全长1247m,34号台~38号墩为双曲拱桥段,全长137m,跨径布置为3×34.9m+32.3m,其中37~38号墩跨径为32.3m。北岸引桥双曲拱桥立面图及信息详见图1-4和表1-4。

南京长江大桥公路桥桥跨分布信息表　　　　表1-1

桥跨特征			北岸(浦口)	正桥(跨江)	南岸(鼓楼)
正桥(公铁两用)				10孔	
引桥	涉铁段引桥		7孔		7孔
	公铁分离	铁路桥	104孔		45孔
		公路桥	31孔		46孔
分岔落地公路桥(回龙桥)					12孔

注：除上述孔跨外，桥头建筑的大堡处有一孔跨径14.1m的T梁、小堡处有一孔跨径7.35m的T梁。

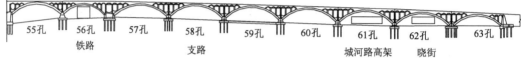

图1-2　南岸引桥双曲拱桥立面图

南岸引桥双曲拱桥信息简表　　　　表1-2

桥梁名称	跨径布置 (m)	桥梁全长 (m)	路线全长 (m)	桥宽 (m)
南岸引桥双曲拱桥 (18孔)	8×34.9+35.2+4(制动墩孔)+ 31.4+27.68+4(制动墩孔)+ 6×34.9+32.3+30(路基)	623.18	653.18	20.1

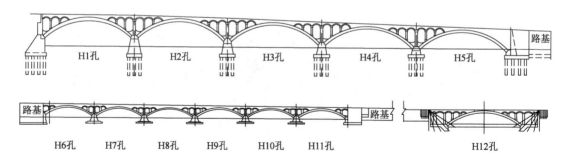

图1-3　回龙桥双曲拱桥立面图

回龙桥双曲拱桥信息简表　　　　表1-3

桥梁名称	跨径布置 (m)	桥梁全长 (m)	路线全长 (m)	桥宽 (m)
回龙桥双曲拱桥 (12孔)	5×32.7+20.5(路基)+6×22+ 141.8(路基)+32.7+25.9(路基)	328.2	516.4	13.1

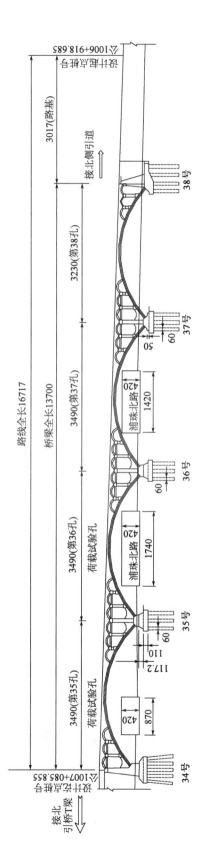

图 1-4 北岸引桥双曲拱桥立面图（尺寸单位：cm）

北岸引桥双曲拱桥信息简表　　　　　　　　　　表1-4

桥梁名称	跨径布置（m）	桥梁全长（m）	路线全长（m）	桥宽（m）
北岸引桥双曲拱桥（4孔）	3×34.9+32.3	137	1247	20.1

双曲拱桥在纵、横两个方向都为拱式。纵向拱是指桥梁的主拱圈，在外形上与一般拱桥完全一样，为各种拱轴线形式的拱圈。横向拱是双曲拱的主要特征点，是指在纵向的拱肋上并排砌筑的多组拱波，它们就像一排排向上鼓起的瓦垄，由于切面像波浪一样，所以称为拱波。拱波的展开方向与拱圈纵向相互垂直，使桥梁整体表现为纵横两个方向的曲线形，因此叫双曲拱。

双曲拱桥充分发挥了预制装配的优点，可以不要拱架施工，节省人力和木料，加快施工进度，且同样的材料，可以获得比一般拱桥大得多的跨度。如跨度相同，则可以节省钢材等建筑材料。在造型上，双曲拱桥由于在纵向和横向上都为曲线形，更富于变化。构造上，双曲拱桥的重要特点是：将主拱圈以"化整为零"的方法按先后顺序施工，再以"集零为整"的方式组合成承重的整体结构。但因主拱圈分期形成，呈现组合结构的受力特征，通常整体性较差。

此外，据相关统计，在双曲拱桥使用最多的江苏省，设计荷载在汽-13级以下的双曲拱桥占97.2%，高达98.5%的桥宽在净-7.0m以下；在湖北省公路网中，既有的357座双曲拱桥中有85%存在病害，其中病害严重已危及行车安全的有27座，占7.6%；在陕西省干线公路上，101座双曲拱桥中有49座急需加固、改建，需要逐年加固、改建的有41座。

但是，由于设计标准偏低、承载力富余偏小、整体性偏弱，近些年双曲拱桥改造中拆除的多、保留的少。双曲拱桥作为南京长江大桥的重要组成部分，体现了民族特色、时代风貌。南京长江大桥公路桥上的双曲拱桥，若能在外观上维持原有特色、在结构上保持既有体系，则不仅保留了大桥的整体风格，而且将这一具有鲜明时代烙印的桥型作为活的标本保留下来，具有积极的工程价值和历史意义。

鉴于此，本书通过对南京长江大桥双曲拱引桥加固设计方法、施工关键技术与加固后效果评价指标体系的深入研究，以期提升大桥的耐久性等性能，使服役50多年的既有结构继续服务地方经济发展，发挥更大的效益。本书通过深入研究南京长江大桥双曲拱引桥加固工程，提出了双曲拱桥加固设计、施工与后评估方法，其研究成果有效支撑了第一座由我国自行设计和建造的双层式公铁两用特大桥顺利、高质量地完成加固，进一步丰富了桥梁加固的理论与技术体系。

1.2　加固前南京长江大桥双曲拱引桥概况

1.2.1　原设计技术标准

南京长江大桥原设计主要技术标准如下：

1)设计规范

(1)铁道部 1959 年 1 月开始执行的《铁路桥涵设计规范》。

(2)交通部 1956 年公布的《中华人民共和国公路工程设计准则(修订草案)》。

2)设计活载

(1)铁路桥:双线,正桥部分为中-24 级,引桥部分为中-26 级。

(2)公路桥:双向四车道,汽-18 级(图 1-5)。

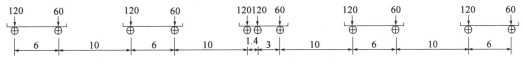

图 1-5 南京长江大桥公路桥汽-18 级车辆荷载示意(轴重单位:kN;轴距单位:m)

(3)人群:设计主桁为 300kg/m²,仅承受人群荷载的结构为 400kg/m²。

3)检算荷载

(1)铁路桥:中-36 级。

(2)公路桥:拖-80t。其中用 1.2×汽-18 级检算钢梁各杆件,此时基本容许应力提高 20%。

4)桥上线形

桥上铁路线的最大坡度为 4‰,最小弯道半径为 1200m;公路桥面的最大坡度为 3.17%,最小弯道半径为 250m。

如图 1-6 所示,公路桥面总宽 20m,行车道宽 15m,两侧人行道各宽 2.5m。其中正桥公路位于钢桁梁上弦。

5)桥梁净空

铁路限界:净高 6.55m,净宽 8.88m(适用于电力牵引的双线铁路)。

公路限界:因设在钢桁梁上弦,净空不受限制。

通航净空:宽度为 120m,高度为最高通航水位(+8.27m)以上 24m。

如图 1-6 所示,双曲拱引桥位于主线桥端部,内侧同 T 梁桥相接,外侧连接引道,共计 22 孔,其中北岸 4 孔,南岸 18 孔,各孔均为等截面悬链线无铰拱,矢跨比为 1/5~1/4,南、北岸引桥跨径为 27.68~35.2m。

6)下部结构

双曲拱引桥均采用群桩基础,在南岸 54 号、56 号墩设有止推墩。桥墩均为实体桥墩,灌注桩基础。

7)上部结构

双曲拱引桥主拱圈由 16 根拱肋、15 个拱波组成,主拱圈高 78.5cm,实体照片如图 1-7 所示。拱肋为 250 级钢筋混凝土预制构件,中心间距 1.3m;拱波为 200 号混凝土预制构件,系圆弧拱,拱波厚 6cm,净跨径 1.04m,矢跨比 1/3;拱板为填平式 300 号混凝土现浇构件,与拱波形成整体;拱肋之间的横向连杆为预制构件,断面为 8cm×11cm,连杆的最大间距为 1.8m,抗震加固时增设截面为 25cm×38cm 的大拉杆(每孔 1~3 道)。

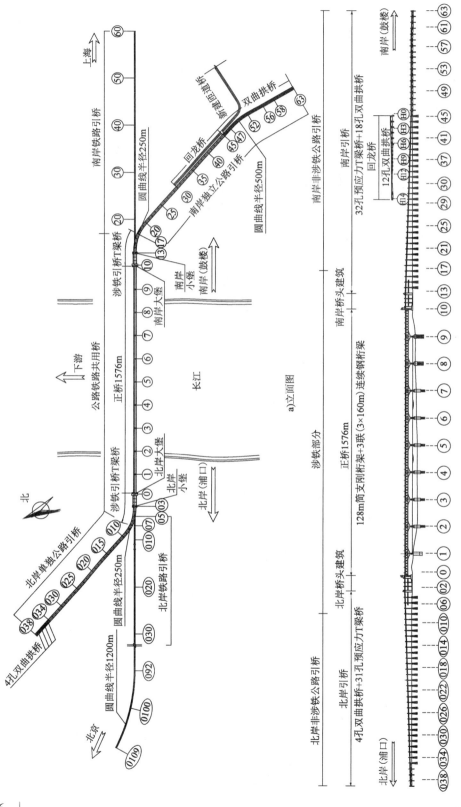

图1-6 南京长江大桥立面与平面布置图

图 1-7 南京长江大桥双曲拱引桥实体照片

1.2.2 回龙桥

如图 1-6 所示,回龙桥始于南岸引桥 T 梁桥和双曲拱桥交会点,同新建匝道桥相连接,终于宝塔路东街,与南京长江大桥主线桥同期建造,目前已基本无社会车辆通行,本次对其施行与双曲拱引桥同等程度的维修改造。回龙桥实体照片如图 1-8 所示。

图 1-8 南京长江大桥回龙桥实体照片

1) 下部结构

回龙桥 H0~H5 墩台为灌注桩基础,其余为扩大基础。

2) 上部结构

回龙桥共计 12 孔,跨径分为 22m 和 32.7m 两种,各孔均为等截面悬链线无铰拱。因桥面较窄,回龙桥双曲拱桥仅设 10 根拱肋、9 个拱波。

1.2.3 桥面系

1) 桥面铺装

双曲拱引桥及回龙桥拱上填料为石灰煤渣土,其上摊铺 6cm 厚沥青混凝土及 2.5cm 厚沥青砂。

2）伸缩缝及伸缩装置

双曲拱桥桥面未设伸缩缝及伸缩装置。

3）人行道及栏杆

如图1-9所示，公路引桥T梁桥和双曲拱桥均采用混凝土人行道板，上下游各设一道栏杆，高130cm，路缘石高30cm。

图1-9 南京长江大桥公路引桥人行道及栏杆实体照片

4）照明灯饰

南京长江大桥公路桥的路灯位于两侧人行道上（图1-10），紧贴防撞护栏，顺桥向每32m左右在上下游各设一个路灯（桥头建筑处局部加密）。灯柱为直径20cm、上下等粗的旋制钢筋混凝土预制管，每灯设有玉兰花五蕾的造型。

图1-10 南京长江大桥公路桥照明灯饰实体照片

5）排水设施

双曲拱引桥建造时路面未设防水层，主拱圈顶面未设横坡，每跨有两个排水孔，通过直径15cm的铸铁管将桥面污水排至桥下。

1.3 加固前南京长江大桥双曲拱引桥检测结果

2007年,同济大学对南京长江大桥进行了较全面的检测,双曲拱引桥部分的主要问题是主拱结构耐久性问题突出,荷载试验表明结构刚度不足。

2015年,中铁大桥(南京)桥隧诊治有限公司对双曲拱引桥进行了全面的检测、荷载试验和结构总体评估,以下主要对2015年的相关检测结果做总结。

1.3.1 结构病害

(1)拱肋混凝土开裂、剥落、碳化严重,钢筋锈蚀、露筋。

拱肋混凝土强度推定参考值均满足设计要求,但南岸引桥拱肋混凝土碳化深度较大(均大于6mm),最大达23mm,实测部分拱肋钢筋保护层厚度小于设计值。

(2)拱波有纵向裂缝,混凝土碳化严重。

(3)腹拱波有横向裂缝。

(4)横系梁有裂缝,混凝土剥落、碳化严重,钢筋露筋。

(5)桥梁渗水严重,桥面和附属设施破损严重。

南岸引桥桥面铺装在行车道两侧靠近防撞护栏的路面普遍存在车辙、拥包、高低不平的现象;北岸引桥桥面铺装在行车道两侧靠近人行道的路面普遍存在露骨现象,累计面积达到或超过30%,局部位置出现坑槽;回龙桥桥面铺装网状裂缝较多,累计面积达到或超过30%。

(6)桥面及拱肋线形测量结果。

南北岸引桥桥面线形基本平顺(除个别测点外)。拱肋线形测量,南岸引桥选择8孔,每孔2~4片,北岸引桥4孔,每孔4片,均进行测量。根据测量结果,北岸实测横向各拱肋高程在四分点相差相对较大,最大差值为4.1cm,在拱顶位置相差相对较小,最大差值为3.3cm;南岸实测横向各拱肋高程在四分点相差相对较大,最大差值为6.8cm,在拱顶位置相差相对较小,最大差值为3.3cm。

1.3.2 技术状况评定结果

根据技术状况总体评分D_r值,拱桥各孔均评定为3类,但上部结构SPCI分值均较低,为4类或者5类,现场检测结果表明拱桥上部结构病害较多且严重,已影响到结构的整体安全。根据《公路桥梁技术状况评定标准》(JTG/T H21—2011)第4.1.8条规定,北岸引桥拱桥整体技术状况评定为4类,表明拱桥主要构件有大的缺损,严重影响桥梁使用功能或影响承载能力,不能保证正常使用。

1.3.3 荷载试验结论

2015年12月,对南京长江大桥双曲拱引桥选取北岸第35、36跨,南岸第53、54跨进行荷载试验(北岸基频测试跨为第37跨),结果如下:

(1)双曲拱引桥拱顶截面大部分混凝土主要测点应变校验系数大于1,出现异常的测点主要集中在加载轮位所对应拱肋上的测点,说明拱肋之间不能很好地传递加载车轴重,拱肋结构各横向连接较差。卸载后,结构的相对残余应变率离散性较大,约50%的主要测点相对残余应变率大于20%,表明结构的弹性恢复能力较差。

(2)通过对双曲拱引桥各片拱肋横向分布的测试,实测荷载横向分布曲线与理论计算曲线相比部分测点存在较大突变,表明双曲拱引桥的横向刚度有所降低。

(3)通过对南北岸引桥动力测试,实测基频值均小于理论基频值,南岸引桥双曲拱桥的第57跨基频为3.45Hz,第58跨基频为3.48Hz,北岸引桥双曲拱桥的第37跨基频为3.58Hz,对应理论基频为4.923Hz,测试结构整体刚度时评定标度为5,说明拱桥整体性降低。

1.3.4 结构检算结论

检算结果表明,拱桥现有承载能力不能满足原设计汽-18级荷载的要求,仅能满足汽-10级荷载的通行要求。

1.3.5 评估结论

拱桥整体技术状况较差,强度、刚度已不能满足原设计荷载的要求,仅能满足汽-10级荷载的通行要求,须对来往车辆进行限载限速运营,尽早对拱桥进行处治。

双曲拱桥由于长期高强度服役,存在较多的病害,承载能力下降,有安全隐患,急需修复。改造工作应抓住主要问题,有针对性地解决。所有病害中,以下两大部位的病害最为关键:

1) 主拱圈

主拱圈是结构受力的主要构件,是关系桥梁安全的关键构件。目前主拱圈存在的病害主要是耐久性病害,如拱肋混凝土开裂、剥落、钢筋露筋、锈蚀,其主要原因是混凝土强度等级偏低,保护层偏薄,加之风雨侵蚀,有些混凝土碳化深度已到达钢筋表面。由于截面面积减小,承载能力、结构刚度也有所下降。

2) 桥面铺装

桥面铺装是保证车辆正常通行的重要组成部分。虽然桥面铺装一般不直接影响结构安全,但它是桥梁功能发挥的关键部位,并且关系每个交通使用者的切身利益,故在改造时也要重点考虑。拱桥的桥面铺装往往与拱上填料紧密联系,相当于在拱桥上筑路,不仅有面层,还有基层,甚至还有"路基",这与其他桥型的桥面铺装不太一样。拱桥的桥面铺装不仅要考虑铺装与填料的协调性、路面结构的合理性,还要考虑拱桥结构的变位对路面的影响,以及路面结构引起的附加内力对桥梁结构的影响,这一点又与单纯的道路路面不一样。

南京长江大桥双曲拱引桥的路面使用效果欠佳,维修频繁。除了与原有桥面与填料性能不足有关,也与交通繁忙、不能完全中断交通以针对病害进行彻底大修有关。

第2章
双曲拱桥常见病害及成因分析

病害是桥梁内、外部致病根源的直接反映和表征,也是科学、合理地选择维修加固技术与施工方法的依据。从病害出发探求各种症状的深层次原因并对症下药,方能药到病除,达到加固桥梁的目的。在深入实地调查和广泛收集各类文献资料的基础上,本章从墩台和基础、主拱圈、拱上建筑、桥面铺装四个方面简要介绍双曲拱桥的常见病害特征及产生原因。

2.1 基础、墩台常见病害及成因分析

基础和墩台即桥梁下部结构,直接承担上部结构的荷载(包括恒载和活载),并将之传递给地基。基础与墩台的使用状况是确保桥梁运营安全的决定性因素之一。一些桥梁承载能力不足(或降低)和全桥其他病害就是由其下部结构的病害引发的。基础、墩台常见病害有以下几种。

2.1.1 基础、墩台不均匀沉降、位移、转动

图2-1 基础不均匀变形导致的桥台台身开裂

病害特征:基础的位移(含竖向不均匀沉降和水平方向移动)和转动使墩台外移、倾斜,上部结构可能产生附加内力甚至由于过大的位移、转动,桥梁各构件开裂(图2-1)。

成因分析:外部荷载过大或地基承载力不足等,致使基础、墩台发生沉降、位移、转动。

2.1.2 基础被掏空、墩台冲蚀严重

病害特征:扩大基础的基底冲刷严重(图2-2)甚至被掏空,桩基础被冲刷后承台悬空;墩台表面粗集料外露,甚至出现局部悬空的现象。

成因分析:基础长期遭冲蚀,材料强度下降,基础整体性被破坏;防护构造设置不当或未采取保护措施;下游不合理挖砂,改变了水流速度等水流特性,使得水流冲击大增等。

2.1.3 墩台开裂

病害特征:侧墙(前墙)常出现顺桥向、横桥向(或竖向)裂缝(图2-3);裂缝沿砂浆或砌筑石料发展,有的裂缝同时贯穿砂浆和砌筑石料;裂缝多为中间宽两头窄的形态;裂缝可能为表

面裂缝也可能为深层裂纹。裂缝走向、长度、宽度和深度因不同的病害根源而呈现不同的特征。

图 2-2 基底冲刷严重

图 2-3 墩台开裂

成因分析:引起墩台侧墙或前墙开裂的主要因素如下。

(1)荷载过大使侧墙(或前墙)承受的土侧压力增大,特别是一些桥梁上的行驶车辆过于靠近侧墙(边缘);

(2)墩台内填土不密实,排水系统失效,渗水改变了填料的力学、物理性能;

(3)砌筑砂浆或石料强度低;

(4)发生了不均匀沉降;

(5)设计、施工等原因。

2.1.4 桥台侧墙外鼓

病害特征:拱上局部区段(尤其是拱顶段)侧墙外鼓呈曲面,如外鼓严重则易引起侧墙侧倾与开裂。侧墙外鼓甚至侧倾常与侧墙开裂相伴产生(图 2-4)。

图 2-4 桥台侧墙与路堤挡墙接缝处开裂、侧倾

成因分析:除与桥台开裂病害成因相似外,侧墙开裂严重极大削弱了其刚度也可能引发侧墙外鼓病害。

2.1.5 墩台渗水

病害特征:水滴、水流从砌体或砂浆缝间渗出,或沿拱圈流到墩台表面,或桥面排水直接流到桥墩或桥台上(图2-5)。

图 2-5 桥台前墙发生渗水病害

成因分析:砂浆缝不饱满、排水系统设置不合理或功能失效等都可能导致渗水病害,致使砌筑石料软化、强度和耐久性降低等。

以上病害是基础、墩台常见的病害类型,与之相伴而生的其他病害(如桥台出现跳车时该处行车道面很可能沉陷,桥台侧墙开裂、外鼓后其锥坡亦可能破损甚至垮塌等)不一一赘述。

2.2 主拱圈常见病害及成因分析

主拱圈是拱桥的主要承重构件,主拱圈病害的产生、发展、特征与其下的基础和墩台、其上的拱上建筑密切相关,也与桥上运行的荷载、大气环境等息息相关。双曲拱桥主拱圈常见病害及可能的成因简要介绍如下。

2.2.1 主拱圈开裂

1) 拱肋开裂

病害特征：双曲拱桥的拱肋出现顺桥向、横桥向或斜向裂缝（图2-6），部分裂缝沿砂浆缝扩展；有的裂缝宽度较一致，有的由宽变细或由细变宽，也有的中间宽而两头细；不同病害导致的裂缝深浅不一。在垂直于拱轴线方向上，拱肋径向缝产生在拱顶附近正弯矩较大的区段；拱肋侧面或底面，沿纵向钢筋方向也可能出现裂缝。拱圈上的裂缝走向、长度、宽度和深度因不同的病害而呈现不同的特征，裂缝的特征也可为分析、判定其成因提供直接的依据。当拱肋径向缝伴随环向缝同时出现时，将严重削弱主拱圈的截面强度，危害很大，过宽和过密的拱肋径向缝也将降低主拱圈的整体性。

图2-6 主拱圈的拱肋开裂

成因分析：对于双曲拱桥，拱肋径向缝产生的原因，包括桥台发生过大的水平位移等，致使拱顶部位正弯矩增加过大。初期修建的双曲拱桥中有些采用较大的拱轴系数，拱顶区段较平坦，拱顶正弯矩大，使得拱肋径向缝出现的可能性增大。

2) 拱波开裂

病害特征：通常，此病害出现在拱波顶部的下缘，大体上与桥梁纵轴向平行；有可能从一侧拱脚开裂，延伸到另一侧拱脚，从而形成纵向的贯通性裂缝（图2-7）。

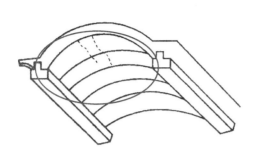 

图 2-7 拱波波顶纵向开裂

成因分析：本质上，拱波是一个拱形的薄壳构件，其仍属于拱。因此，从受力上分析，拱波内存在横向弯矩，使拱顶下缘（即拱顶、拱腹）可能出现拉应力。从构造上看，拱波的配筋量很少，导致其抵抗弯曲变形的能力不强，拱顶、拱腹等薄弱部位易产生裂缝。同时，对于早期的填平式拱板，由于波顶为强度和刚度最弱截面，现浇混凝土厚度大，收缩多，容易出现因收缩而开裂的现象。当采用波形或折线形拱板时，可防止这种裂缝的出现。横向联系不足，是产生波顶纵缝的又一个重要原因。当采用拉杆作为横向联系构件时，由于构件的刚度小，又易松动，往往因拱肋扭转及横向挠度过大而引起波顶纵缝。如采用足够数量的横隔板或横系梁，则横向刚度较大，可有效防止这种裂缝的产生。此外，采用过大的拱轴系数，拱顶区段非常平坦，也容易出现拱顶区段的波顶纵缝。

另外，由于构件强度不足等，单片拱波也可能发生横向（沿自身纵轴）开裂，如图 2-8 所示。在拱座处，由于拱波与拱座之间的连接强度较低，可能使拱脚处产生裂缝。

 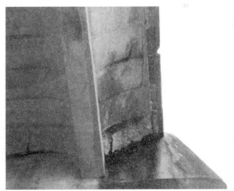

图 2-8 单片拱波横向开裂

3）拱肋与拱波接缝处开裂

病害特征：此病害通常出现在拱波与拱肋相接位置，往往顺着两者的接缝延伸，有可能形成纵向贯通缝（图 2-9）。

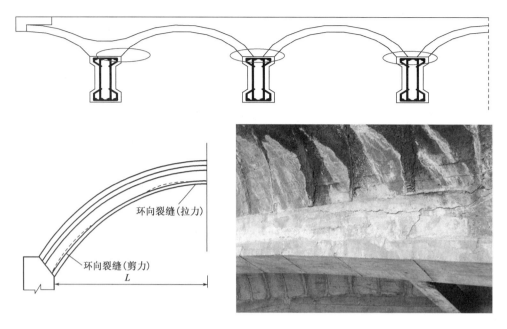

图 2-9 拱肋与拱波接缝处开裂
L-跨径的一半长度

成因分析：在构造上，拱肋与拱波连接处类似于拱桥中拱圈与拱座的连接处。无铰拱桥施工过程中，通常要求拱圈及其内的纵向钢筋伸入拱座内，并形成刚性连接。但是，在拱波、拱肋连接处通常仅用薄层砂浆，而不是将拱波内的横向钢筋与拱肋进行有效连接，导致此处的连接强度较低。

4）拱背开裂

病害特征：在双曲拱桥的主拱拱脚截面处，在垂直于拱轴线方向，可能发现沿着拱圈横向和径向的贯通性裂缝，如图 2-10 所示。

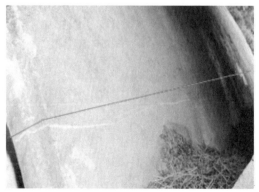

图 2-10 拱背或拱板横向开裂

成因分析：拱圈的拱脚区段通常有极大的负弯矩，而且双曲拱桥的拱脚处不设锚入台座内部的纵向钢筋，在上述两项因素共同作用下常会出现拱背径向缝。当桥台或拱座出现过大的位移时,拱脚处的附加内力增大,使得该类病害更加严重。

5)横系梁或横隔板开裂

双曲拱肋间的横系梁或横隔板,由于所受拉力过大,会产生环向裂缝,如图2-11所示。构件受力与材料强度或配筋不足,都会导致此类开裂现象。

图2-11　拱肋间横系梁开裂

总体而言,双曲拱桥主拱圈裂缝的诱发因素多种多样,主要有:

(1)主拱圈整体强度不足。

主拱圈整体强度不足,造成主拱圈在弯、拉、压、剪作用下产生横向、纵向、斜向裂缝。

(2)材料强度不足。

一些主拱圈材料强度不足或不均匀,部分混凝土强度偏低,造成拱圈开裂。这类拱圈往往是整体强度满足要求,但部分区段或构件因强度偏低,在应力作用下开裂,裂缝方向一般与内力有内在联系。

(3)基础、墩台等发生过大的位移将导致拱圈开裂。

主拱圈开裂,造成其截面强度下降,严重者(如形成横向贯通裂缝)会引起主拱圈的受力体系改变(产生受力铰),对桥梁受力不利。

2.2.2　主拱圈表面破损、露筋

双曲拱桥主拱圈的各类构件都可能出现混凝土表面破损、蜂窝麻面等表面缺陷,此病害较为严重时,将诱发钢筋外露等危害性更大的病害,如图2-12所示。在渗水等条件下,极易导致钢筋锈蚀病害。这些病害可能在拱肋、拱波、拱波与拱肋交接处、填平层、横系梁或横隔板等各部件上出现。

2.2.3　主拱圈渗水

病害特征:水滴、水流从拱圈构件(拱肋、拱波或填平层等)表面或接缝间渗出,或沿拱上建筑侧面流到拱圈表面,或桥面排水直接流到主拱上,如图2-13所示。

成因分析:拱上建筑填料不密实、砂浆缝不饱满或桥面排水系统设置不合理等都可能导致渗水病害,渗水将导致材料的强度和耐久性降低、钢筋锈蚀等。

图 2-12 双曲拱桥主拱圈各组成部分的表面破损、露筋

2.2.4 主拱圈下挠

病害特征：主拱圈（特别是拱顶区段）出现明显的下挠，即主拱圈拱轴线不再是一条圆滑的曲线。

成因分析：引起主拱圈下挠的因素有以下几点。

(1) 施工时拱架未按设计要求进行放样。由于施工时拱架放样与设计图有出入，导致主拱圈发生了永久性变形。

(2) 主拱圈施工时拱架刚度不足。由于施工时拱架刚度不足，发生了变形，而此时混凝土未达到设计强度，造成主拱圈随拱架一起发生不可恢复的永久性变形。

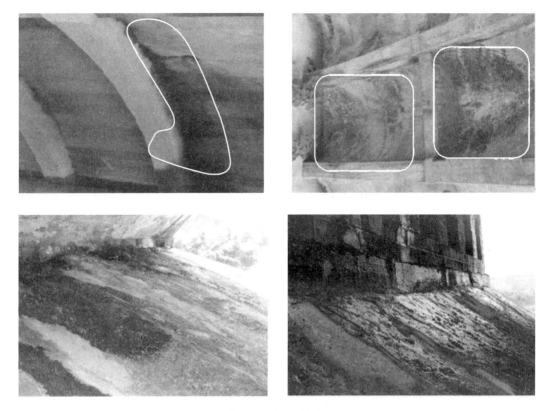

图 2-13 主拱圈渗水

（3）荷载作用引起变形。由于主拱圈强度偏低，在后期荷载作用下，随着裂缝等病害发展发生不可恢复的永久性变形。

危害性：主拱圈下挠使拱桥的实际拱轴线发生偏离，拱轴线已不是理想的拱轴线或设计拱轴线，桥梁实际承载状态显著恶化，且承载能力随着变形量的增大下降得较快。

以上病害为双曲拱桥主拱圈的常见病害，其他病害可参阅有关文献资料，在此不一一赘述。

2.3 拱上建筑常见病害及成因分析

拱上建筑和桥面系是拱桥的主要传力构件，同时起着分布荷载的作用；拱上建筑和桥面系的工作状态对拱桥承载能力和耐久性有极大的影响。

腹拱圈是拱上建筑的重要组成部分，其受力形态与主拱圈类似，因此腹拱圈的病害类型、特征及成因与主拱圈类似。以下为拱上建筑主要病害。

2.3.1 腹拱圈开裂与砂浆脱落

腹拱圈与主拱圈受力形态类似，两者的病害类型也有相似之处。但是双曲拱桥多采用拱式腹拱，其通常是横向上由多片拱片通过砂浆连接而成。因此，除了纵、横向裂缝外，腹拱圈的典型病害之一就是拱片之间的砂浆脱落,如图2-14所示。

图2-14 腹拱圈开裂与砂浆脱落

相比于主拱圈的裂缝,腹拱圈开裂病害除与自身材料和结构受力有关外,还与活载的冲击效应存在相关性。腹拱圈的开裂与砂浆脱落等病害,对腹拱圈自身的强度和刚度等性能有较大的影响,对双曲拱桥整体受力也十分不利。

2.3.2 腹拱圈渗水

与主拱圈类似,腹拱圈也存在普遍的渗水病害,如图2-15所示;其成因和不利影响与主拱圈渗水病害类似。

图2-15 腹拱圈渗水

2.3.3 侧墙开裂

病害特征:侧墙常出现顺桥向、横桥向裂缝,如图 2-16 所示;裂缝沿砂浆或砌块发展,也可能同时贯穿砌体和拱圈;裂缝多为上宽下窄形态;不同病害导致裂缝有深有浅。裂缝走向、长度、宽度和深度因不同的病害根源而呈现不同的特征。

图 2-16 侧墙开裂

成因分析:引起侧墙开裂的主要因素有以下几点。
(1)荷载过大或其冲击作用太大,使侧墙承受的土侧压力增大;
(2)拱上建筑中的填料不密实;
(3)侧墙的砌筑砂浆或石料强度低;
(4)设计、施工等原因。

2.3.4 横墙或立柱渗水

病害特征:水滴、水流从构件表面或接缝间渗出,或沿拱上建筑侧面流到横墙或立柱表面,或桥面排水直接流到横墙或立柱表面,如图 2-17 所示。

成因分析:拱上填料不密实、砂浆缝不饱满或桥面排水系统设置不合理等都可能导致产生渗水病害,渗水将导致材料的强度和耐久性降低、钢筋锈蚀等。

图 2-17

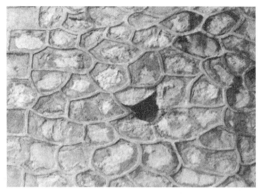

图 2-17　横墙或立柱渗水

2.3.5　侧墙与腹拱圈开裂、脱离

病害特征：侧墙与腹拱圈之间的砂浆开裂，使两者分离开来（图 2-18）。侧墙与腹拱圈开裂、脱离的病害常与侧墙外鼓、开裂病害同时出现。

图 2-18　侧墙与腹拱圈开裂、脱离

成因分析：拱上建筑与腹拱圈的联合作用较大；侧墙与腹拱圈之间的砌筑材料（如砂浆等）强度不足或强度大幅降低；病害严重等致使腹拱圈的刚度不足，变形增大。

2.4　桥面铺装常见病害及成因分析

桥面系承担了保护拱圈、拱上建筑，避免它们受车辆荷载冲击和雨水等侵蚀的作用。

2.4.1　桥面铺装开裂

病害特征：沥青铺装层，会产生各种形式的裂缝。初期产生的裂缝对沥青的使用性能基本上没有影响，但随着表面雨水的侵入，沥青强度下降，在大量行车荷载作用下，沥青铺装层产生结构性破坏。水泥混凝土铺装层也存在类似的裂缝病害，如图 2-19 所示。

图 2-19 桥面铺装纵横向开裂和网状裂缝

成因分析:对于沥青铺装,沥青的品种和标号、沥青混合料的组成、面层的厚度、基层材料的收缩性和气候条件等因素都可能与沥青铺装层开裂有关。对于水泥混凝土铺装,铺装层的变形和承重结构受力是导致其开裂的重要因素。

2.4.2 桥面铺装坑槽

病害特征:行车道有坑槽、不平整,增加了汽车荷载对桥梁的冲击作用。若桥台前墙之上的行车道出现坑槽(图 2-20),易引起跳车现象,对行车舒适性与结构局部受力影响较大。

成因分析:桥台跳车的根源在于该处行车道出现刚度不连续、变形不协调的现象(桥梁属刚性结构,接线道路则偏柔性),未采取相应的工程措施(如增设搭板构造或加大道路填料密实度等)或措施的实施效果不理想;桥梁养护尚待加强;超重车对桥梁的损害大;桥面排水等相关措施不力、设施损坏。

以上病害为拱上建筑及桥面铺装的常见病害,其他病害可参阅有关文献资料,在此不一一赘述。

桥梁病害是承载能力评定、加固整治(增强)的主要内容,也是加固技术和方法选择的主要依据。在旧危桥梁加固(增强)处理的决策、实施过程中,应充分考虑桥梁上已有的病害,分析其可能带来的后果和影响,审慎抉择整治方案和技术。充分利用各种方案和方法之长而规避其不足,做到科学决策、精心实施,使每一座旧桥、病桥或危桥加固整治后实现从内到外"旧貌换新颜"。

图 2-20 行车道坑槽

第3章
双曲拱桥常用加固及病害处治技术

目前,我国常用圬工拱桥加固改造技术主要有以下几种:增大截面加固技术、粘贴加固技术、锚喷混凝土加固技术、改变结构体系加固技术、调整压力线加固技术与体外预应力加固技术。

3.1 增大截面加固技术

当由断面不足或施工质量不佳、墩台地基沉降、桥梁长期超载运营等引起拱圈开裂和变形时,可采用增大拱圈截面的方法加固。最常用的方法是:用钢纤维混凝土、钢筋混凝土、钢筋钢纤维混凝土或钢筋钢丝网钢纤维混凝土(简称三钢混凝土)加大主拱圈的厚度,也可用钢筋混凝土外包石拱桥、双曲拱桥的拱肋截面,或在双曲拱桥拱肋、拱波背部加钢筋混凝土倒槽形板,或用预制拱肋加固桁架拱等。

3.1.1 主拱圈下缘增大截面加固法

实腹式拱桥存在实腹段。当拱圈截面承载力不足时,如果采取拆除拱上实腹部分加固主拱拱背的方案,则存在难度大、费工、费时、费用高、需要中断交通等不足。在桥下净空许可,或桥下泄水面积容许缩小时,可在原拱圈下面喷射钢筋网混凝土或紧贴原拱圈下面浇注钢筋混凝土形成新拱圈进行加固。

该方法无须开挖拱上填料,具有无须中断交通的优点,但是施工难度较大,应特别注意新旧拱圈的密切结合。为了提高新旧拱圈之间的连接强度,需要采取在拱腹植入锚筋等措施。在设计时,应验算墩台能否满足加固要求;必要时,须增大墩台尺寸。

1)钢筋网混凝土拱圈内壁加固法

这是在主拱圈拱腹,按一定间距钻孔设置锚杆,再在锚杆上焊接或绑扎钢筋网,然后浇筑混凝土加固的方法。混凝土加固层的厚度,按结构受力需要确定,如图3-1所示。

目前,通常采用的锚杆为高强膨胀锚栓,亦可采用钢筋砂浆锚杆或楔缝式金属锚杆,如图3-2所示。砂浆锚杆由于需要灌浆存在一定施工难度。此外,还可采用聚酯树脂锚杆等锚杆形式。

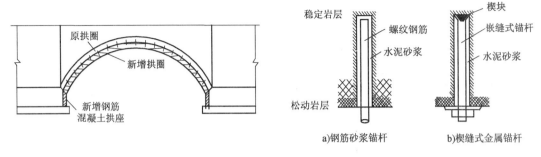

图 3-1 钢筋网混凝土拱圈内壁加固   图 3-2 锚杆构造图

2) 现浇钢筋混凝土复合拱圈(肋)加固法

钢筋混凝土复合拱圈(肋)加固实腹式拱桥技术,主要针对实腹式拱桥的主要承重构件——拱圈,适用于实腹式拱桥因拱石风化、砂浆脱落、拱圈开裂或拱圈发生不可恢复的永久性变形而导致的结构承载力不足等情况下的拱桥加固、增强。采用增设钢筋混凝土复合拱圈(肋)技术加固后,拱圈的强度、刚度和承载力得到较大幅度提高。

该加固技术是在原拱圈拱腹和两侧面增设一层钢筋混凝土加固层(呈"⊔"形),或者仅在原拱圈拱腹增设钢筋混凝土板形成复合拱圈。通过复合拱圈的协调变形、共同作用来承担后期荷载,达到增大拱圈刚度、强度,提高桥梁承载力的目的。该加固技术的构造示意图见图 3-3。

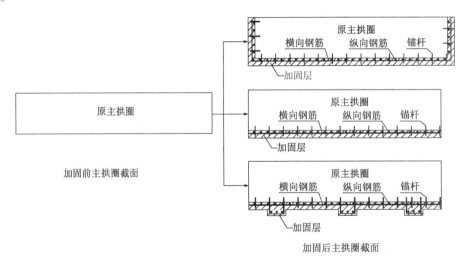

图 3-3 钢筋混凝土复合拱圈(肋)加固构造图

新增混凝土加固层和原石砌体结构层之所以能够形成复合主拱圈,主要是因为两种材料之间的黏结作用以及锚杆的锚固作用;同时,两种材料的线膨胀系数很接近(混凝土为 $1 \times 10^{-5}/℃$,砌体为 $0.8 \times 10^{-5}/℃$),在温度升高或降低的情况下两结构层能协调变形,界面层不会产生大的应变差,界面间由此产生的应力也较小。

此外,由于混凝土的弹性模量比石砌体的弹性模量大,因而混凝土加固层能够分担更多的荷载,充分发挥了加固层材料的强度。加固后,由于钢筋混凝土附加拱圈的作用,原主拱圈表面裂纹变为内部裂纹(图3-4)。

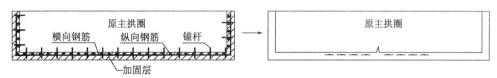

图3-4 钢筋混凝土加固层抑制裂纹扩展示意图

加固层和原结构层能够协调变形、共同作用,加固部分才能为原结构承担一部分后期荷载,从而起到加固的效果。因此,加固层和原结构层的界面连接处理及保障措施成为加固工程的关键。有效的连接处理及保障措施,使得界面之间荷载的传递更加充分、顺畅,最终确保加固效果。

采用增设钢筋混凝土复合拱圈(肋)技术加固后,原拱圈与加固层之间的界面就能传递剪应力;剪应力由两个结构层间的黏结力(混凝土、砂浆和原砌体之间的胶着力)、界面之间的摩阻力承担。因此,加固过程中对原拱圈的凿毛处理也能够增大界面层的摩阻力;锚杆的安设也增强了加固层和原结构层的连接,提高了两者之间的协调变形能力。由以上分析可知,加固层和原结构层能够协调变形、共同承载。

增设钢筋混凝土复合拱圈的锚杆锚固技术,是以岩土锚固技术的锚固理论以及植筋技术中的黏结锚固机理和荷载传递理论为基础的。锚杆所起的主要作用:一是挂设纵、横向钢筋网;二是加强新、旧结构层间的黏结。锚杆,从抗拔和抗剪两方面的力学性态来增强加固层与原结构层的黏结强度,保障复合拱圈的整体性。

具体做法是在进行清理和维修处理后,在原拱圈下绑扎钢筋网;再在正确位置搭架、支模并固定,浇筑混凝土形成新拱圈,如图3-5所示。为加强新旧拱圈的连接强度,可在混凝土中掺加一定膨胀剂,并加强后期养护工作。

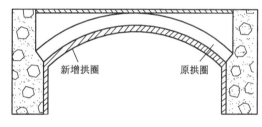

图3-5 新增拱圈

该加固技术根据实腹式拱桥的病害严重程度以及原拱圈的宽度分为增设钢筋混凝土拱板加固技术和增设钢筋混凝土板肋加固技术。对于原桥技术等级较高、情况较好和主拱圈宽度大于或等于9m的实腹式拱桥(根据实际需要),可以考虑采用增设钢筋混凝土板肋加固技术。

3.1.2 主拱圈上缘增大截面加固法

1)局部增大截面加固法

绝大多数无铰拱桥主拱圈的拱脚是荷载作用下内力最大的控制截面,按照结构受力的需要,无铰拱的主拱圈本应设计为变截面形式,但其施工难度较大。为了方便施工,绝大多数拱桥都以拱脚为控制截面,采用等截面形式。因此,在荷载作用下,除拱脚外其他截面一般情况下都有不同程度的冗余。通常,拱脚截面及其附近也是病害多发区。基于上述原因,对于绝大多数空腹式拱桥,为了方便施工、减少加固费用,可采用在主拱圈上缘局部增大主拱圈截面的加固方法(图3-6),以提高原桥的承载能力。

采用该方法加固拱圈的施工要点如下:

(1) 清除主拱圈拱背上面的破损部分和风化层,再凿毛、清理干净。

(2) 按一定间距钻孔,植入锚固钢筋后布设纵、横向钢筋网。根据结构受力需要确定钢筋的直径。

(3) 浇筑混凝土,混凝土强度不得低于C30。一般情况下可采用普通混凝土,对于大跨径拱桥或当拉应力较大时,应采用钢纤维混凝土浇筑,以提高承受拉应力的能力;必要时,还可在钢筋网上铺设高强钢丝网,采用钢筋、钢丝网、钢纤维复合增强混凝土增强加固层的结构性能,提高拱桥加固后的承载能力。

2) 全拱加固法

如果拱桥病害严重或承载力显著不足,采用局部增大截面法已不能满足要求,为了提高结构的承载能力,在对拱圈缺陷和病害进行处治后,可采取拆除拱上建筑,在全拱浇筑一层混凝土以增大截面的方法进行加固补强。采用轻型梁式拱上建筑,取代实腹拱或拱式重力式腹拱,以提高综合承载能力,如图3-7所示。

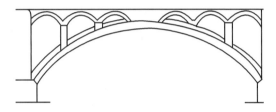

图3-6 主拱圈上缘局部增大主拱圈截面　　图3-7 采用轻型梁式拱上建筑

其施工工艺如下:

(1) 如原拱圈有开裂、损坏等病害,应对主拱圈进行修复、补强。

(2) 对称、均衡、分步拆除原桥拱上建筑。需要强调的是,拆除拱上建筑时,宜从两拱脚对称向跨中进行,并保留拱顶一定范围的填料,直到两侧拆除完毕后再拆除,以防主拱"冒顶"造成主拱圈开裂甚至坍塌。

(3) 在全拱浇筑钢筋混凝土加固层。浇筑混凝土时亦应按照对称、均衡加载原则进行。

(4) 对称、均衡砌筑拱上建筑和桥面系。

采用全拱加固法,需预先设计好加固卸载、加载程序,严格按设计规定程序施工。但因施工烦琐、难度大、工程造价高,需较长时间中断交通,通常较少采用此法。

3.2 粘贴加固技术

粘贴加固技术一般采用环氧树脂或建筑结构胶将钢板和碳纤维复合增强材料(CFRP)等抗拉强度高的材料粘贴在主拱圈表面,使之与结构物形成整体,从而达到提高主拱圈的抗弯、抗剪能力,以及抑制裂缝扩展的目的。根据粘贴材料的不同,分为粘贴钢板加固技术、粘贴钢筋加固技术、粘贴碳纤维片材加固技术和粘贴玻璃纤维加固技术。结合拱桥的特点,在实际结构加固(增强)工程中用得较多的粘贴材料是钢板;在混凝土表面粘贴碳纤维片材,可以通过封闭裂缝提高耐久性、抑制裂缝继续扩展来提升性能。因此,以下主要介绍粘贴钢板加固技术与粘贴碳纤维片材加固技术,对粘贴钢筋加固技术仅做简要介绍。

3.2.1 粘贴钢板加固技术

粘贴钢板加固技术采用环氧系列黏结剂将钢板粘贴在构件的受拉区或薄弱部位表面(对于受压区表面也可以粘贴钢板,但是考虑到混凝土良好的抗压性能与相对低廉的价格,对于受压区常采用现浇或喷射混凝土加固增强),使钢板与原结构物形成整体共同受力,以提高整个桥梁的刚度、强度,改善原结构的应力状态,抑制裂缝的进一步扩展,从而达到加固增强、提高桥梁承载能力的目的。

该法具有以下优点:
(1)粘贴钢板所占空间小,基本不减小桥梁的净空;
(2)粘贴加固部位、范围和强度可根据设计构造需要灵活设置;
(3)施工简便,加固施工工期短;
(4)取材方便,加固施工用料少;
(5)对桥梁正常交通无影响或影响较小。

同时,该法具有以下不足:
(1)对钢材的防腐、防锈处理要求高,应充分重视其耐久性;
(2)施工过程中,将小尺寸钢板弯制成形难度较大。

粘贴钢板加固技术,适用于圬工拱桥的主拱圈、空腹式圬工拱桥的腹拱圈和横墙(或立柱)的承载能力的恢复或使用荷载等级的提高。采用该法加固、增强圬工拱桥时,宜采取有效的措施对钢板进行必要的防腐、防锈处理。

由于该法施工工期较短,适用于通行大件荷载而进行临时加固增强、提高通行能力的场合。对于小跨径、主拱圈表面较圆滑、基本情况良好的圬工拱桥,粘贴钢板加固技术可起到有效的加固增强效果。基于钢材自身易锈蚀的缺点,该技术的耐久性是一个需要着力解决的问题。此外,该项技术的加固性价比较高。有资料表明,粘贴钢板加固圬工拱桥占新建投资的15%~20%。

1) 加固设计要点

在对桥梁病害、缺陷及其成因进行详尽分析的基础上,根据病害所在的位置确定钢板的规格、尺寸和粘贴形式。一般将钢板粘贴在被加固构件的外边缘,以便充分发挥钢板的强度与作用,同时封闭粘贴部位的裂缝,抑制裂缝的进一步扩展,从而提高结构的刚度和抗裂性。设计时,可根据需要在不同的部位粘贴,有效地发挥粘贴钢板构件的抗弯、抗剪和抗压能力。

(1)为提高桥梁结构的抗弯能力,一般在构件的受拉缘表面粘贴钢板,使钢板与原结构形成整体受力,此时根据钢板与基底层的局部抗剪强度进行设计。合理与安全的设计应使钢板在发生屈服变形前,黏结处不出现剪切破坏。

(2)加固(增强)设计时,应考虑将钢板换算为结构或构件断面上的配筋,将钢板面积换算为砌体体积,原有构件承担恒载(含钢板等加固层的自重)与部分加固后的活载,增加的钢板仅参与活载受力。

(3)在构造设计时,加固用的钢板可按实际需要采用不同的形状。在圬工拱桥加固增强工程中,钢板功能一般为提高构件的抗弯承载能力,因此钢板尺寸应尽可能薄而宽,厚度一般为 4~6mm,较薄的钢板有足够的弹性来适应构件表面的变形。

(4)锚固钢板,应将钢板的两端延伸到低应力区,以减少锚固端的黏结应力集中,防止黏结部位构件出现裂缝,避免粘贴钢板被拉脱。

(5)为确保钢板与构件形成受力整体,在设计时除应考虑钢板具有足够的锚固长度、黏结剂具有足够的黏结强度和耐久性外,为避免钢板在自由端脱胶拉开,端部可用夹紧螺栓固定或设置 U 形箍板、水平锚固板等,并在钢板上按一定的距离用螺栓固定,确保钢板与基层之间的黏结力满足抗拉强度要求。

2)材料与构造要求

(1)加固用的黏结剂,必须黏结强度高、耐久性好,具有一定弹性。

(2)钢板、连接螺栓及焊缝的强度设计值,应按国家标准《钢结构设计标准》(GB 50017—2017)确定。

(3)结合面的黏结强度,除与黏结剂本身强度相关,主要取决于被加固构件的强度,因此粘贴钢板基层的强度应不低于相当于 C15 混凝土的强度。

(4)为防止钢板锈蚀,延缓黏结剂老化,钢板表面应做密封防水防腐处理。

(5)黏结钢板在加固点外的锚固长度,除须满足计算值外,还应保证一定的构造要求:对于受拉区,不得小于 $200t$(t 为钢板厚度),亦不得小于 600mm;对于受压区,不得小于 $160t$,亦不得小于 480mm;同时,锚固区还宜增设 U 形箍板或螺栓等附加锚固措施。

3)加固施工工艺

粘贴钢板的施工工艺要求如下:

(1)待黏结部位的基层表面应清凿平顺、坚硬干净;

(2)钢板除锈要彻底,且表面应有一定的粗糙度,并对被加固部位构件进行外观处理;

(3)慎重选择胶结材料,配胶要精确,施工时开始固化的胶不得再使用;

(4)粘贴时注意环氧砂浆应饱满,一般在石砌体表面及钢板表面分别涂刷一层均匀的环氧砂浆薄层,然后加压使之密贴并固定(黏结剂固化前应采取措施使钢板固定并夹紧);

(5)粘贴前在基层上钻孔并安装锚固螺栓(兼作固定件和压紧件),要求埋设牢固,具有可靠的抗拔力,以保证粘钢板时有效地加压,同时还可帮助钢板克服剪切作用,有利于提高粘贴耐久性。

3.2.2 粘贴钢筋加固技术

对于拱式桥梁,特别是双曲拱桥,也可用粘贴钢筋技术予以加固,以提高拱桥抗弯部位的抗拉能力,其加固原理、设计方法等与粘贴钢板加固技术类似,在此不赘述。粘贴钢筋加固技术的施工工艺要点如下:

(1)搭设支架,在支架上设支承梁和成型模板。

(2)对原结构加固部位的混凝土表面进行处理,确保粘贴效果更好。对待粘贴表面要清除破碎部位、凿平拉毛,使集料露出,用钢丝刷或压缩空气把浮尘清除掉。

(3)布设钢筋和安装锚杆。钢筋布设前,应先把钢筋按加固部位的外形整形截好,除锈后再用丙酮擦洗干净,放在模板上扎成排栅,或在桥下点焊成排栅再就位。就位前,先在钢筋排栅表面涂一层环氧砂浆,然后用锚杆固定在构件的底面。

(4)黏结。为便于脱模,粘贴钢筋前先在模板上铺一层塑料薄膜,再将环氧砂浆均匀地摊铺在模板上,厚度稍大于设计值。粘贴时,在模板与支承梁之间打入木楔,将模板顶起压在构件底面的补强钢筋上,使环氧砂浆压入钢筋间隙,与原结构的混凝土粘为一体。

(5)待环氧砂浆固化后拆除模板,并立即对粘贴质量进行检查,若发生空洞等缺陷,应及时用环氧砂浆修补。

(6)对加固部位表面进行防护处理。一般先清除补强钢筋表面的锈斑和尘污,然后涂一层环氧树脂薄浆罩面,再涂两层防锈漆进行保护。也可在加固部位表面喷射一层混凝土保护层,防止补强钢筋锈蚀。

3.2.3 粘贴碳纤维片材加固技术

1)加固材料、机理及技术优势

(1)加固材料。

①碳纤维复合材料。

碳纤维复合材料通常由纤维和基体组成。加固混凝土构件用的纤维材料,目前主要有三种:玻璃纤维(GFRP)、碳纤维(CFRP)和芳纶纤维(AFRP)。碳纤维复合材料的力学特点是应力-应变关系是完全线弹性的,不存在屈服点或塑性区。由于碳纤维复合材料具有高强、轻质、耐腐蚀、耐疲劳等优异物理力学性能,以及现场施工便捷的优点,所以其是旧桥加固补强的理想材料。

普通碳纤维是以聚丙烯腈(PAN)等纤维为原料经高温碳化制成的,碳化程度决定着诸如弹性模量、密度与导电性等性能。碳纤维长丝直径通常在 $5 \sim 8 \mu m$ 之间,并合成含 3000~18000 根的长丝束。为改善碳纤维与基体的亲和性,纤维本身要经表面处理,形成能与基体反应的活性基团。

加固混凝土构件所用的碳纤维布,是由碳纤维长丝编织而成的柔软片材,也称碳纤维片材。

在编织时,将大量的碳纤维长丝沿一个主方向均匀平铺,用极少的非主方向碳纤维丝将主方向碳纤维丝编织连接在一起,形成很薄的以主纤维方向受力的碳纤维布。

加固混凝土构件时,按构件的不同受力特点用黏结材料将碳纤维布有序地缠绕粘贴于构件表面,实现对构件变形的约束,以此提高构件的极限强度和承载能力。

碳纤维布的抗拉强度一般为 3550MPa,弹性模量为 2.35×10^5 MPa。根据碳纤维布的品质不同,其厚度为 $0.11 \sim 0.43$mm,幅宽为 $20 \sim 100$cm,卷材长度为 $50 \sim 100$m。

②黏结材料。

黏结材料是保证碳纤维布与混凝土共同工作的关键,也是两者之间传力途径中的薄弱环节。因此,黏结材料应有足够的刚度与强度,以保证碳纤维布与混凝土间剪力的传递,同时应有足够的韧性,不会因混凝土开裂而发生脆性黏结破坏。此外,由于旧桥加固多在野外,所以黏结材料还应能在一般气候条件下固化,且固化时间合适(一般保证在3h左右),对组分含量不敏感,具有适宜的流动性且黏度固化收缩率小。

黏结材料是将连续纤维状的碳纤维结合在一起,同时与混凝土表面粘合的系列黏结材料。它主要包括三类材料:底层涂料、整平材料和浸渍树脂。

a.底层涂料(底涂胶)。

在处理好的混凝土表面,涂一层很薄的底涂胶,既可以因其浸入混凝土表面而强化混凝土表面强度,又可以改进胶结性能,从而使混凝土与碳纤维布之间的粘接性提高。因此要求底涂胶必须具有很低的黏度,以及与混凝土良好的黏结性能,以便于涂刷在混凝土表面后胶黏剂能渗入混凝土结构中。为保证性能,应尽量避免使用溶剂型胶。

b.整平材料(找平胶)。

碳纤维布只有与所加固补强的混凝土表面紧密接触,才能产生良好的补强效果。但混凝土表面的锐利突起物、错位和转角等都可能使碳纤维布产生损伤,使得强度降低。因此,在涂敷的底层涂料指触干燥后,必须用找平胶进行找平,同时将矩形断面直角打磨后补成圆弧状。

找平胶应具有优良的力学性能,以及良好的施工性能与触变性能。在施工过程中,找平胶应易于操作,且不随时间的延长出现明显的变形,以防止胶的滴挂。一般的普通环氧树脂的黏结强度和韧性都达不到找平胶的要求,不应调配使用。

c.浸渍树脂(粘贴主胶)。

浸渍树脂在黏结材料中起着至关重要的作用,它连接找平胶与碳纤维布。它的黏度应控制在一定范围内,以便顺利地将碳纤维布粘在混凝土表面,经过碾压,浸渍树脂很容易浸透碳纤维布,形成一个复合性整体,共同抵抗外力。

浸渍树脂不仅应具有良好的渗透性,以利于浸透碳纤维布,同时还应具有一定的初黏力,防止粘贴的碳纤维布塌落而形成空洞或空隙,并且本身应具有良好的触变性,易于施工且不会发生明显的滴淌现象。另外,浸渍树脂与碳纤维布的相容性和黏结力必须极好,才能满足碳纤维布和混凝土形成预定的复合材料的要求。

③防护材料(罩面胶)。

罩面胶主要起美化施工表面和保护碳纤维布的作用。只要求其能涂敷在碳纤维布表面,且不脱层、不掉落,能长期在冷热干湿的空气中保持结构稳定,防止复合材料被紫外线直接照射。它的选择范围较大,丙烯酸体系、聚氨酯体系、不饱和聚酯体系、有机硅与有机氟体系等都适用。

碳纤维布加固补强施工过程中,胶是一层一层叠加上去复合而成的,与混凝土直接接触的只有底涂胶,找平胶与底涂胶、碳纤维布粘贴主胶粘接,而粘贴主胶与底涂胶、找平胶、碳纤维布和罩面胶相连。因此,不同胶黏剂之间的相容性、粘接性问题应予以充分考虑。一般来讲,同一类型的胶黏剂间的粘接性较好,不同类型的胶黏剂粘接相容性需预先做试验加以论证。

(2)加固机理。

工程材料的进步及新材料的出现,历来是土木工程发展的先驱和动力。碳纤维材料的出现及其在土木工程的加固与补强上的成功应用,使土木工程加固技术研究更上了一个新的台阶。碳纤维是一种新型建材,因其质轻、耐腐蚀、片材很薄、抗拉强度高而被广泛应用。碳纤维布(片材)加固法亦被视为桥梁加固补强、提高承载力、尤其是当高度受限时的理想加固方法。

(3)技术优势。

①不增加恒载及断面尺寸:碳纤维布的自重仅为 $200\sim300g/m^2$,设计厚度为 0.111~

0.167mm,加上环氧树脂系列的黏结材料的自重也很轻,对整个结构重量及桥下净空的影响微乎其微。同时,碳纤维布可以多层粘贴。根据补强的要求,碳纤维布可以在一个部位重叠粘贴,充分满足补强的要求。该优点是传统补强方式所难以比拟的。

②可适应不同构件形状,成型方便:对斜、弯、坡及异形结构的补强,采用传统的方法,施工难度极大;采用碳纤维补强法,因碳纤维布的随形性极强,可以随结构外形变化任意施工,从而降低施工难度,减少施工成本,缩短施工工期,产生良好的社会和经济效益。

③施工简便:特别是当箱梁内部的作业空间受到限制时,碳纤维布加固方法是可选择的一种方法。该方法简便,无须大型设备、模板、夹具及支撑,操作简单,施工所需工作面小,当作业空间受限制时,该优点是其他加固方法无法比拟的。

④采用碳纤维布加固补强,对原结构不产生新的损伤:碳纤维布加固补强技术采用环氧树脂系列的黏结材料,不需要设置锚固螺栓及开凿混凝土等,因而不会对已经损伤的结构产生新的破坏,更可避免钻孔时与结构内原有钢筋和预应力索发生冲突而引起新的问题。

⑤能更有效地封闭混凝土的裂缝:碳纤维布粘贴在混凝土的表面,不仅封闭了混凝土的裂缝,由于其具有高强模量,还约束了混凝土结构裂缝的生成与扩展,改变了裂缝的形态,使宽而深的裂缝变成分散的细微裂缝,从而提高了混凝土构件的整体刚度。

⑥碳纤维布具有优良的耐化学腐蚀性:碳纤维布是一种复合材料,几乎无腐蚀性且具有较好的耐热性,不仅能经受住水泥碱性的侵蚀,而且当应用于经常受盐害侵蚀等腐蚀性环境时,其寿命也较长。因而碳纤维布加固法,在不利环境下较其他方法更显出其优异性。

⑦不影响结构外观:碳纤维布很薄,粘贴固化后其表面还可以涂刷一层与原有结构外观颜色一致的涂料,而不影响结构的外观。

2) 加固方式

(1) 增强抗剪承载力以及受拉构件的轴向抗拉承载力,提高构件的刚度及延性等。还可用于控制混凝土构件裂缝宽度的发展。

(2) 碳纤维片材是用抗拉强度极高的碳纤维环氧树脂预浸而成的结构增强复合片材。它用环氧树脂作为黏结剂,沿受力方向或垂直于裂缝方向粘贴在受损构件上。同时使用粘贴剂作为它们之间的剪力连接媒介,形成新的复合体,使其与原结构一起参与受力,即碳纤维布可以与原结构内布置的钢筋共同承受拉力,以提高旧桥的承载能力。

3) 加固施工工艺流程与要求

(1) 工艺流程。

粘贴碳纤维片材加固施工工艺流程如图 3-8 所示。

①混凝土基底处理。

将混凝土构件表面的残缺、破损部分清除干净直至结构紧密部位,使其表面平整,检查外露钢筋是否锈蚀。对于混凝土的空洞、蜂窝、麻面、表面风化、剥落,应先将松散部分清除,再根据情况用高强度等级混凝土或水泥砂浆填补。混凝土表面的劣化层(如浮浆、风化层等)要用砂轮机清除和打磨;基面的错位与凸出部分要磨平,转角

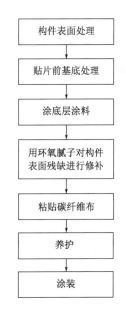

图 3-8 粘贴碳纤维片材加固施工工艺流程

部位要进行倒角处理;裂缝部分要注入环氧砂浆进行修补。基面的清洗应先用钢丝刷将表面松散浮渣刷去,然后用压缩空气除去粉尘,再用丙酮或无水酒精擦拭表面,也可以用清水冲洗,但必须保证其充分干燥后才能进入下一道工序。

若发现露筋或保护层剥落等现象,应先将松动的保护层凿去,并清除钢筋锈迹,如损坏面积不大可用环氧砂浆修补;若损坏面积过大,可喷射高强度等级水泥砂浆修补。梁(板)体的横纵向联结杆件、钢板、钢筋等构件开裂、开焊、断裂、损坏等,可采用更换、补焊、帮焊等措施。裂缝修补时,缝宽小于 0.20mm 的裂缝,用环氧砂浆进行表面涂抹密封;缝宽大于 0.20mm 的裂缝,用环氧砂浆灌缝。将构件表面凸出部分(混凝土构件接缝部位、模板的错位差等)打磨平整。修复后要尽量平整。棱角部位,用磨光机磨成圆角,圆角半径须大于或等于 30mm。清洗打磨过的构件表面,保持充分干燥。

②涂刷底层胶。

按比例准确配制好底层胶并搅拌均匀,注意一次调和量在可使用时间内用完,超过使用时间的绝对不能使用,以确保黏结质量;用滚筒或刷子将其均匀地涂抹在基面上,注意纵横均匀涂抹,自然风干。如在冬季施工,胶的黏度较高,不能涂得太厚,底层胶硬化后,若表面有凸起,要用磨光机或砂纸打光;待底层胶指触干燥后,进入下一道工序。

③粘贴面的修补。

如发现粘贴面上有凹陷部位,应用找平胶修补,保证粘贴面平整,以确保加固效果;待找平胶干燥后进入下一道工序。构件表面凹陷部位应填平,修复至表面平整。内角(段差、起拱等)要填补,使之平整。在残缺修补中使用环氧腻子时,要在相对湿度 RH 小于 85% 的条件下施工。环氧腻子涂刮后,对于表面仍存在的凹凸糙纹,应再用砂纸打磨平整。

④粘贴碳纤维布。

在待粘贴面上放样出各层位置;依设计尺寸裁剪碳纤维布,应根据现场施工经验和作业空间确定下料长度,若需要接长,接头的长度应根据实际情况而定,一般不得小于 15cm;下料数量应以当天能用完为准;粘贴碳纤维布时,应依设计位置由上而下、由左至右有序粘贴,并以滚筒压挤贴片,使碳纤维布与浸渍树脂充分结合,同时以压板去除气泡;即时观察贴片是否粘贴密实,若发现有间隙或气泡,可用工具沿着纤维方向在碳纤维布上滚压多次,使浸渍树脂浸入纤维中。

如碳纤维布施工不符合质量标准,则需进行相应处理,其中空鼓处理方法如下。

a.注入环氧树脂法。在碳纤维布上打 2 个以上的孔,使用注射器注入粘贴用环氧树脂(或低黏度型树脂)。

b.割刀切入填充树脂补修法。沿纤维方向切入 2~3 刀,用橡胶刮板、毛刷沾上粘贴用树脂,填入割开的缝内。

c.补丁补修法。粘贴用环氧树脂已硬化,且无法用割刀切开或注入树脂时,应采用此法,割去不良部分,重新粘贴碳纤维布;当贴片完全硬化后,出现褶皱或松弛时,原则上应使用补丁修补法。

⑤罩面防护处理。

粘贴完碳纤维布后,即时在其表面再纵横均匀涂抹一层浸渍树脂,自然风干;确保贴片表面已充分风干结合后,在其表面涂抹罩面胶或采取其他措施,以保证各层胶的耐久性。

(2)工艺要求。

①整个碳纤维加固施工均应在原桥面铺装层清除卸载后进行;整个工艺的关键在于碳纤维布粘贴的紧密、牢固性,保证与原结构形成整体,能够共同工作。

②粘贴碳纤维布前应对混凝土构件表面进行必要的处理,仔细清除破损、劣化部分,修补裂缝,露筋除锈,削平凸出部位和棱角等,使碳纤维布粘贴后能与构件牢固紧密结合。因为用碳纤维布加固混凝土构件依赖于碳纤维布与构件表面的粘贴数量,所以要求基面的混凝土强度等级不低于C15。同时要求被加固构件具有良好的保护层,即基面平整且具有一定强度。对于有剥落、起皮、腐蚀、裂缝及严重碳化等表面缺损的构件,必须先进行修复,并应将粘贴基面打磨平整、清洗干净,且不应存在尖锐棱角和浮灰粉尘,防止碳纤维布局部剥落及粘贴失效。

③在处理好的混凝土构件表面涂刷能渗透到混凝土内的底层涂料,然后填平表面凹陷部位,达到表面平整,使碳纤维布与构件粘贴紧密并避免粘贴后起鼓。

④为满足上述要求,需正确掌握工艺流程,每道工序都要有利于碳纤维布粘贴紧密。用碳纤维布加固混凝土构件,宜采用薄布多层的粘贴方法,使其与粘贴材料充分浸润,确保粘贴质量。对于受弯构件,宜在受拉区沿轴向平直粘贴碳纤维布进行加固补强,并在主纤维方向的断面端部进行附加锚固处理。

⑤严格把握贴片的位置与搭接长度,注意进行脱泡和浸渗操作。加固用的碳纤维布一般不宜采取沿主纤维方向的搭接方式,尤其是对受拉构件和受弯构件受拉区的加固。根据国内外对碳纤维布与混凝土间黏结锚固的试验结果,黏结应力主要集中于碳纤维布端部100mm范围内,黏结破坏是脆性的,且黏结应力一般不会扩展。因此,若碳纤维布确需搭接,其搭接部位应避开构件应力最大区段,且搭接端部应平整、无翘曲。多层搭接的各层接口位置,不应在同一截面。

⑥把握好每道工序的施工间隔时间,防止碳纤维布起鼓、脱离、错位。如遇现场气温低、雨天,应停止施工;在施工现场,应做好防火等安全措施;各种胶粘在皮肤上时,要用肥皂水冲洗,若不慎进入眼内,要立即用水冲洗,并接受医生诊治。

3.3 锚喷混凝土加固技术

锚喷混凝土加固技术,是我国使用较早的一项圬工拱桥实用加固(增强)技术。锚喷混凝土实际上由加固钢筋和喷射混凝土两部分组成,先是将锚杆锚入拟补强部位结构内,挂设补强钢筋网,然后喷射一定厚度的混凝土,形成与原结构共同承受外荷载作用的组合结构。所以,锚喷混凝土加固技术是借助喷射机械,利用压缩空气将新混凝土拌合物,通过管道高速喷射到已锚固好钢筋网的受喷面上,待其凝结硬化后形成钢筋混凝土加固层。

锚喷混凝土无须振捣,而是在高速喷射时,通过水泥与集料的反复连续撞击而使混凝土压密,同时其可采用较小的水灰比(常为0.4~0.45),并与混凝土、砖石、钢材产生较高的黏结强度,所以在新旧混凝土结合面上能够传递拉应力和剪应力。

锚喷混凝土加固旧桥的方法是"新奥法"隧道施工法在桥梁加固中的应用,其加固桥梁的原理是通过新增加的混凝土和受力钢筋与原结构紧密结合,组成"喷射混凝土"(内含补强钢筋网)-锚杆-原结构的整体结构。锚喷加固层与原结构紧密黏结在一起,既阻止了原结构继续变形、位移和开裂,又充分发挥了原结构的作用,共同承受外荷载作用。

锚喷混凝土加固旧桥所形成的组合结构,既根治了原结构病害,又恢复甚至提高了原结构承载能力,使其具备了更强的通行能力。

锚喷混凝土在施工工艺、材料及工序等方面与普通现浇混凝土相比有许多独特之处,例如:不用侧面模板或只用单面模板,混凝土拌合物的运输、浇灌和捣固合为一道工序;可通过输料软管在高空、深坑或狭小的工作区间向任意方位施作薄壁的或复杂造型的结构;占地面积小、机动灵活、节省劳动力。用于旧桥加固补强时,还具有施工快速简便、无须中断交通等特点。因此对于难以架设模板或者工期极有限的加固工程可优先考虑采用该项技术。

锚喷混凝土施工时,可在拌合物中加入各种外加剂和外掺料以改善喷射混凝土的性能,例如,加入速凝剂,则喷射混凝土具有凝结快(2~4min 初凝,10min 以内终凝)、早期强度高(一昼夜比普通混凝土提高2~4倍)的特点。

喷射混凝土时,高速高压喷射出的混凝土能射入宽度 2mm 以上的裂缝内。

锚喷混凝土加固桥梁的实质是增大受力断面和增设补强钢筋,提高结构的整体性,使其能承受更大的外荷载。其中增设的补强钢筋主要是帮助原结构承受拉应力,同时成为新增混凝土部分的骨架;喷射混凝土的作用则是将补强钢筋与原结构联结形成整体受力,并与锚杆一道在结合面上传递拉应力和剪应力,充分发挥混凝土的抗压强度以提高复合结构的承载能力。

锚喷混凝土加固技术能够有效恢复甚至提高桥梁的性能,该项技术适用于圬工拱桥主拱圈加固,以提高结构强度、刚度和耐久性;对于空腹式圬工拱桥的腹拱圈,如果确有必要也可采用锚喷混凝土技术进行加固处理。

由于锚喷混凝土的耐久性和密实度比现浇混凝土差、强度不高而且施工过程中混凝土有回弹损失,因此在有条件的区段采用现浇混凝土(如主拱圈的拱脚至四分点之间的区域,因坡度较大可利用混凝土自身重力结合必要的振捣)加固;在难以支架模板、现浇施工密实度难以保证的区段采用掺入一定量钢纤维的喷射混凝土加固,待喷射混凝土达到一定强度后应进行必要的表面处理。

1)锚喷混凝土材料性能

(1)补强钢筋性能。

补强钢筋主要弥补原结构抗弯能力不足,或者参与承担外荷载作用。补强钢筋一般采用直径大于 16mm 的螺纹钢筋,主要以抗拉强度控制设计。

(2)喷射混凝土性能。

喷射混凝土的抗压强度是评定喷射混凝土质量的主要指标。喷射混凝土的抗压强度是指用喷射法将混凝土拌合物喷射在 450mm×350mm×120mm 的模型内,当混凝土达到一定强度,用切割机锯掉周边,加工成 100mm×100mm×100mm 的试件,在标准条件下(温度 20℃±3℃、相对湿度 90% 以上)养护 28d(或在 28d 龄期时从实际喷射面上钻芯取样制成标准试件),所测得的抗压强度值乘 0.95 的尺寸换算系数。

喷射混凝土的抗压强度受多种因素影响。如原材料的品种和质量、拌合物的设计(水灰比、水泥用量、喷嘴与受喷面的距离、外加剂品种与用量等),以及施工工艺和施工人员的操作方式(喷射压力、喷嘴与受喷面的距离、喷射角度以及混合料的放置时间等),都对喷射混凝土抗压强度有影响。

试验资料表明,分层喷射对抗压强度没有影响,因此采用锚喷混凝土法加固旧桥时,对于较厚的喷射混凝土,可采取分层喷射的方法施工。

为确保锚喷混凝土和旧桥原有结构能够共同受力,喷射混凝土黏结强度特别重要。一般需分别考虑抗拉黏结强度与抗剪黏结强度。抗拉黏结强度是衡量锚喷混凝土在受到垂直于结合面的拉应力时保持黏结的能力,抗剪黏结强度则是抵抗平行于结合面上作用力的能力。实际上,作用在结合面上的应力,常常是上述两种应力的组合,而不能简单区分。

由于喷射时混凝土混合料高速连续冲击受喷面,而且要在受喷面上形成 5～10mm 厚的砂浆层后,粗集料才能嵌入,这样水泥颗粒才会牢固地黏附在受喷面上,因而喷射混凝土与原结构表面有良好的黏结强度,同时锚入原结构内的锚杆亦加强了新旧混凝土的黏结。

国内外试验资料表明,喷射混凝土与旧混凝土的黏结强度为 0.7～2.85MPa,结合面的抗拉黏结强度为 1.47～3.49MPa。

2) 加固设计原则

锚喷混凝土加固技术实际上仍属于增大截面加固技术,所以加固设计时仍按增大构件截面的方法进行内力计算。其设计原则如下:

(1) 恒载内力(包括新喷射的混凝土)按原构件的截面模量计算,即新喷射的混凝土恒载仍作用于原构件上;

(2) 活载内力按加大后的组合体截面模量计算,即将新旧混凝土作为一个整体进行计算,对不同强度等级的混凝土和新增的补强钢筋按其弹性模量进行截面换算;

(3) 仍按弹性理论进行力学分析;

(4) 强度验算按照喷射截面所占原截面的比率,考虑是否按组合截面进行有关验算;

(5) 加固设计前,应查清旧桥的基本情况以及病害原因,对旧桥的原有承载能力作出评价;

(6) 采用的喷射混凝土与补强钢筋的强度等级,不应低于原结构的强度等级。对于结合面两种不同强度等级的混凝土共同作用时,应以较低强度等级作为计算标准来进行换算。

3) 加固施工工艺

喷射混凝土一般有干式和湿式两种方式。其中,干式喷射混凝土在以往的旧桥加固中应用较多。但后来应用发展起来的湿式喷射混凝土,由于明显优于干式喷射混凝土,因此已成为世界各国喷射混凝土技术主流,目前湿喷技术在我国也得到了推广应用。

喷射混凝土加固技术施工工艺如下:

(1) 凿毛并清洗加固构件的表面。

(2) 按设计要求在构件表面安设锚固钢筋。

(3) 安设补强钢筋网。钢筋周围应有足够的间隙,以便喷射混凝土能完全包裹钢筋。注意将钢筋网牢固地绑扎或点焊在锚固筋上,以免喷射混凝土混合料时产生移动。

(4)喷射混凝土。

①检查喷射机是否正常,同时用高压水冲洗掉凿毛时剩余的碎渣,并充分湿润受喷面。

②干喷法:将水泥、砂、集料按试验配合比在干燥时充分拌和,内掺一定比例(一般按水泥质量的2%~5%)的速凝剂,然后送进干喷机内。

湿喷法:按试验配合比将材料加水拌和成混凝土混合料,然后送进湿喷机内。

③喷嘴与受喷面的最佳距离一般为0.8~1.5m,距离过大将增加回弹量,并降低密实度,从而降低强度。喷嘴应尽量与受喷面垂直,否则会降低混凝土密实度。对配有钢筋网的受喷面喷射时,喷嘴应更靠近受喷面,且与垂直方向稍偏离一个小角度,以便获得较好的握裹效果,同时便于排出回弹物。

喷射混凝土下垂脱落和回弹量过大,是向顶面喷射混凝土的两大问题,下垂脱落常常是由喷层过厚或过湿造成的。由于新喷上的混凝土混合料,其抗拉及黏结强度都很低,一旦喷射混凝土的自重大于其与顶部受喷面的黏结强度时,即出现下垂或脱落。因此较厚的喷射混凝土应分层喷射,前后层喷射的时间间隔应为2~4h。一次喷射厚度以喷射混凝土不滑移、不坠落为宜。既不能因喷层太厚而影响喷射混凝土的黏结力和凝聚力,又不能因喷层太薄而增加回弹量。

回弹物中水泥含量很少,主要为粗集料,凝结硬化后则是一种松散、多孔隙的块体。因此,应及时予以清除,不能使之聚集在结构物内,更不能将其放入下批混合料中,否则将影响喷射混凝土的质量。

(5)表面修整。

喷射面自然整平,不论从结构强度还是耐久性来讲,都是可取的。对于要求表面光滑和外形美观的桥孔,应及时修整过于粗糙的喷射面。一般可在喷射混凝土初凝后(喷射后15~20min)用刮刀将设计线以外的多余材料刮掉,然后喷抹一层砂浆在喷射面上。

(6)喷射混凝土的养护。

喷射混凝土终凝2h后,应及时喷水养护。养护时间应不少于7d。对于水泥含量高、表面粗糙的薄层喷射混凝土结构养护,及时喷水是确保其强度形成和避免表面开裂的重要措施。

4)加固技术的使用效果、耐久性分析

采用锚喷混凝土加固技术加固拱桥,能够有效地恢复结构的承载能力;对于基础、墩台、主拱圈等各构件情况良好的旧拱桥,如果设计、施工等各方面控制得当,则能够有效地提高桥梁承载能力。

一方面,锚喷混凝土由于采用高压设备将混凝土喷射至结构受喷面上,其密实度不如现浇混凝土;另一方面,喷射混凝土中含较多空气(以小气泡形式存在),因此其耐久性较现浇混凝土差,它的后期强度较施工初期有显著降低。根据对采用锚喷技术加固的桥梁的长期跟踪研究发现:喷射混凝土历经约10年时间后,混凝土内部的部分钢筋锈蚀较严重;混凝土内部孔隙较多,强度不高。图3-9、图3-10是重庆江津游渡河大桥的拱脚段病害图。由图可知,水汽进入混凝土内部腐蚀钢筋,引起钢筋锈蚀膨胀,从而引发混凝土胀裂。该桥曾于1985年使用锚喷混凝土加固技术加固。上述现象表明,锚喷混凝土加固技术存在后期强度低、耐久性差的缺点。

图 3-9 使用 20 年后的锚喷混凝土裂缝

图 3-10 使用 20 年后的锚喷混凝土钢筋锈蚀现象

3.4 改变结构体系加固技术

改变结构体系加固技术是圬工拱桥加固增强中较少采用的方法。其使用面较窄,耐久性和经济性尚待更多的工程实践检验。

1) 加固机理

在圬工拱桥中,由于拱上建筑自重较大,恒载重量通常占据很大的比例,这在很大程度上制约了主拱圈承受活载的能力。特别是中小跨径的圬工拱桥,拱上建筑的自重更大。因此,对于圬工拱桥,当桥梁承载能力和基础承载力受到限制,不能满足加固拱圈和提高活载所增加的承压力要求时,也可以采用轻型的拱上建筑代替原来的拱上建筑、减轻原桥恒载重量的办法来提高桥梁承受活载的能力。

对于具有拱式拱上建筑的圬工拱桥,为了减轻上部结构的自重,可拆除拱上建筑中的传力结构(拱上填料、侧墙、护拱),使主拱圈和腹拱的拱背完全暴露,然后在主拱或腹拱上采用其他加固(增强)措施;对于实腹式圬工拱桥,则可将拱圈以上的全部侧墙、填料、护拱去除,然后在拱背上修建轻型的拱式或者梁式拱上建筑,以达到减轻拱圈负担的目的。

该技术的本质在于改变拱上建筑的结构形式和传力模式、减轻结构的恒载负担,最终达到加固增强的目的。

2)技术特点

该项技术的优点在于:能够较大幅度地减轻主拱圈的恒载负担,将"节省"下来的恒载用于承担活载作用,从而间接恢复或提高活载的承载能力和通行能力。

同时,它的缺点也很明显,主要有如下几点:

(1)对整个结构的影响较大。该项技术实施之前要求对结构在体系转换过程中的受力进行准确、全面的分析和计算。

(2)施工比较复杂。加固过程中涉及先卸载后加载等一系列步骤,要求对卸载和加载程序等控制准确、严格,而且须特别注意施工中的安全问题。

(3)对桥上正常交通影响很大,需要完全中断交通。

3)适用范围

该项技术适用于拱上填料层极厚、拱圈恒载负担极大的中小跨径桥梁的减载加固。如图3-11所示,重庆巴南区渔轻桥就是采用该项技术进行加固改造的。

图3-11 加固改造后的重庆巴南区渔轻桥

4)施工要点

目前我国一般采取将拱上建筑改建为空腹式拱上建筑、更换拱上填料及减小路面填土厚度等方式来加固改造旧拱桥,其施工要点如下:

(1)为了提高原拱圈的整体性和承载能力,保证改造拱上建筑时全桥的安全,首先应对主拱圈的裂缝进行修补。

(2)从拱脚向拱顶对称拆除拱上侧墙并挖除拱腔填料。若原拱圈病害较严重,则应先在桥孔上架设拱架支撑住拱圈后,再对拱上建筑进行施工。

(3)对卸除恒载过程中拱腹重新出现的裂缝及拱背的裂缝进行修补。

(4)对截面尺寸较小、承载能力不足的拱圈应先加固补强。

(5)重新砌筑空腹式或其他轻型的拱上建筑。

(6)增设桥面铺装。

3.5 调整压力线加固技术

拱桥的受力状况与拱轴线关系密切。当圬工拱桥的拱圈变形过大时,实际拱轴线与压力线的偏差较大,这时仅仅对主拱圈进行加固补强,已不能有效地改善其受力状况,难以收到预期的加固效果。因此,需要对压力线进行调整,使两者尽量重合,以改善主拱圈的受力状况。

拱桥的主要承重构件——拱圈的轴线形状,直接影响拱圈截面内力分布。在拱桥设计中,选择拱轴线的原则是尽可能降低由荷载产生的弯矩。最理想的拱轴线是与荷载压力线相重合,这样拱圈内只有轴力而无弯矩,以充分发挥圬工材料的抗压性能。然而,拱桥除承受恒载之外还受活载、温度变化、弹性压缩、收缩、徐变等作用,这些影响因素都会在截面上产生弯矩,因而事实上不可能获得这样的拱轴线。相对而言,拱桥恒载比重较大,一般认为拱轴线与恒载产生的压力线(不考虑弹性压缩)相重合,即为较合理的拱轴线。

调整压力线加固技术,是通过调整拱上恒载的办法来调整压力线,目的在于使拱圈的压力线与拱轴线尽可能地接近,以减小拱内弯矩。在拱桥中,拱圈大部分承载力须用于承担恒载自重。如果能采取有效措施,对拱上建筑进行减载或加载调整,可以有效地改善拱圈的受力状况。对于中小跨径拱桥,特别是对于实腹式圆弧拱桥,拱上填料较厚,更有条件通过调整恒载来达到改善桥梁受力状态的目的。对于大跨径拱桥,旧危拱桥存在主拱圈开裂、拱轴线偏离设计轴线等病害,拱上恒载在桥梁承受的荷载中占有较大比例,因而可以通过调整压力线来改善原主拱圈的不良受力状态。同时,对于空腹式拱上建筑的拱桥,还可与较为成熟的钢筋混凝土套箍加固技术充分结合,较大幅度地提高原桥承载力。

当桥梁承受活载的能力较差,桥梁基础承载力受到限制不能满足加固拱圈和提高活载所增加的承载力要求时,采用减轻拱上建筑自重的方法对拱桥进行改造,可减轻主拱圈的荷载负担;同时,也可以降低对下部构造的要求,运用该加固技术是一种经济有效的措施。

加固设计前,应精确测量主拱圈实际线形,使实际拱轴线与后期理论计算用拱轴线一致,从而为后期各项工作的开展奠定良好的基础。加固设计过程中,应对恒载调整各个阶段的全桥内力进行分析;可以采用不同重度的拱上填料,改变拱上填料厚度或者在主拱拱背上增加配重等措施,来改变实际压力线的位置。调整恒载加固时,应当注意拱中轴力减小而恒载弯矩增加造成偏心距过大的问题,重视在施工时拱圈线形的变化,防止施工过程中某些截面受力过大造成桥梁垮塌。

3.6 体外预应力加固技术

体外预应力是相对体内预应力而言的。体外预应力结构是把预应力筋布置在主体结构之外。体外预应力加固技术多用于梁桥,对于存在拱圈纵向开裂或横向开裂以及桥台产生位移或者拱顶下挠等病害的拱桥亦可采用此法加固整治。

1)加固机理

体外预应力加固桥梁是以粗钢筋、钢绞线或高强钢丝等钢材作为施力工具,对桥梁结构施加预应力,以预加力产生的弯矩和拉力部分抵消外荷载产生的内力,从而达到改善旧桥使用性能并提高其极限承载能力的目的。从力学角度分析,预应力索与被加固结构或构件在同一截面上的变形是不协调的,这是体外索与普通预应力筋的区别所在。

2) 加固方式

在圬工拱桥加固(增强)的实际应用中,体外预应力加固技术分为预应力筋(束)纵向张拉和横向张拉两种。对于拱脚(或拱座、桥台)存在水平位移的圬工拱桥,为防止位移进一步发展并提高拱的承载能力,可以在拱脚(或拱座、桥台)设置锚固点,用预应力钢筋或钢筋混凝土拉杆将两拱脚(或拱座、桥台)连接起来,通过张拉预应力构件达到加固(增强)的目的。对于拱上建筑或桥台的侧墙有外鼓或外倾病害的桥梁,利用横桥向安设的预应力筋并张拉筋(束)至一定的应力值也可以达到加固的目的。

体外预应力加固技术,具有加固、卸载和改变结构或构件内力分布三重效果,适用于中小跨径桥梁的加固(增强)整治;对于大跨径桥梁,采用该项技术加固时宜配合其他加固方法进行综合整治,以达到良好的加固效果。

3) 技术特点

体外预应力加固技术具有如下优点:

(1) 能够有效恢复或较大幅度地提高旧桥承载能力,加固后所能达到的荷载等级与原桥病害情况、原来的设计标准有关。

(2) 所需设备简单,投资较少,施工工期短,经济效益明显。

(3) 在加固过程中,可以不中断交通或对交通影响很小。

(4) 对原桥结构损伤较小。

该技术也有以下缺点:

(1) 需要考虑预应力筋(束)的防腐、防锈问题。

(2) 由于钢材蠕变、锚固构件振动等,预应力筋内的应力水平逐渐降低。

(3) 对圬工拱桥桥下净空影响极大。

4) 施工工艺

拱桥与梁式桥的体外预应力加固技术施工工艺相似,纵向张拉预应力筋(束)的体外预应力加固技术工艺如下:

(1) 安装锚固板。锚固板可用厚钢板制成,在钢丝束的位置钻出穿丝孔,并用环氧砂浆将锚固板固定在拱脚。

(2) 安装箍圈或定位销。U形箍圈可用钢筋焊制,可在端部设置穿预应力筋(束)的套环。

(3) 布设钢丝束。

(4) 张拉。在一端用千斤顶等设备张拉,待达到预应力值后再进行锚固并浇筑混凝土封闭。

(5) 进行必要的防护处理。张拉完毕后,在钢丝束上涂防锈防腐涂料并做其他相关处理。

5）适用范围

对于主拱圈纵向开裂的圬工拱桥,宜设置横桥向钢拉杆以施加预应力加固;对于主拱圈横向开裂或桥台位移、拱顶下挠的拱桥,则可采用顺桥向设置钢筋混凝土拉杆或钢拉杆以施加预应力进行加固。

由于在拱脚(或拱座、桥台)上设置预应力筋或拉杆并采取纵向张拉形式时预应力钢筋对桥下净空影响很大,因此对有通航要求的拱桥应充分考虑预应力钢筋对净空的压缩问题。

6）使用效果、耐久性评价

对于病桥、危桥,体外预应力加固技术能够有效恢复其承载能力;如拱桥基本情况良好,加固技术应用恰当,则承载能力可比原桥提高15%~25%。

基于钢材自身易锈蚀的缺点,体外预应力加固技术的耐久性是一个需要解决的问题。针对钢材的防锈,防锈漆是目前广泛采用的防护材料。

3.7 典型病害处治技术

3.7.1 结构裂缝处治技术

裂缝是桥梁结构中最常见的病害。裂缝一般分为两大类:一类是由于结构本身的强度或刚度不足,荷载作用或位移引起的应力超过材料自身的强度而导致开裂;另一类是由施工、后期养护等原因而造成的构件开裂。这两类裂缝的出现都将削弱桥梁的耐久性,对结构的安全构成威胁,严重时将导致桥梁成为病桥甚至危桥。所以,对桥梁结构上出现的各种裂缝应采取适当的措施及时处理。

采用灌浆加固技术修补桥梁结构上出现的各种裂缝,能恢复其整体性和使用功能,该技术已成为国内外桥梁维修、加固中广泛应用的技术。对病桥或危桥等结构(或其中的构件)因承载能力不足引起的裂缝,除采用灌浆加固技术处理外,还应采取其他的加固补强措施从根本上恢复或提高桥梁的承载能力,最终确保桥梁结构的安全、可靠。因此,一般而言,灌浆加固技术是一种专门针对裂缝的处理技术,它能够有效地封闭裂缝、提高结构的整体性和耐久性,但需与其他加固技术等结合使用才能达到加固或补强桥梁、恢复或提高结构承载能力的目的。

3.7.2 钢筋锈蚀处治技术

1）混凝土结构中钢筋锈蚀的原因与机理

(1)钢筋锈蚀的原因。

在钢筋混凝土结构中,钢筋处于水泥水化时生成的强碱介质中(pH值在12~14之间),其表面会形成钝化膜,可以抑制钢筋的腐蚀过程。因此,一般情况下,钢筋受到周围混凝土的保护,并不会产生锈蚀。

混凝土密实性不足和保护层太薄或遭到破坏,是钢筋锈蚀的主要原因。当钢筋有足够厚度的保护层时,钢筋受到保护而不易生锈;当保护层太薄时,混凝土的碳化深度很容易到达钢筋的表面,使钢筋周围失去碱性环境,钝化膜局部被破坏。通常,在密实而完好的混凝土中,只有当空气相对湿度接近80%或者在干湿交替的情况下(所处的干湿时间之比正好使混凝土达到特定的潮湿状态时),才会使钢筋生锈。当混凝土密实性不足,即混凝土的孔隙率过高时,空气中的二氧化碳(CO_2)容易渗入混凝土内部引起中性化(亦称碳化),使混凝土碱性降低,减弱其对钢筋的保护作用,从而导致钢筋锈蚀。保护层破坏而引起的钢筋锈蚀,也比较常见。此外,钢筋混凝土构件在施工或使用过程中,往往会出现各种表层缺陷,如蜂窝、掉角、剥离、露筋、裂缝等,这些缺陷往往使钢筋直接暴露在外界环境下而发生锈蚀。在露天、潮湿环境和干湿交替等条件下,失去保护的钢筋的锈蚀速度更快。由此可见,钢筋锈蚀的重要原因是混凝土的密实性不足和钢筋保护层厚度不足或遭到破坏。

海洋环境、大气中的酸性气体以及潮湿环境等,都是导致钢筋锈蚀的客观原因。处于海洋环境中的钢筋混凝土结构物,其水上部位尤其是经常受浪花溅湿的地方,由于海水的溅湿或吸收大气中含有盐分的水气,在水分蒸发后,盐分不断积聚,提高了混凝土的导电性质和钢筋周围氯离子(Cl^-)的浓度,引起钢筋钝化膜的破坏,加快了钢筋的锈蚀速度,使钢筋更容易生锈。工业区的大气中存有的酸性气体,诸如二氧化硫、氯化氢、氯气等,同样能被混凝土吸收并与氢氧化钙相结合,从而使混凝土的碱性急剧下降。

钢筋混凝土桥梁构件产生裂缝,将会加快钢筋锈蚀的进程。处于水、氧、二氧化碳或氯离子等环境介质中的混凝土,一旦出现裂缝且宽度超过一定的界限时,这些介质就会通过裂缝顺畅地到达裂缝处的钢筋表面。二氧化碳的侵入,将使钢筋周围的混凝土碳化,碱性降低,钢筋失去碱性保护。如果氯离子侵入并达到一定浓度,将引起钢筋钝化膜的破坏。在水、氧具备的条件下,钢筋都会发生锈蚀。可见,裂缝对钢筋锈蚀起着促进作用。

(2)钢筋锈蚀的机理。

钢筋在水、氧具备的条件下,会产生下列电化学反应。

在阳极,铁释放电子:$Fe \longrightarrow Fe^{2+} + 2e^-$;

在阴极,水中的溶解氧吸收来自阳极的电子而生成氢氧根离子(OH^-):$O_2 + 2H_2O + 4e^- \longrightarrow 4OH^-$;

电子由阳极不断流向阴极,产生腐蚀电流,在钢筋表面生成氢氧化亚铁薄膜,并与水、氧结合,生成氢氧化铁,即铁锈:

$$2Fe + 2H_2O + O_2 \longrightarrow 2Fe(OH)_2$$

$$2Fe(OH)_2 + H_2O + \frac{1}{2}O_2 \longrightarrow 2Fe(OH)_3$$

2)钢筋锈蚀对结构产生的影响

钢筋锈蚀对钢筋混凝土拱桥结构的影响很大,主要表现在:

(1)钢筋锈蚀引起体积膨胀(一般为原来的2.5倍),从而使混凝土产生剥离、开裂,破坏了混凝土的受力性能,降低了材料的耐久性能,影响桥梁的使用寿命。

(2)减小钢筋的受力断面。特别是高强钢丝的表面积大而断面小,锈蚀对受力的危害甚大。表3-1为钢筋锈蚀引起的混凝土开裂和剥离与钢筋截面减小的关系。

混凝土开裂和剥离与钢筋截面减小的关系　　　　　　表 3-1

开裂与剥离状况	钢筋截面减小率(%)
未出现纵向裂缝时	0
只出现纵向裂缝时	0~10
保护层部分剥离时	5~20
保护层全部剥离时	15~25

(3)铁锈层及其引起的混凝土裂缝(主要是沿钢筋纵向的裂缝),削弱了钢筋(抗拉、抗剪)和混凝土(抗压)的共同作用。

3)钢筋锈蚀的处治

(1)钢筋锈蚀的处治步骤。

钢筋混凝土拱桥钢筋锈蚀的处治步骤:

①凿除松脱、剥离等已损坏部位混凝土。

②对钢筋做除锈处理,并清除旧混凝土表面灰尘,对钢筋除锈后即进行防锈处理。

③涂以环氧胶液等黏结剂。

④立模、配料浇筑,或喷浆、涂抹施工。所用修补材料有环氧砂浆、环氧混凝土或其他防腐蚀材料等。

⑤对新喷涂或浇筑混凝土表面进行处理。

(2)修补方法及注意事项。

①对于海水侵蚀损坏严重的部位,先凿去损坏部位混凝土,对钢筋进行除锈处理(对锈蚀严重的钢筋再加焊补强钢筋),刷洗混凝土表面粉屑,立模浇筑环氧树脂混凝土或高强度等级水泥混凝土。

②对受锈蚀影响而产生较大裂缝(如纵向裂缝)并剥落的部位,先清除损坏部位混凝土。清除时可用榔头在裂缝部位轻敲,若声音清脆则说明质量尚好;若声音沉闷,有"沙沙"起壳声,则说明表层混凝土已脱空,需把表层混凝土凿除,然后清除铁锈、刷洗混凝土表面,最后涂抹两层环氧砂浆。

③对因锈蚀而出现微小裂缝的部位,采用粘贴两层玻璃布的方法修补。

对于修补中使用的环氧胶液、环氧砂浆和环氧混凝土,填充料要适量、拌匀,不能成团。粘贴玻璃布时,刷浆要均匀,粘贴要保持平直,不能有气泡,并要防止玻璃布粘贴后与混凝土表面出现隔层或分层现象。因此,施工中要注意混凝土表面不能存有松动物质,不能太潮湿,玻璃布脱脂处理质量要好。

(3)修补材料配合比及配制要求。

用于修补的各种材料配合比应参照《公路桥梁加固施工技术规范》(JTG/T J23—2008)。

环氧胶液、环氧砂浆、环氧混凝土及高强度等级素泥土混凝土的配制要求如下:

①环氧胶液的配制:先分别按规范要求的比例配制出环氧基液、增塑剂、稀释剂及硬化剂,再按先加增塑剂,最后加入硬化剂的顺序拌匀即可使用。如气温较低,环氧胶液拌不开,可适当升温,当加入硬化剂时,环氧胶液的温度应降至 25~28℃为宜,温度高,易于硬化,会给施工带来困难。

②环氧砂浆的配制:按配合比准确称量下料,砂+水泥干拌后,加入环氧胶液拌匀即可(环氧胶液的配制要同时进行)。

③环氧混凝土的配制:砂+水泥拌匀,加入石干拌2~3遍,最后加入环氧胶液拌匀即可。

④高强度等级素水泥混凝土的配制:按配合比计算用料量,称好各种材料的准确用量,人工拌和加料顺序是:石+砂+水泥干拌后,加水(按水灰比指定的用水量)。机械拌和的加料顺序是:$\frac{1}{2}$石+砂+水泥+$\frac{1}{2}$水+$\frac{1}{2}$石,最后把全部水量加上,拌和即可。

3.7.3 混凝土拱桥结构缺陷处治技术

1)混凝土拱桥结构缺陷产生原因及危害

对于混凝土拱桥结构,往往由于设计考虑不周、施工不当、养护管理不善以及混凝土本身老化等方面的因素而出现不同程度的缺陷。

混凝土拱桥结构的缺陷,根据其类型、形式、缺陷出现部位的不同,一般可分为表层缺陷和内部缺陷两类。

表层缺陷主要有蜂窝、麻面、露筋、孔洞、层隙、磨损、表面腐蚀、老化、剥落、表面裂缝、掉角、模板走样、接缝不平、构件变形等。

内部缺陷主要有内部空洞和蜂窝,钢筋的型号、数量、位置不对,焊接质量不佳,混凝土保护层不足,钢筋的锈蚀等。

混凝土表层或内部存在的蜂窝、孔洞和层隙等缺陷往往是由施工不当造成的。蜂窝是指混凝土构件中,粗集料颗粒之间砂浆没有填满而存有的空隙;孔洞或空洞是指表层或混凝土中,由于混合料浇筑过程中缺乏振捣或模板严重漏浆,集料和砂浆未能充填所形成的洞穴;层隙则是指混凝土中处理不当的施工缝、温度缝和收缩缝以及混凝土内因外来杂物而造成的偶然性夹层。

混凝土表层磨损、腐蚀、老化、剥落等,则是构件在使用中所出现的缺陷。表层磨损是指构件在外界作用下集料和砂浆的磨损脱落现象;腐蚀、老化是指混凝土表面或整体出现的因物理、化学性质变化而形成的损坏现象;剥落则是指混凝土表面的砂浆脱落、粗集料外露的现象,严重时则造成集料及包着集料的砂浆脱落。

(1)混凝土拱桥结构缺陷的产生原因。

①表层缺陷的产生原因。

引起混凝土拱桥结构表层缺陷的原因是多方面的,除了设计、施工(包括混凝土混合料配合比、操作等)外,还有使用不当以及养护维修不善等。现将常见的各种表层缺陷的产生原因列于表3-2中。

混凝土拱桥结构表层缺陷的产生原因　　　　表3-2

缺陷名称	产生原因
蜂窝	1.施工不当所致,如混凝土浇筑中缺乏捣固;分层浇筑时违反操作规程;运输时混凝土产生离析;模板缝隙不严;水泥浆流失等。 2.结构不合理,如配筋太密,施工时所用混凝土粗集料粒径太大,坍落度过小

续上表

缺陷名称	产生原因
露筋	施工质量不好,如浇筑时保护层垫块移位,钢筋紧贴模板;保护层处混凝土漏振或振捣不实
麻面	施工时所用模板表面不光滑,模板湿润度不足致使构件表面混凝土内的水分被吸走
空洞	结构中钢筋布置过密,施工时混凝土被卡住,又未充分振捣就继续浇筑上层混凝土,此外,严重漏浆亦能产生空洞
磨损	1. 混凝土强度不足,表层细集料太多。 2. 车轮磨耗。 3. 高速水流冲刷,水流中又挟有大量砂、石等推移质或冰凌等漂浮物
腐蚀、老化、剥落	1. 保护层太薄。 2. 结构出现裂缝,雨水浸入。 3. 钢筋锈蚀膨胀引起剥落。 4. 严寒地区冰冻及干湿交替循环作用。 5. 有侵蚀性的水的化学侵蚀作用
表层成块脱落	外界作用,如车辆撞击,船舶或其他坚硬物体的撞击
构件变形、接缝不平	1. 施工不善(施工偏差)。 2. 荷载作用

②内部缺陷的产生原因。

混凝土拱桥结构内部出现缺陷多数是由设计、施工不当(集料过粗、振捣不实等)或运营使用中各种外部因素造成的。设计不当还包括结构不合理、计算上出现差错以及图纸不完善等方面,而造成结构强度不足、稳定性不好、刚度不足。施工不当则包括使用材料的规格与性能不符合要求、操作违反规程等。运营使用中的外部因素主要是指交通流量的增加,运载重量的增大,地震、洪水、泥石流等自然灾害的影响,以及海水、污水的侵蚀作用。

(2)混凝土拱桥结构产生缺陷的危害。

结构的表层缺陷虽不太可能立即引发塌桥等重大事故,但这并不意味着表层缺陷没有危害。对于混凝土结构,由于缺陷受外界各种因素的影响,加上长年累月地发生变化,往往会有扩大的危险性。例如,表层损坏会使保护层变薄或钢筋外露,导致钢筋锈蚀,严重时会削弱结构的强度和刚度,使建筑物遭到破坏。有些表层损坏还会向构件内部发展,造成混凝土强度降低,危及结构的安全,从而缩短结构的使用寿命。对结构的表层缺陷应及时修补,以防表层损坏的进一步扩大,避免发生更严重的破坏。

结构内部缺陷的危害性更大,如混凝土强度不足、内部产生空洞等,都会直接危及结构的安全,严重时会造成结构的直接破坏。因此,对于此类缺陷,查清后必须及时处理,或进行修补加固,或报废重新浇筑。

2)混凝土拱桥结构表层缺陷的检查与修补

为保证结构具有足够的承载能力,延长其使用寿命,必须对结构表层缺陷及时检查与修补。

(1) 表层缺陷的检查、分析。

①表层缺陷的检查。

当发现结构表层产生缺陷时,应对缺陷进行仔细的调查研究,进一步检查、观测其发展变化,以便区别情况,采取相应的处理措施。

a.实施修补前,应对要修补的结构缺陷进行实地踏勘,内容包括构造物的材料采样及原始资料的收集。同时,还要对缺陷形成的原因、现状、发展趋势等进行周密的调查研究,以确定缺陷的程度和性质。

b.了解量测构件的形状、施工截面、周围环境、影响因素及其特殊要求等,做好施工前的资料汇集、整理工作。

②表层缺陷的分析。

分析缺陷应收集下列资料:

a.缺陷部位、形式、走向、深度、宽度(或面积)及产生时间。

b.构件施工日期、施工记录、原材料组成、物理力学性能等。

c.使用情况,包括交通流量、养护措施、维修方法等。

d.在特殊情况下,要调查清楚附近工业废水与废气的污染情况。

根据结构受力状况、缺陷产生原因与发展趋势来分析缺陷对结构影响的严重程度。缺陷的存在可能使结构功能受到一定程度的损失和削弱,且继续发展;或者对结构功能暂时无较大影响,但影响外观;或介于上述二者之间。

(2) 修补方案的确定。

应在分析比较的基础上,慎重选择修补方案。修补方案一经确定,应认真做好有关的各项准备工作,并做好修补施工计划。

不管采用何种材料、何种方法对缺陷进行修补,都必须尽可能地把已损坏的混凝土清除掉,直到露出完好的混凝土,并扩展到为除去钢筋上的铁锈所涉及的范围。清除损坏混凝土的方法有:

a.人工凿除法。对于浅层或面积较小的损坏,一般可采用手工工具(如尖嘴铁榔头或平口扁铁榔头或凿子加榔头等)凿除的方法。

b.气动工具凿除法。对于损坏面积大且有一定深度的缺陷(如内部蜂窝、空洞缺陷),一般可采用气动工具(如风镐等)凿除。用气动工具凿除后,对个别部位仍不能满足要求的,再用手工工具补凿,直到满足要求为止。

c.高速射水清除法。对于浅层且面积较大的缺陷,可用高速射水清除法去除混凝土损坏部分。

高速射水清除法是使用高压泵冲水清除混凝土破损处和钢筋上的铁锈。经过清除的钢筋表面很快会形成一层极薄的氧化铁薄膜。经验表明,这层薄膜不仅不会造成伤害,而且有助于保护钢筋。

高速喷射水流可以有效地清除有缺陷的混凝土、钢筋上的铁锈以及表面微量的侵蚀性化学物。与上述两种方法相比较,射水法无振动、噪声和灰尘。同时,清除工作完成后,混凝土表面干净湿润,此时接着做混凝土或砂浆修补层可获得良好黏结效果。

(3) 表层缺陷修补的常用材料。

为使结构在修补后能够坚固耐用,用于修补的材料须适当选择。应用较多的材料是与原结构相同的水泥混凝土和水泥砂浆,其水泥和集料的品种应力求与原来混凝土的材料品种相同。此外,混凝土胶黏剂、环氧树脂高分子黏结材料等也已广泛应用于公路桥梁结构的修补工程中。

①混凝土材料。

应采用比原混凝土高一级的修复材料。一般来说,修补用的混凝土的技术指标不得低于原混凝土,所用水泥强度等级不得低于原混凝土的水泥强度等级,水灰比应尽量选用较小值,并通过试验确定。为了提高修补混凝土的和易性,亦可加入适量的减水剂。

②水泥砂浆材料。

最好采用与原混凝土同品种的新鲜水泥拌制的水泥砂浆,配合比一般通过试验求得。水泥砂浆配合比参考表见表3-3。

水泥砂浆配合比参考表　　　　　　表3-3

砂浆强度等级	水泥用量(kg/m³)	配合比(质量比)	砂浆强度等级	水泥用量(kg/m³)	配合比(质量比)
5.0	250	1:8.0	20.0	450	1:4.0
7.5	290	1:7.0	25.0	500	1:3.5
10.0	320	1:6.0	30.0	550	1:3.0
15.0	390	1:5.0	40.0	650	1:2.0

注:1. 水泥采用425号普通水泥。水泥强度等级每±100号时,水泥用量应∓15%。

2. 采用中砂。

3. 水泥用量已考虑了施工所需的富余量,对于100号以下的砂浆,提高20%;对于15号以上的砂浆,提高15%。

水泥砂浆的修补,可用人工涂抹填压的方法,也可用喷浆修补的方法。

③混凝土胶黏剂。

该材料可根据不同要求拌制成净浆、砂浆及混凝土几种形式,并分别采用表面封涂、灌浆、黏结、浇筑等方法对缺陷进行修补。表3-4是上海市市政工程设计研究院和上海市公路管理处桥梁预制厂共同研制的SC-Ⅰ型胶黏剂的常用配合比,可用于桥梁结构等的修补。

SC-Ⅰ型胶黏剂常用配合比　　　　　　表3-4

形式	矿粉	胶液	黄砂	碎石	固化剂	膨胀剂
净浆	1	0.5~0.6	—	—	0.1	0.01
砂浆	1	0.8~1	2	—	0.1	0.01
混凝土	1	0.9~1.1	—	1.3~2	0.1	0.01

注:1. 胶液可用硅酸钠(波美度51°Bé~49°Bé,俗称水玻璃或泡花碱)。

2. 固化剂可用氟硅酸钠(工业纯或化学纯)。

④环氧树脂类有机黏结材料。

环氧树脂类材料中,可用于混凝土结构表层缺陷修补的有环氧胶液、环氧砂浆、环氧混凝土等。

3.7.4 桥面破损处治技术

1)水泥混凝土桥面铺装层的维修

(1)当裂缝宽度小于 0.2mm 并且周边材质没有破碎现象时,可采用环氧砂浆法进行注浆封闭;裂缝较大,并且周边材质没有破碎现象时,可以采用沥青进行填充封闭。

(2)对于坑槽、破裂等缺陷,通常将原水泥混凝土铺装层的表面凿毛,并尽可能深一些,使集料露出,用清水冲洗干净并充分润湿,再涂上同强度等级的水泥砂浆(或其他黏结材料),铺筑一层 4~5cm 厚的水泥混凝土铺装层。

(3)对于磨光、脱皮、露骨等缺陷,除了修补外,如果整体性能较好可以采用加铺一层 2~3cm 厚的沥青混凝土磨耗层的方法进行处理。

(4)全面翻修:如果桥面铺装层已损坏严重,可以采用重筑的方法修补。新铺的面层可采用普通混凝土或者使用钢纤维混凝土等其他材料。

2)沥青混凝土桥面铺装层的维修

沥青混凝土桥面铺装层的维修主要包括封闭裂缝、填充裂缝、修补坑槽、修补龟甲状裂缝、修补车辙、修补松散、修补泛油、修补搓板路、翻修等。具体方法如下:

(1)采用注入法封闭常见裂缝工艺程序:清缝、注入沥青、检查、整理、开放交通。

(2)用沥青混凝土修补损伤铺装层方法:清理修补面(面积大于 $1m^2$,深度达桥面板)、洒涂沥青黏结剂、集料粒径 5~10cm 的沥青混凝土超填、碾压、洒粉(砂)、修饰、开放交通。

(3)泛油处理:局部就采用撒布粗砂和小石子碾压的方法处治;如果泛油程度严重,应结合切削施工法共同处治。

(4)磨光:应采用刻槽施工法、树脂加硬集料黏结路面施工法。

(5)老化产生的裂缝修补:采用乳化沥青喷雾封面和以沥青砂封面,填充小裂缝、表面孔隙和坑槽。

(6)翻修:依据桥面铺装损伤程度,可以采用全部翻修铺装层或仅翻修部分任意厚度铺装层的方式。施工时要注意原施工结构的清理工作、修补断面的处理、修补材料的设计、碾压养护等各工作的程序。

3)桥面铺装层的养护

应经常清扫桥面,保持桥面清洁。雨后应随时将桥面积水引至汇水管口排出,不要积存。冬天结冻或下雪后,应及时清除桥面的冻块或积雪。严禁在桥面堆置杂物或占为晒场等,以保证车辆过桥时的安全。此外,桥面防水层如有损坏也要及时修理。

3.7.5 桥台前墙、翼墙开裂处治技术

桥台作为桥梁的主要下部承重构件,是桥梁的根基所在,也是桥梁的生命线。一旦桥台开裂,势必会影响整个结构的安全,甚至导致桥梁垮塌,所以桥台的裂缝应充分重视。对于浆砌料石结构或钢筋混凝土结构的桥台,目前的加固技术有表层裂缝修补、压力灌浆、填料置换及预应力加固技术。根据桥台开裂的情况、其他病害严重程度及现场的实际情况,可采用其中的

一种或几种进行处治。表层裂缝修补技术已经在上文中进行了详细的介绍,这里将分别对压力灌浆及预应力加固技术进行详细阐述。

1)压力灌浆技术

(1)加固机理。

压力灌浆是通过钻孔,利用注浆设备,分层均匀地将浆液注入路基土体中,以充填、渗透和挤密的方式排出土颗粒之间的水分和空气,并占据其空间,使路基土体孔隙比减小、强度提高。浆液凝固后,原来路基松散的土颗粒将胶结为一个整体,形成一种新的结构体,成为防水、防渗性能强及土壤化学稳定性好的一道屏障,达到加固路基、充填空洞、治理病害的目的。浆液配合比大致为水∶料 = 1∶(0.8 ~ 1.0),干料配合比为水泥∶粉煤灰 = 1∶1。浆液灌入量和扩散半径受土质、渗透系数、土体不均匀性等因素的影响。灌浆时间可由式(3-1)计算:

$$t = \frac{\beta n}{3khr}(R^3 - r^3) \tag{3-1}$$

式中:β——浆液与水的黏度比;

n——土的孔隙率,%;

k——土体渗透系数,cm/s;

h——灌浆压力水头,cm;

r——灌浆孔半径,cm;

R——浆液扩散半径,cm。

如果 $R > 10r$,则式(3-1)近似为

$$t = \frac{\beta n R^3}{3khr}$$

则扩散半径为

$$R = \sqrt[3]{\frac{3khrt}{\beta n}} \tag{3-2}$$

灌浆量按式(3-3)计算:

$$Q = Vna(1 + B) \times 1000 \tag{3-3}$$

式中:Q——灌浆量,m³;

V——加固土体体积,m³;

a——灌入充填率,%;

B——损失系数,%。

(2)技术类型。

①渗透灌浆。

渗透灌浆是指在压力作用下,浆液填充土的孔隙和岩石的裂隙,排挤出孔隙和裂隙中的水和气体,而基本上不改变土和岩石的结构和体积,所用压力相对较小。渗透灌浆技术主要用于桥涵、通道台后土体的加固处理。为使浆液在土中渗透并在短时间内凝固而采用间隙注浆,当浆液渗入土体孔隙后,将孔隙中的自由水、气体排出,但不破坏土体结构,从而防止浆液从砌缝中冒出,使灌入土体中的浆液形成一道屏障,达到防渗、充填和加固的目的。

②压密灌浆。

对由路基沉陷而导致的路面板下陷、断裂、托空、裂缝等现象,可待路基加固处理完毕后,采用压密灌浆将混凝土面板复抬至原路面高程;通过钻浅孔向土中灌入极浓的浆液,使注浆附近土体压密而形成浆泡,初始灌浆压力基本上沿径向扩散,随着浆泡尺寸的逐渐增大,产生较大的上抬力,托起混凝土面板上抬。

(3)水泥灌浆施工方法及质量控制。

①水泥灌浆的工艺流程。

a.布孔的原则及方法。根据强度要求,结合灌浆特点、基层形态等因素,遵循既要发挥灌浆孔的效率,又要保证浆液留在基层有效范围之内的原则,视基层实际情况布置注浆孔。

b.钻机成孔。采用干法钻进、小型灌孔钻成孔。其优点是进尺快、易搬动、操作简单、钻进成本低。

c.下注浆花管。注浆花管应根据钻孔深度与孔径而定。一般来说,注浆结束后,注浆花管很难拔出,如果强行拔出,会破坏路基层,因此,注浆花管可作为非预应力锚杆留在基体内(可起到管架的作用,对于提高基层强度有利)。

②水泥灌浆的设计。

灌浆设计主要包括灌浆压力、浆液浓度、灌浆量、灌浆次序、灌浆深度等的设计。如何选择和控制灌浆压力和浆液浓度,是灌浆施工中首先要解决的问题。灌浆压力是保证灌浆质量的重要因素之一,如果压力过小,灌浆射流达不到预计范围,扩散半径小,易形成空白区;渗透灌浆时,若压力过大,则会破坏原结构,还会使浆液沿薄弱部位冲出,达不到灌浆目的。因此,施工前应做试验,结合单孔灌浆量选择合适的灌浆压力。根据经验,灌浆压力一般宜控制在 0.5~1.5MPa 之间,浆液浓度以水灰比(质量比)1:1 为宜。

③施工质量控制。

a.制浆。浆液质量是影响灌浆施工质量的关键因素之一。浆液过稠,流动性小,影响注浆半径;浆液过稀,流动性太大,易漏浆、跑浆,使基体含水率增大。因此,制浆时要严格控制浆液浓度,以满足工程设计要求。

b.注浆。注浆是加固工程的主环节,也是保证工程质量的关键环节。注浆过程中通过选择灌浆压力和单孔灌浆量控制加固效果。

2)预应力加固技术

预应力加固技术在桥台加固中应用比较广泛,国内已经有很多成功的加固经验。其主要适用于桥台外鼓开裂的情况,加固后会有很好的效果。其主要原理就是在桥台两个翼墙上施加与外鼓方向相反的预应力,抑制桥台外鼓,防止桥台进一步"爆裂"。国内外工程人员采用的预应力加固技术形式多种多样,主要区别在于施加预应力的大小及锚固端的形状差别。本书从以往的多个桥台加固工程中总结出了一套较为适用的预应力加固技术,基本可以归纳为以下两种技术。

(1)矩形或"L"形预应力框架加固翼墙技术。

①技术方案。

根据病害的现场情况,在两翼墙进行钻孔,然后通过设置在两个翼墙上的矩形或"L"形框架锚固穿过桥台的预应力筋,从而增强桥台的整体受力性能,继而达到阻止裂缝扩展的目的。具体的技术方案如图 3-12~图 3-14 所示。

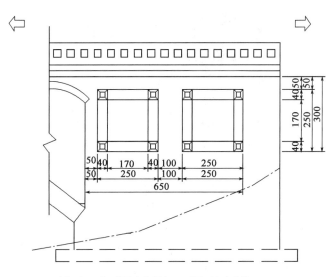

图 3-12　矩形预应力框架正面图(尺寸单位:cm)

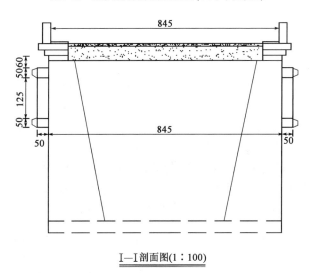

I—I 剖面图(1∶100)

图 3-13　矩形预应力框架剖面图(尺寸单位:cm)

②工艺流程。

a. 孔位放线。

预应力水平对拉锚索孔距、排距的精度取决于测量仪器的精度。根据实际需要和类似工程的经验,规定水平、垂直方向孔距及排距误差不大于±50mm。

b. 成孔。

施工中使用锚杆钻机、风动式潜孔锤成孔,开孔方向应根据如地形、地物等特征来确定,在正式开钻前应先试钻。通过试钻确定台背填料成分混杂(黏性土、生活垃圾、砖头或煤渣等物质)、密实度、含水率变化、软硬变化等,以防出现孔位偏差。

图 3-14 矩形预应力框架实际效果图

c. 锚索制作与安放。

锚索可采用低松弛钢绞线。为防止钢绞线缠绕并保证预应力锚索在孔内居中,每隔 2m 设置一个隔离架用来支撑预应力锚索,根据要求预埋锚垫板和螺旋钢筋。同时在圈梁处套上 PVC 管,防止钢绞线与混凝土粘连,并对预应力锚索进行防腐处理(也可考虑使用无黏结预应力钢绞线)。预应力锚索准备完毕后,由出孔端(上游侧逆钻进方向)将预应力锚索、注浆管用钻机拉入孔内,直至开孔端。

d. 现浇钢筋混凝土矩形或"L"形框架。

锚头部分加强采用双钢筋网片增厚混凝土布置。预应力锚索安装就位后,测放出具体框架位置,确保预应力有效发挥效果。

e. 张拉预应力。

钢筋混凝土框架浇筑成形后,其强度达到设计强度(C25)的 75% 时,即可开始张拉预应力锚索。预应力锚索采用分级张拉,每级张拉结束后持荷 5min,做好张拉记录。拉到张拉控制应力后,锚固,切除多余钢绞线、封锚。

(2)U 形预应力条带加固前墙技术。

该技术主要针对前墙开裂病害。该技术对侧墙部位的处理与矩形预应力框架相似,即根据需要在后端增设对拉的预应力筋或精轧螺纹钢筋;除此之外,在前墙设置了与侧墙预应力框架连接的混凝土条带,从而增强了前墙的整体性,阻止裂缝的进一步发展。具体方案如图 3-15、图 3-16 所示。

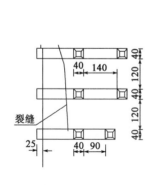

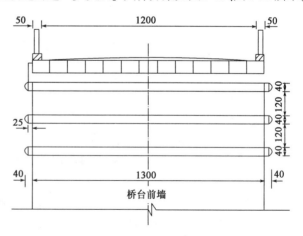

图 3-15 预应力条带立面图(尺寸单位:cm)　　图 3-16 预应力条带正面图(尺寸单位:cm)

该方案的工艺流程与矩形预应力框架基本类似,只是前墙的条带是非预应力的,需要在设置前增设锚杆。

3.8 常用拱桥加固技术、病害处治技术评析

本节从加固机理、技术特点、适用范围等方面进行探讨、比较与分析,以便在此基础上更好地利用它们为拱桥加固工程服务。同时取长补短,充分发挥优点、避免各自的缺点,开发出更高效、经济的桥梁实用加固新技术。

3.8.1 粘贴加固技术评析

为了达到提高主拱圈的抗弯、抗剪能力,以及抑制裂缝扩展的目的,采用了粘贴加固技术。该技术使用了建筑结构胶将钢板、钢筋、玻璃钢、碳纤维等抗拉强度高的材料或者环氧树脂粘贴在主拱圈表面,从而能使其与结构形成一体。根据拱桥的实际特点,在加固工程中经常采用粘贴钢板加固技术,主要是因其加固效果显著,能在保证加固梁质量的前提下快速完成施工任务,在不停产不影响使用的情况下完成施工。

1)技术特点

该项技术主要优点有:加固增强施工对原结构损伤较小,加固层增加的恒载负担不多,对桥下通航净空几乎无影响。

该项技术主要有以下不足:

(1)存在钢板的防腐防锈问题;

(2)采用该技术对石拱桥加固增强时,因构件为石料砌体,表面平整度远远低于混凝土构件,因此施工中打磨、平整的工作量很大;

(3)粘贴钢板后,灌注填充浆液的密实度不易保证。

2)经济性

运用粘贴加固技术加固桥梁,工程费用较低;但因钢材的防腐、维护等需后期投入,故在桥梁整个使用寿命内的综合投入不低。

3)耐久性

该技术的耐久性主要体现在以下两个方面:

(1)钢材自身的防锈防腐问题;

(2)粘贴钢板中灌注的化学浆液的耐久性有待进一步观察。

4)适用范围

粘贴加固技术对于工期紧,特别是临时加固工程的小跨径拱桥适用性较强。

5)施工特点

该技术施工快速,工艺简便,但专业性要求高。

改变结构体系加固技术与调整压力线加固技术因研究不多,实际单独使用也不多,其加固

效果、耐久性等有待研究分析和验证。

3.8.2 锚喷混凝土加固技术评析

锚喷混凝土加固技术利用压缩空气,将混凝土拌合料连续地喷射在已锚固好的钢筋网上,形成新的钢筋混凝土结构层,与原结构协调变形,共同受力。

1)技术特点

除前面章节已阐述的特点外,相比于其他技术,该技术的主要优点有:施工快速、模板较少;不需要振捣;有封闭裂缝的辅助作用。

锚喷混凝土加固技术存在施工工艺、施工难度等多方面不足,诸如施工质量不易控制,施工成本高,施工工艺较其他技术难以掌握等,主要表现在:

(1)喷射混凝土的强度不高。喷射混凝土的强度受多种因素制约,比如原材料的品种和质量、配合比设计、现场施工工艺、施工机具设备的质量以及喷射手的水平和熟练程度等。值得一提的是,原料中含泥量对最终施工完成的混凝土的强度有明显的影响。有试验证明,干净石子拌和的喷射混凝土比未冲洗的强度高 5~10MPa。另外,喷射混凝土是利用高压射流将拌合料挤压、附着在结构表面,这就造成了混凝土内部含较多孔隙,导致了混凝土的强度不高、密实性差。喷射混凝土的强度低,进一步限制了该项技术在旧危桥梁加固中的应用,特别是在要求不增加或者尽量少增加结构恒载而大幅度提高强度、刚度和承载力的场合。

(2)喷射混凝土回弹率高。在高速喷射时,集料的反复连续撞击使混凝土压密、挤实,混凝土拌合物击打在受喷面上后发生回弹,混凝土的损耗较大。一般回弹率为 40%~60%,由于回弹料大多是粗集料,水泥含量少,严禁回收掺入下一次混合料中。因此,喷射混凝土的成本和费用较普通混凝土要高很多。

(3)对桥梁正常交通的影响不可避免。通常认为喷射混凝土加固施工期间可不中断交通,但是有资料表明,如施工时不中断交通,喷射出来的混凝土就不能与原结构和已喷好的喷射面有效地黏结,而且混凝土回弹量增大。

(4)施工混凝土配合比与设计普通混凝土有时差异极大。当按照设计配合比施工时喷射出的混凝土不能粘在原有结构面上。施工中实际配合比多根据喷射手的感觉来调整,这给锚喷技术的规范化带来很大的困扰和阻碍。

(5)施工机具设备复杂,对施工人员要求高。

(6)使原结构增加较大的恒载负担。

2)经济性

(1)喷射混凝土回弹率高,单价较普通混凝土高很多。

(2)总体造价占新建费用的 20%~30%,性价比适中。

3)耐久性

密实度低、内部孔隙多,是喷射混凝土自身施工方法导致的不可避免的缺点。这个缺陷直接导致了采用锚喷混凝土加固技术加固后的结构存在三大问题:首先,喷射混凝土的强度不高,不能承担很大的荷载和外力,加固后的复合结构承载力提高有限;其次,与普通混凝土后期强度逐渐增大相反,锚喷混凝土强度比施工初期有显著降低;最后,锚喷混凝土加固层的耐久性较差,大大影响了该技术在结构设计基准期内的经济性。锚喷混凝土技术加固后的结构耐久性不足,主要体现在:

(1)锚固在喷射混凝土内的纵横向钢筋易锈蚀。图 3-17 为江西省景德镇某大桥采用锚喷混凝土技术加固增强施工完成、使用约 6 年后现场拍摄的照片。

(2)喷射混凝土易离析。图 3-18 为江西省景德镇某大桥混凝土渗水离析照片。从中也可以发现,由于渗水作用,加固层被侵蚀后纵横向钢筋清晰可见。

图 3-17 采用锚喷混凝土技术加固的某大桥表面

图 3-18 混凝土渗水离析

(3)表面粗糙、不光洁,如图 3-19 所示。

图 3-19 表面粗糙、不光洁

4)适用范围

该加固技术适用于:

(1)空间狭小,不便搭架支模的场合;

(2)工期短,要求施工快速的加固工程;

(3)病害程度较轻的桥梁;如有提高荷载等级要求,则桥梁加固前墩台、基础与主要承重和传力结构应处于较好的状态。

5) 施工特点

相较于一般的现浇混凝土工艺,锚喷混凝土加固技术的施工工艺复杂、难度大;其混凝土混合物拌和、喷射混凝土施工均要有专门的机具设备;对施工人员特别是喷射混凝土施工的喷射手要求很高,喷射混凝土的总体性能、加固的最终效果、施工的成本费用与现场喷射手的操作水平、熟练程度关系极大。总体而言,锚喷混凝土加固技术的施工难度高于现浇混凝土施工。

6) 加固后的桥梁外观

喷射混凝土加固层表面粗糙、不光洁,对全桥的美观有一定的影响。

3.8.3 体外预应力加固技术评析

在拱桥相关加固技术的实际应用中,通常采用体外预应力加固技术。为了避免滑移的距离过大以及抑制位移的进一步发展,通常采用提高拱的承载能力的方式来解决相关问题。

体外预应力加固技术适用于中小跨径桥梁的加固(增强)处治,对于大跨径桥梁,采用该项技术加固时宜配合其他加固方法进行综合处治,以达到良好的加固效果。

1) 技术特点

体外预应力加固技术主要有以下优点:与锚喷混凝土加固技术、粘贴加固技术等相比,该技术属于主动加固法;加固材料的应力滞后效应部分甚至完全消除,这使得预应力筋的强度可较充分地发挥,从而提高了材料的使用效率;施工快速,工期很短。

该技术的主要缺点有:

(1) 用于加固拱脚或侧墙处的预应力锚固装置构造复杂,技术要求很高;

(2) 存在预应力筋的预应力松弛问题;

(3) 存在预应力筋、锚具等的防锈防腐问题;

(4) 日常养护工作量大,后期维护成本较高;

(5) 可能对桥下的通航有较大影响。

2) 经济性

采用该项技术加固增强的费用较低,占新建桥梁投资的10%~15%;但是考虑到加固后重新投入运营期间的养护费用较其他加固技术高,因此整个设计基准期内的总体成本的比较尚待在实践中探寻解答。

3) 耐久性

该项技术的耐久性主要考查两个方面:

(1) 随着预应力材料自身的松弛、蠕变,加固部分的效能降低;采用低松弛预应力筋后,加固结构的长期使用性能和加固效能有待进一步观察。

(2) 预应力筋的防锈防腐问题。

4)适用范围

该项技术属于主动加固技术,能抑制拱脚的水平位移和侧墙外鼓病害的发展,因此如结构的变形较大且通航要求能满足条件,采用体外预应力加固技术能达到处治病害、一定程度上提高承载能力的目的。

5)施工特点

(1)施工中锚固部位的难度大、构造复杂,不易控制;
(2)预应力筋张拉过程中,要求对结构各截面的受力和变形进行详细监测。

6)加固后的桥梁外观

对横墙外鼓病害采用体外预应力加固技术,因锚具、预应力筋等不外露,故对桥梁外观没有明显影响;采用拱脚对拉预应力筋加固技术的桥梁,预应力筋的存在对拱桥的曲线美有明显影响。

3.8.4 结构裂缝处治技术评析

压力灌注裂缝加固技术是处理结构性裂缝最常见的方法之一,是指施加一定的压力,将某种浆液或胶液灌入结构或构件内部空隙、空洞中以达到恢复并提高结构强度、耐久性和抗渗性能的目的的技术,通常与其他技术联合使用以起到全面加固、增强的作用。

1)技术特点

该技术主要有以下优点:对拱桥主拱圈内的空隙、空洞灌注效果较好;能增强结构的整体性;灌缝后能阻止水汽侵入,对原桥内部材料的耐久性有利。

同时,该技术的缺点主要有:
(1)施工工序较多,速度较慢。
(2)灌注材料注入结构内空隙的密实度尚有待进一步研究。
(3)需和其他加固技术联合使用才能起到真正的加固、增强作用。

2)经济性

该项技术通常与其他技术联合使用,故其自身的经济性分析尚有待进一步研究。

3)耐久性

如采用水泥灌浆材料,则结构的耐久性较好;化学灌浆材料自身在水汽等各种不利环境因素的影响下的耐久性尚有待进一步研究。

4)适用范围

该项技术适用于结构或构件内空洞多、空隙多的拱桥。

5)施工特点

压力灌注裂缝处治技术的施工特点主要有:
(1)施工步骤较多,且工序之间要求间隔一定的时间,施工速度较慢;
(2)压力灌注操作一般要求采用专用的器具,但操作较简便;

(3) 总体而言,该项技术的施工难度不高。

3.8.5 常用拱桥加固技术比较

为了更好地分析、评价拱桥常见加固技术的各项特点,现将各项加固技术比较分析结果列于表3-5中。

常用拱桥加固技术比较分析表　　　　　表3-5

比较项目	加固技术					
	增大截面加固技术	粘贴加固技术	锚喷混凝土加固技术	体外预应力加固技术	改变结构体系加固技术	调整压力线加固技术
加固机理	通过增大受压区面积或增加受拉区钢材面积的方式,提高截面(结构)的强度、刚度,从而达到加固、增强的目的	采用环氧树脂或建筑结构胶将钢板、钢筋、碳纤维等抗拉强度高的材料粘贴在结构表面,使之与结构物形成整体,从而达到提高主拱圈的抗弯、抗剪能力,以及抑制裂缝扩展的目的	利用压缩空气,将混凝土拌合物连续地喷射在已锚固好的钢筋网上,形成新的钢筋混凝土层,与原结构协调变形,共同受力	以粗钢筋、钢绞线或高强钢丝等钢材作为施力工具,对桥梁结构施加预应力,以预应力产生的弯矩和轴力部分抵消外荷载产生的内力,从而达到改善旧桥使用性能并提高其极限承载能力的目的	改变拱上建筑的结构形式和传力模式,减轻结构的恒载负担,最终达到加固、增强的目的	通过调整压力线,使之尽量和拱轴线吻合,以改善主拱圈的受力状况
技术优点	能够较大幅度地改善或提高结构性能,技术成熟,应用广泛,加固用材料较易获得	对原结构损伤较小,加固层增加的恒载不多;对桥下通航净空几乎无影响	施工快速,所耗模板较少;不需要振捣;具有封闭裂缝的辅助作用	属于主动加固法,加固材料的应力滞后效应部分甚至完全消除;施工快速、工期短	能够较大幅度地减轻主拱圈的恒载,将"节省"下来的恒载用于承担活载作用,从而间接恢复或提高活载的承载能力和通行能力	充分利用拱桥抗压性能优于抗弯拉性能的特点进行加固改造,如应用合理,可起到根本上改善桥梁力学性能、提高承载力的作用

续上表

比较项目	加固技术					
	增大截面加固技术	粘贴加固技术	锚喷混凝土加固技术	体外预应力加固技术	改变结构体系加固技术	调整压力线加固技术
技术缺点	恒载增加幅度可能较大，加固层内的混凝土浇筑施工空间狭小，不易振捣密实，模板用量较多	须采用钢板的防腐防锈措施；施工中打磨、平整的工作量很大；粘贴钢板后，灌注填充浆液的密实度不易保证	喷射混凝土的强度不高、耐久性欠佳；喷射混凝土回弹率高；施工机具设备复杂，对施工人员要求高；对原结构增加较大的恒载负担	锚固装置构造复杂、技术要求很高；存在预应力松弛问题；需要解决防锈防腐问题；日常养护工作量大，后期维护成本较高；对桥下的通航可能有较大影响	对整个结构的影响较大，施工比较复杂，需要完全中断交通	技术要求高，技术使用的局限性较大
经济性	加固工程费用较低，在桥梁整个使用寿命内的性价比较高	加固工程费用较小，在桥梁整个使用寿命内的综合投入不低	总体造价占新建费用的20%~30%，性价比适中	加固增强的费用约占新建桥梁投资的10%~15%；养护费用较其他加固技术高	加固改造费用占桥梁新建费用的25%~40%	加固改造费用占桥梁新建费用的15%~30%
耐久性	钢筋混凝土加固层的耐久性较好	钢材防锈防腐是影响耐久性的主要因素	密实度低、内部孔隙多；耐久性和后期强度不足	钢材防锈防腐是影响耐久性的主要因素	如施工合理，耐久性较好	如施工合理，耐久性较好

南京长江大桥双曲拱引桥维修加固技术

续上表

比较项目	加固技术					
	增大截面加固技术	粘贴加固技术	锚喷混凝土加固技术	体外预应力加固技术	改变结构体系加固技术	调整压力线加固技术
适用范围	适用于各种加固场合,是使用最广泛的加固技术之一	工期紧,特别是临时加固工程的小跨径拱桥适用	空间狭小,不便搭架支模的场合;工期短,要求施工快速的加固工程;某些情况较好拱桥有提高荷载等级要求	在拱脚的水平位移较大且通航要求能满足或侧墙变形较大的条件下适用	拱上恒载大的实腹式拱桥	有优化拱轴线余地的已建拱桥或已发生变形的在建拱桥
施工特点	施工过程较复杂,通常会影响桥上正常的交通,养护时间较长	施工快速,工艺简便,专业性强	工艺复杂、难度大;要有专门机具设备;对施工人员要求高	难度大,不易控制	工程量较大,工序较多	施工较快速、简便

第4章
南京长江大桥双曲拱引桥适应性维修加固技术体系研究

为了提出适应性加固技术体系,分析了南京长江大桥双曲拱引桥以往的设计、施工、养护、检测与评估资料;基于历史建管养资料研究双曲拱引桥的技术状况,分析双曲拱引桥的提升潜力,研究了适用于南京长江大桥双曲拱引桥的维修加固方法。

4.1 南京长江大桥双曲拱引桥的维修加固原则

南京长江大桥是我国桥梁建设史上的一座丰碑,承载着中华民族自力更生、自强不息的民族精神,在南京乃至全国人民心目中具有举足轻重的地位,社会各界对其维修工作高度关注。经过有关部门以及相关专家的反复多次论证,确定了"修旧如旧"的大方向。维修加固遵循如下原则:

(1)尽量维持原桥风貌。

双曲拱桥作为南京长江大桥的重要组成部分,体现了民族特色、时代风貌。南京长江大桥公路引桥上的双曲拱桥,若既在外观上维持原貌,又在结构上维持原有双曲拱的体系,则不仅保留了南京长江大桥的整体风貌,而且将这一具有鲜明时代烙印的桥型作为活的标本保留下来,具有一定的工程意义和历史意义。

(2)上部结构荷载基本不变。

根据检测及现场调查,双曲拱桥总体结构尚无明显变形和沉降。因此确定下部结构维持不变,上部结构加固的维修加固思路。为不增加下部结构负担、不扰动已基本稳定的下部结构,要求加固后的上部结构荷载基本维持不变,特别是上部结构恒载尽量不要增加。

(3)提高结构的安全性、耐久性。

通过系统的检测,双曲拱承载能力、刚度等均有不同程度下降,但双曲拱整体结构尚且完好,未发现明显因墩台沉降而引起的拱顶下沉、拱圈横向裂缝等严重的病害,其主要病害集中在耐久性方面,如混凝土碳化严重、钢筋锈蚀、混凝土剥落、排水不畅等。经过与国内同类桥梁的改造经验对比,该桥经过对耐久性病害的彻底处治,并辅以结构缺陷修复及加强,在解决结构耐久性的同时,也增强了结构的安全储备。

(4)选用合理的新材料、新工艺。

双曲拱桥是特定历史时代的产物,具有鲜明的优势,也有固有的缺陷。为了发挥其优势,弥补其缺陷,特别是随着时代的进步,发展出一些新的材料、新的工艺,可以修补原有结构的缺陷,提高原有结构的耐久性,使其重新焕发活力,继续为服务南京交通、承载历史记忆发挥作用。

选用新材料、新工艺时,除了对结构安全性、耐久性进行考量外,还要考虑施工时的各种限制条件,如减少对桥下交通的干扰、减少对环境的不利影响,便于实施、加快工期、便于质量控制等。

4.2 南京长江大桥双曲拱引桥的拱圈性能提升技术

针对主拱圈的病害,主要改造思路是处治耐久性病害、修补缺陷、适当增强构件性能、延长使用寿命;针对桥面铺装病害,采用全封闭施工,排除交通干扰因素,重点设计出更为舒适、耐久的铺装,使其与填料互相协调,成为和谐的整体。由于主拱圈加固、铺装结构加强都会增加重量,为了满足上部结构恒载基本不变的原则,选用质量更轻的填料,同时还要便于施工。南京长江大桥双曲拱引桥维修加固内容如表4-1、表4-2所示。

南京长江大桥双曲拱引桥主拱圈维修加固内容 表4-1

构件(部位)	病害	维修加固方法
主拱肋	局部破损、露筋、混凝土碳化	凿除破损混凝土、截面外包混凝土加强,其中南岸引桥56、61、62孔及回龙桥H2孔为喷射混凝土,其余均为模筑混凝土(南岸引桥63孔拱肋本次不加固)
主墩、腹拱墩、横系梁、腹拱拉杆	局部破损、露筋	常规缺陷修复,跨中部分横系梁加强
拱波、腹拱波	局部破损、露筋、纵横向开裂	常规缺陷修复,裂缝封闭或灌浆,拱波、腹拱波背面粘贴玄武岩纤维布
拱上填料	水损害严重,承载力降低	换填轻质泡沫混凝土填料,填料顶面设混凝土刚性层

南京长江大桥双曲拱引桥桥面系与下部结构维修加固内容 表4-2

构件(部位)	病害	维修加固方法
桥面铺装	坑槽、破损	重新铺设,恢复原设计高程,与填料应互相协调,纵向线形平顺
承台及基础	基础沉降基本稳定	南岸引桥46孔、北岸引桥35孔、回龙桥第1孔及第5孔位置承台间设纵向拉杆,增强基础抗推力
防撞护栏	—	予以更换
人行道	表面坑槽、破损严重	拆除后原样修复
人行道栏杆	外观陈旧、局部破损、露筋	文物修缮
防排水系统	排水管偏少、堵塞严重	重新设置防排水系统
路灯	部分灯杆开裂	原尺寸、同工艺修复

4.3 南京长江大桥双曲拱引桥的耐久性提升技术

南京长江大桥加固工程设计使用年限为50年,所处环境为一般环境,作用等级为B级。为达到加固后设计使用年限50年的目标,须采取耐久性提升措施。

4.3.1 材料要求

拱肋外包混凝土采用自密实混凝土,自密实混凝土采用C35。最大水胶比均不得大于0.5,其28d碳化深度、抗冻耐久性指数、氯离子含量需满足设计要求。泡沫混凝土的吸水率、抗冻性要求,需严格执行。

4.3.2 构造要求

拱肋钢筋(含箍筋、分布筋)的最小保护层厚度不得小于25mm。

设置科学合理的防排水系统,防排结合,多重保障。桥面雨水通过雨水口收水,并通过泄水管排到桥下。桥面混凝土顶面、沥青混凝土底面设置防水层,防止路面水渗入填料;主拱圈背面、腹拱圈背面、侧墙背面设置防水层,防止下渗水进入结构。在沥青铺装侧面、填料低洼处设置碎石盲沟及渗水管,排除可能渗下来的雨水。

4.3.3 拱肋钢筋混凝土电化学修复

传统的修补技术是对破损的混凝土进行修补,并对原有外露钢筋进行除锈,但该技术并未根本消除未凿除的混凝土中存在的氯离子、氧和水汽,采用局部修补后,会形成新的腐蚀电池,原混凝土中的钢筋成为腐蚀电池的阳极,修补混凝土中的钢筋成为腐蚀电池的阴极,从而加速原混凝土中钢筋的腐蚀,这种现象称为"环阳极腐蚀"或"光环效应"。

钢筋混凝土电化学修复技术主要有阴极保护、电化学除盐和电化学再碱化。阴极保护又可以分为强制电流阴极保护辅助阳极系统和牺牲阳极系统,而埋入式牺牲阳极是混凝土局部修补技术的突破,该技术施工简便,使用效果好,在国外应用较广泛。

根据病害检测结果,由于受风雨侵蚀及长期桥面填料下渗水的直接影响,绝大部分混凝土边拱肋及部分中拱肋有混凝土剥落、拱肋钢筋锈蚀现象,考虑到修补后的混凝土强度比原混凝土要高,新旧混凝土之间存在电位差及边拱肋恶劣的环境影响,拱肋原钢筋及修补后的钢筋随着时间推移有进一步锈蚀的可能,在拱肋局部增设阴极保护。

拱肋阴极保护设置原则:

(1)所有桥孔边拱肋进行全面阴极保护,间距75cm。

(2)所有中拱肋根据实际检测情况进行局部阴极保护,原则上钢筋自然腐蚀电位负移300~500mV时设置牺牲阳极,间距75cm。

(3)所有拱肋因锈胀等而露筋的部位都需要设置牺牲阳极保护,且纵向间距加密到50cm。

(4)根据国内外相关规范及国内工程实例,本项目设置的保护电流密度采用$5mA/m^2$(相对于钢筋表面积)。

4.3.4 混凝土表层涂装

根据桥梁耐久性养护要求,同时也为了确保混凝土表观色泽一致性,对双曲拱桥上部及下部混凝土外表面进行涂装。涂装在混凝土表面裂缝及缺陷处治完成并对结构进行补强后实施,实施范围为除主拱圈(拱肋侧面、拱波下表面、拱板顶面)外的所有混凝土外露面。

采用符合《混凝土桥梁结构表面涂层防腐技术条件》(JT/T 695—2007)要求的涂层体系,底层采用 $1\times40\mu m$ 环氧封闭漆 + 环氧腻子 2 道,中间层采用 $2\times70\mu m$ 环氧树脂漆,面层采用 $2\times40\mu m$ 丙烯酸聚氨酯面漆,外观颜色尽可能维持本色并与新浇筑拱肋外表面混凝土颜色一致,同时满足环保要求。

4.4 自密实混凝土及其应用简介

自密实混凝土(Self Compacting Concrete 或 Self-Consolidating Concrete,SCC),是指在自身重力作用下,能够流动、密实,即使存在致密钢筋也能完全填充模板,同时获得很好均质性,并且不需要附加振动的混凝土。SCC 的硬化性能与普通混凝土相似,而新拌和混凝土性能则与普通混凝土相差很大。

自密实混凝土属于高性能混凝土。除了满足高性能混凝土的一般要求外,它在施工方面有更高的要求。它突破了传统振捣混凝土在成型方式上的局限,完全依靠自身重力(或只需外力轻微振动)便可自由流淌,穿越钢筋间隙填充模板每个角落,硬化后得到满足要求的强度和良好的耐久性能。由于自密实混凝土在浇筑过程中无须振捣成型,显著降低了传统振捣混凝土施工时的噪声污染,大幅减轻了工人的劳动强度。除此之外,它解决了配筋密集、结构复杂等由集料阻塞造成的空洞等问题,并减少了传统混凝土施工由漏振、过振造成的上下分层、蜂窝、麻面,提高了混凝土质量和耐久性能。同时由于配制自密实混凝土需要大量利用粉煤灰、粒化高炉矿渣、硅灰等工业固体废弃物,有利于资源的综合利用和生态环境的保护,因此自密实混凝土被誉为"绿色混凝土"。

4.4.1 自密实混凝土发展现状

随着施工工艺的发展,混凝土技术的发展经历了从塑性混凝土到干硬性混凝土,又回到塑性及自密实混凝土的一系列变革。近年来,高效减水剂的出现使配制自密实混凝土成为现实,自密实混凝土已成为混凝土技术的一个新发展方向。由于使用自密实混凝土可以改善混凝土的施工性能和降低劳动成本,有利于环境保护,同时还能提高硬化后混凝土的力学性能和耐久性能,因此世界各国都非常重视该项技术的开发和利用。早在 20 世纪 70 年代早期,欧洲就已经开始使用轻微振动的混凝土,但是直到 20 世纪 80 年代后期,SCC 才在日本发展起来。日本发展 SCC 的主要原因是解决技术熟练工人的减少与混凝土结构耐久性提高之间的矛盾。欧洲在 20 世纪 90 年代中期才第一次将 SCC 用于瑞典的交通网络民用工程中。随后 EC 建立了一个多国合作 SCC 指导项目。从此以后,SCC 得到普遍应用,各个国家的 SCC 在预制混凝土中的比重分别是意大利大约 30%、芬兰大约 30%、西班牙 25% ~ 30%、美国 10% ~ 40%。

在我国,自密实混凝土技术的研究已在配制理论、施工方法、性能指标及其测量方法等方面取得了较大的进展,并成功应用于许多大型、重要的混凝土工程中。北京城建集团有限责任公司构件厂通过混凝土外加剂、胶结材料和粗细集料的选择与搭配及配合比的精心设计,研制出了自密实混凝土,其被列为原建设部九九科技成果重点推广项目。中国建筑科学研究院建筑工程材料及制品研究所成功研制的既能高位抛落又能低位浇筑的免振捣自密实高性能混凝土,通过了专家鉴定。锡宜高速公路京杭运河大桥跨沪宁铁路,在施工中采用了C50自密实微膨胀混凝土。在深圳南方国际广场的施工中,使用了C100自密实钢管混凝土。武汉国际会展中心的主楼中庭轴的钢骨混凝土中使用了C40高保塑自密实混凝土。尽管自密实混凝土在我国的应用逐渐增多,但是由于国内对自密实混凝土开发较晚,在配制和应用方面均存在很多不足。自密实混凝土的配制一般是在较低用水量、低水胶比条件下,通过高效减水剂(超塑化剂)与复合矿物掺合料的叠加效应来控制新拌和混凝土高流动性与高抗离析性之间的匹配度。自密实混凝土的强度对超塑化剂和活性掺合料的性质都是敏感的。因此,自密实混凝土的高流动性、黏聚性和强度不稳定,仍没有完善的措施进行改善。另外,自密实混凝土是由水泥、水、粗细集料、外加剂和掺合料组成的多相分散体系。除此之外,其他组分都是大大小小的颗粒,颗粒尺寸从0.1mm到20mm,配合比设计较为复杂,目前还没有成熟的统一的设计规范。随着我国自密实混凝土研究的深入,其配制技术也将越来越完善,且在混凝土工程中的应用也将越来越普遍。

4.4.2 自密实混凝土在结构加固工程中的应用

随着自密实混凝土配制方法的成熟,成本下降,其在结构加固工程中得到广泛应用,尤其在增大截面法加固工程中。增大截面法模板和原有结构之间的空隙较小,其间还分布有钢筋,不方便混凝土振捣,普通混凝土很难实现密实填充,混凝土质量得不到保证。自密实混凝土恰好可以弥补这方面的缺陷,它具有免振、粗集料较小等优点,适合在狭小的区域浇筑,在施工中仅靠自重就能填充至复杂模型的各个角落,具有均匀自密实成型性能,同时硬化后具有优良的力学性能和耐久性。由于自密实混凝土具有自流密实的工作性能特点,和普通混凝土扩大截面加固方法比较,自密实混凝土扩大截面加固法在工程成本影响不大的情况下,能避免普通混凝土扩大截面加固法密实度难以保证的弊端,保证加固混凝土质量。同时,由于施工过程中无须振捣,能节省机械和电力消耗、节约劳动力、缩短工期、保护环境。加固后新旧结构整体和谐,加固效果好,耐久性高,维修成本低,符合绿色施工要求,具有良好的经济效益和社会效益,有着广泛的应用前景。自密实混凝土应用于增大截面加固法,具有很好的发展前景。

4.5 混凝土钢筋牺牲阳极阴极保护技术

阴极保护技术是一种电化学腐蚀防护方法,其把钢筋的腐蚀体系看成一个短路的二元电池,在它上面连接第三个电极(比钢筋更活泼的电极),这个活泼的电极取代钢筋成为腐蚀电池的负极,失去电子发生氧化反应,从而使钢筋得到保护。阴极保护法包括牺牲阳极法和强制电流法。

牺牲阳极保护是在被保护的钢筋上连接一种比钢筋电位更低的金属或合金(称为牺牲阳

极),牺牲阳极作为负极失去电子发生氧化反应,使被保护的钢筋获得阴极电流,从而抑制钢筋的腐蚀。牺牲阳极的材料必须满足以下要求:

(1)电位比钢筋的电位更低;

(2)自腐蚀速率较小且腐蚀均匀,电流效率较高并且稳定;

(3)电化学当量高,即单位质量发生的电流量大;

(4)在工作中,阳极极化小,溶解均匀,产物易脱落;

(5)腐蚀产物不会污染环境;

(6)材料来源广泛,价格便宜,容易加工。

常用的牺牲阳极材料有镁基、铝基和锌基合金三类。当前,国外钢筋混凝土结构经常使用的牺牲阳极系统主要有如下几种。

(1)电弧喷锌或铝-锌-铟。

对已经腐蚀的钢筋进行清理时,首先除去表面的混凝土使被腐蚀的钢筋露出,并对露出的钢筋进行清理,然后将金属锌或铝-锌-铟合金直接喷涂在清理过的钢筋表面。

(2)粘贴的锌片阳极。

采用离子导电水凝胶,将0.25mm厚的锌箔粘贴在混凝土表面。该法成本较低,操作也简单。

(3)锌网整体桩护套。

该体系由锌网阳极、玻璃钢护套和水泥胶合原料组成,用于保护桥梁桩基的潮差区和浪溅区。

(4)浇筑的锌和铝牺牲阳极。

大体积的锌和铝牺牲阳极已经被成功用于保护平均低水位以下和潮差区的钢筋混凝土结构。阳极放置在被保护的钢筋混凝土结构附近的海水中。

(5)埋入式牺牲阳极。

将准备好的牺牲阳极包裹在水泥填包料中,在施工初期或修补时,埋入牺牲阳极,从而形成新的电池,牺牲阳极替代钢筋成为负极,从而使钢筋得到保护。并且牺牲阳极外面有填包料的保护,不容易受外界环境的影响,使用寿命比较长。

第5章
复合拱圈技术加固南京长江大桥双曲拱引桥研究

复合拱圈加固法通常指在原有拱桥拱圈上新增一层钢筋混凝土加固层,加固层通过植筋凿毛等方式与原拱圈紧密连接在一起,从而提高结构强度与刚度。该方法由于施工难度低、造价低廉、对交通影响较小,因此在拱桥的维修加固工作中得到了广泛的应用。该方法在长期的工程实践中被证明能有效地改善加固后结构受力状态,但是关于加固后结构受力的理论研究较少,特别是关于复合拱圈加固存在的二次受力问题。加固后结构受力复杂,与未加固结构有较大区别。基于此,本章对钢筋混凝土复合拱圈的加固机理进行了分析,并分析了相应的加固计算方法。

5.1 复合拱圈技术加固机理

钢筋混凝土复合拱圈加固技术主要是针对主拱圈因发生拱轴线变形、主拱圈开裂等病害引起结构承载力不足或功能退化提出的一种加固方法。加固后复合拱圈相对于原拱圈刚度、强度均有较大提升,能显著提高拱桥的承载能力并延长结构的使用寿命。该加固技术的加固机理分析如下。

(1) 增大截面机理。

利用锚杆及现浇混凝土本身的黏结力,将现浇钢筋混凝土加固层和原主拱圈结构层有机地黏结在一起,从而有效地增大截面面积,结构的抗压刚度、抗弯刚度相较于加固前均有较大提升,从而有效地减轻原结构的负担。

(2) 主拱圈裂缝闭合机理。

加固后钢筋混凝土加固层的作用,使原主拱圈表面裂纹变为内部裂纹,应力强度因子大幅度减小,这对抑制裂缝的扩展极为有利。由此也说明了即使原结构在加固前某截面边缘应力达到(或超过)容许应力而发生裂缝,仍可通过加固来阻止裂缝的继续发展,因而加固后结构可继续承载。在浇筑加固层后,原拱圈能得到有效保护,结构整体性能和耐久性也得到极大提升。

(3) 主拱圈裂纹嘴的集中闭合力阻裂机理。

基于线弹性断裂力学原理的应力强度因子叠加法(K叠加法),主拱圈钢筋混凝土加固层的作用相当于在裂纹嘴(裂纹的起裂点)施加一对集中闭合力。闭合力产生的负应力强度因子能够起到阻止裂纹发展的作用(图5-1)。当主拱圈上的裂纹即将扩展时,钢筋混凝土复合主拱圈加固层产生强大的抑制裂纹扩展的集中力,大大减小裂纹处的应力强度因子,积极地抑制裂纹扩展。

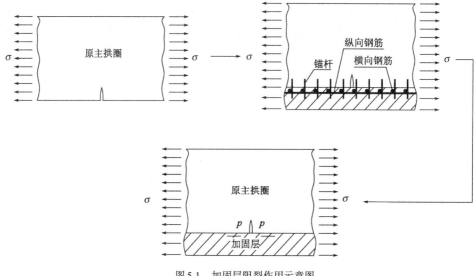

图5-1 加固层阻裂作用示意图

(4)增强带裂缝拱圈的整体性。

采用钢筋混凝土复合主拱圈加固技术后,原拱圈在锚杆的作用下锚固在新浇筑的混凝土拱板上,提高了原拱圈结构的完整性,使得带裂缝的原拱圈联合在一起工作,从而改善了拱圈截面的应力状况,更充分地发挥了材料的强度。

5.2 复合拱圈加固计算发展状况

考虑到现有设计理论和验算方法均是将拱结构的受力形式简化到截面上进行验算,本书在现有计算理论的基础上,结合应变斜率的概念,针对正-正弯矩、正-负弯矩、负-负弯矩和负-正弯矩四种受力状态分别探讨了加固结构组合截面的极限状态和应变分布规律,并针对每种情况推导了极限承载力的计算公式。

拱桥在加固之前,原拱圈已经承担了各种荷载作用,加固后新增加固层的重量由原结构承担,新增部分只承担加固之后新增加的荷载,不承担之前已经存在的荷载。因此加固结构具有多阶段受荷的特点,即二次受力。这种受力特点会使新旧拱圈的受力差异较大,且这种差异使加固后组合截面承载力验算复杂化。原拱圈在加固前已受到一定的荷载,因此在新旧结构协同承担新增荷载作用的过程中,新增拱圈上产生的应变将一直滞后于原拱圈中的应变。鉴于复合拱圈二次受力的特点,其计算不能按照一次性受力结构设计。

目前针对钢筋混凝土复合拱圈技术的加固力学分析,主要从增大截面理论方面进行研究。增大截面理论认为在经过植筋、锚固、凿毛等处理后,新旧拱圈能有机地结合在一起,共同承担后期荷载作用。然而,该理论未考虑加固前结构已经具有初应变和材料非线性的特点,与实际情况存在差异,故需要再深入探索和研究复合拱圈的加固机理。

江世永等[①]在经过大量的试验分析后,认为原结构初应力水平小于0.75时,可不考虑结构初应变,仅按一次成型计算。但是并没有给出原结构初应力水平大于0.75时的计算方法,也没有明确加固结构的受力形式。

庞国栋、周建庭、李跃军[②]提出将加固层换算成和原拱圈同样的圬工材料,并认为加固层位于受压侧时,可以不考虑原结构的初应变;位于受拉侧时,则考虑初应变后,进行大小偏心的界限破坏判定,采取不同的正截面承载力计算公式计算,但计算时并未考虑材料的非线性问题。

张晶、钱永久[③]对加固后组合截面的极限状态进行了分析,并根据可能产生的应变分布方式,得到了界限破坏的3种形式。在组合截面符合平截面假定和以材料的极限应变作为破坏条件的前提下,推导了各界限破坏下结构极限状态时的应变分布,从而得到结构极限承载力,结果表明加固后组合截面最后的破坏模式主要与加固前原截面的初应变及加固层的厚度有关。最后,针对3种破坏形态,结合试验和有限元仿真,得出了考虑结构初应变时的正截面承载力简化计算公式。

黄海东等[④]认为组合截面符合平截面假定,在轴力和弯矩作用下原拱圈截面和新增截面曲率与组合截面曲率相等,由此推导出新旧截面按照刚度分配弯矩的结论;认为新旧结构各自分配到的轴力由其中性轴处的应变决定,由此推导出各截面所分配到的轴力。并考虑收缩徐变后,分别对新旧拱圈进行内力组合并作对应的承载力验算。但是采用这种方法计算时,没有考虑原拱圈初应力的影响,换算截面后无法同时考虑加固前后材料不同的非线性问题,计算精度受到影响。

刘庆阳等[⑤]在计算出原拱圈的应力分布后,将新加恒载和活载的弯矩、轴力引起的应力组合,考虑同效应和反效应两种情况,按照应力叠加的方式,可以计算出不同情况下组合截面的应力控制点,按照容许应力法的原则可以确定加固层的最小厚度,为加固结构承载力的计算提供了参考。

廖碧海[⑥]评定加固后的桥梁时,在按照一次受力结构进行抗力计算的基础上,根据结构的病害形式、结构改善情况等对拱桥承载力的影响,提出了将这些影响因子量化的一套指标体系和权重分析方法,最后通过引入承载力修正系数的概念对结果进行修正,得到桥梁结构加固后的承载力。该方法主观性较强,人为因素影响较大,无法定量分析加固后拱桥的承载力问题。

倪玲[⑦]认为结构在极限状态时,新旧拱圈因二次受力引起的应变在结合面应相等,并偏保守地简化新拱圈上应变的分布情况后,计算出新拱圈在极限状态时所提供的实际抗力,其与原

---

① 江世永,彭飞飞,飞渭,等.考虑二次受力时预应力CFRP片材加固砼梁的抗弯设计[C]//中国土木工程学会,全国纤维增强塑料(FRP)及工程应用委员会.第三届全国FRP学术交流会议论文集,2004.
② 同参考文献[36]。
③ 同参考文献[41]。
④ 同参考文献[42]。
⑤ 同参考文献[43]。
⑥ 同参考文献[45]。
⑦ 同参考文献[46]。

结构的极限抗力相加即为组合截面的极限承载力。但是其计算过程中没有考虑结构非线性问题,还需深入分析极限状态时组合截面上的应变分布。

孙潮等[1]在将分离模型和整体连续模型相结合的基础上,提出了一种计算复合拱圈极限承载力的有限元方法,并对各种加固参数条件下极限承载力进行了分析,结果表明加固层强度对复合拱圈承载力影响较小,在加固工程中不必采用高强混凝土。

乔文靖[2]通过试验验证了复合拱圈组合截面的变形近似满足平截面假定,在考虑破坏均发生在原结构的情况下,提出了一种复合本构关系,其将新旧结构换算成同一种材料,简化了传统的建模算法,还提出了3种界限破坏模式和对应的承载力计算公式,并在考虑加固前原拱圈是否出现了横向裂缝后,对相应公式进行了修正。该方法对复合拱圈加固组合截面承载力的计算有较大参考价值,但对于截面的极限状态、加固参数的影响等方面研究工作还有待加强。

叶梦雨[3]提出将组合截面两阶段的荷载效应分别乘一定系数并相加后能得到较为精确的结果,为这类组合截面承载力的计算提供了新的思路。但不同加固参数的系数有较大区别,且需要结合大量的工程实践来佐证。

朱超等[4]提出了在二次受力下套箍加固组合截面的应变斜率仅与二次弯矩有关的观点,在已知应变斜率截面各点的容许应变的情况下,考虑4种可能的破坏形式,推导出了组合截面二次受力情况下承载力的范围,对于复合拱圈加固后组合截面承载力的计算有较大的参考意义。

从上述文献中,笔者发现由于加固结构二次受力具有特殊性,无论是组合截面中新旧结构设计内力的分配还是实际抗力的提供,均不能按照简单的相加来计算。现有研究也是从这两点出发,有的研究设计内力的分配问题,比如黄海东等[5]提出的截面内弯矩和轴力按照刚度分配的原则;有的研究组合截面各部分在遭到破坏时分别提供的实际的抗力,比如钱永久、朱超等[4]提出的根据可能的界限破坏状态来计算当时结构提供的实际抗力;有的研究结构抗力的修正,针对加固前的结构状态和采用的加固方法,对抗力效应按照一定的规则修正。

综上所述,已有不少学者针对复合拱圈加固拱桥后承载能力的计算进行了一定的研究,并得出了一些可靠的结论,但是仍在以下四个方面存有不足:

(1)多种材料非线性问题。

混凝土是典型的非线性材料,在结构受力较小时,将拱桥视为弹性体可以简化计算,结果精度也能够满足一般要求。但当结构濒临破坏,即关键截面达到极限承载力时,考虑到材料的非线性特征,按照弹性阶段计算则存在较大误差。加固后拱桥由砌体、混凝土和钢筋这三种材性差异巨大的材料构成,这进一步扩大了仅按弹性阶段计算的结果的误差值,如图5-2所示。

---

① 同参考文献[47]。
② 同参考文献[48]。
③ 同参考文献[49]。
④ 同参考文献[50]。
⑤ 同参考文献[42]。

（2）多阶段加载问题。

新旧拱圈的受力特性差别较大，主要是因为原结构加固前存在初应力，即加固结构具有二次受力的特点，这会增加加固后组合截面承载力验算的复杂程度。在加固层起分担荷载的作用前，原拱圈已承受了结构恒载包括加固层恒载的重量，其承载能力已部分"消耗"，余下的承载能力与加固层共同承担后期荷载，如图 5-3 所示。因此，在新旧拱圈协同受力、共同承担后期荷载的过程中，加固层中产生的应变往往较原拱圈的应变小，即应变滞后效应，如图 5-4 所示。结合问题(1)，在加固后的协同受力阶段，新旧拱圈各自的材性差异巨大，在应力-应变图中应变初始位置存在较大差异，因此，在对加固结构受力进行计算时必须考虑结构的二次受力，不能按照一次受力结构进行设计计算。

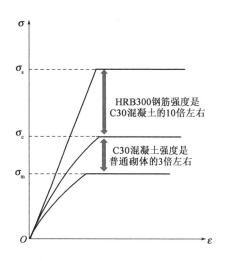

图 5-2 复合拱圈加固前后材料材性示意图
σ_s-钢筋强度；σ_c-混凝土强度；σ_m-砌体材料强度

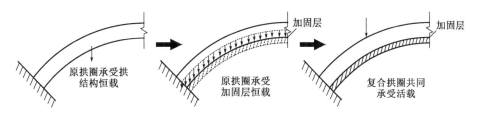

图 5-3 复合拱圈加固前后受力模式

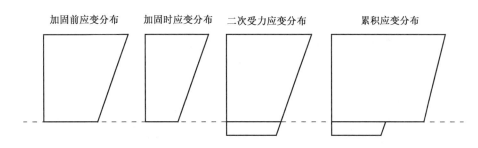

图 5-4 拱顶截面加固前后应变分布图

（3）极限状态多样性问题。

结合问题(1)、(2)，加固后结构在加固交接界面会有明显的应变突变，导致加固层和原结构有较大的应力差异，该差异在结构二次受力时，由于二次受力活载的可变性，截面上二次内力方向发生变化，该变化会使得加固后的应力差异出现增大和缩小两种变化趋势。进一步地，不同的初应力差异、不同的二次内力方向会使截面有多种破坏形态，即不同的初始参数会导致不同的极限状态，从而加大了极限承载力的计算难度。

（4）不同受力状态下加固参数对结构承载力的影响问题。

在调研的基础上，发现影响加固后结构极限承载力的因素主要有结构一次受力情况、加固前后材料特性、加固层厚度和加固材料强度等。由于加固结构存在多种受力状态,例如,同样的加固方案,拱顶截面和拱脚截面的受力差异极大,且上述影响因素在不同情况下对结构的承载力影响也不尽相同,因此在加固设计计算时,需要针对不同受力状态考虑加固参数的影响。

针对现有钢筋混凝土复合主拱圈技术加固后拱桥承载力计算时存在的材料非线性、新旧结构受力不一致、原结构二次受力、计算过于理论化和复杂等问题,提出考虑相应因素的快速计算方法,包括对复合拱圈截面的受力状态分析和破坏模式分析,结合相应的极限承载力试验研究,以验证新计算方法的有效性和可靠性。在现有研究手段及理论基础上,从理论研究、仿真分析和试验验证三个方面研究以下内容:

①基于应变斜率的复合拱圈组合截面承载力计算方法研究。

加固完成时原结构因一次受力而产生的应力作为永久应力存在,故对于加固结构通常关注的是结构加固后能够承受的后加荷载的大小,即二次受力荷载。在二次受力荷载作用下,保证组合截面不出现破坏,钢筋及混凝土加固层可以产生的应变为材料的极限应变值,原结构可以产生的应变为极限应变与初应变的差值。由此考虑原结构的初应变问题,推导二次受力下主拱圈结构加固后的受力模式与承载力计算方法,则是实现本研究的关键环节。

②复合拱圈组合截面承载力有限元数值模拟和试验研究。

开展复合拱圈加固圬工拱桥加固结构试验研究,基于原结构初应力、二次受力偏心距和加固层厚度等参数不同水平条件,同时和未加固构件对比,探讨了复合拱圈组合截面的应变变化规律和极限承载力水平,验证了基于应变斜率的复合拱圈承载力计算方法和破坏模式。

通过有限元数值模拟平台对试验构件进行仿真分析,进一步探讨不同参数条件下复合拱圈存在的极限状态模式,并分析对应的应力-应变分布模式和变化规律,对试验结果进行了验证。在试验验证的基础上,为弥补试验参数的不足,基于有限元的可靠性,对影响加固效果的参数进行扩大化分析,详细探讨了多种参数耦合作用对复合拱圈破坏模式和承载力的影响。

③加固后复合拱圈组合截面承载力评定简化计算方法研究。

基于条带法和迭代法的概念,将二次受力作用下的复杂方程组求解问题简化,使用 Matlab 软件编程,得到复合拱圈在各极限状态下的承载力 M-N 包络图,最后结合工程实例进行计算,验证了该计算程序的可行性。

5.3 基于应变斜率的组合截面二次承载力计算理论

5.3.1 钢筋混凝土复合拱圈结构受力状态与破坏模式

拱桥作为一种承受多种形式荷载的多次超静定结构,其计算较为复杂。在《公路圬工桥涵设计规范》(JTG D61—2005)、《公路钢筋混凝土及预应力混凝土桥涵设计规范》(JTG 3362—2018)中,拱的承载力计算均采用等效梁柱法,即将拱圈等效成相应长度的偏压柱,然后进行承载力计算。此外,我国《铁路桥涵设计规范》(TB 10002—2017)、日本桥梁设计指南、

《美国公路桥梁设计规范》等在计算拱的承载力时,也都采用了等效梁柱法。本书的计算分析也基于等效梁柱法的基本理论,将加固后复合拱圈的计算简化到偏心受压截面上。

1)复合拱圈受力状态

拱桥加固后,不同位置截面承受的内力差异较大,导致其破坏模式也存在差异。为便于描述,现统一规定弯矩作用下截面下缘受拉为正弯矩,上缘受拉为负弯矩。通常认为拱为偏心受压结构,在一次荷载作用下,既存在承受正弯矩作用的截面,也存在承受负弯矩作用的截面;加固后复合拱圈共同承担的荷载主要由活载构成,其中由于活载分布的可变性和随机性,二次荷载作用下在组合截面可能产生正弯矩,也可能产生负弯矩。

以某实桥加固前后的弯矩分布图为例,如图 5-5 ~ 图 5-7 所示,其拱顶截面加固前在恒载作用下承受负弯矩,加固后组合截面在活载作用下可能承受正弯矩也可能承受负弯矩;以拱脚截面至 $L/8$ 附近截面为例,加固前原截面承受负弯矩,加固后组合截面在活载作用下可能承受正弯矩也可能承受负弯矩。

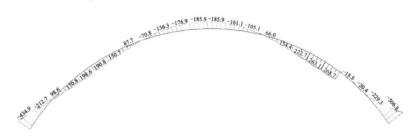

图 5-5　加固时原拱圈一次受力(包括加固层恒载)(单位:kN·m)

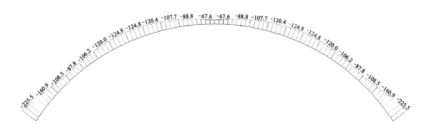

图 5-6　加固后新增恒载 + 移动荷载-最大(单位:kN·m)

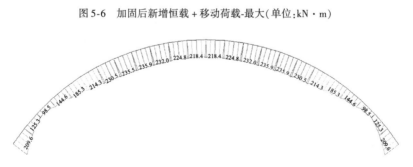

图 5-7　加固后新增恒载 + 移动荷载-最小(单位:kN·m)

因此,讨论加固后组合截面的极限承载力时,按照具体受力应分为四种情况,如表 5-1 所示。

组合截面受力状态　　　　表5-1

受力状态	第一种受力状态	第二种受力状态	第三种受力状态	第四种受力状态
一次受力 二次受力	原截面承受正弯矩 加固截面承受正弯矩	原截面承受正弯矩 加固截面承受负弯矩	原截面承受负弯矩 加固截面承受负弯矩	原截面承受负弯矩 加固截面承受正弯矩
受力图示	M_1 M_2 加固层	M_1 M_2 加固层	M_1 M_2 加固层	M_1 M_2 加固层
备注	正-正弯矩状态	正-负弯矩状态	负-负弯矩状态	负-正弯矩状态

为便于准确描述各种受力状态,分别用正-正弯矩状态、正-负弯矩状态、负-负弯矩状态和负-正弯矩状态指代以上四种受力状态,如表5-1所示。下面根据表中所示的4种情况,分别分析4种情况下结构的应变分布规律。

(1)正-正弯矩状态。

在第一种受力状态,即正-正弯矩状态下,加固层位于二次受力受压较小侧,一次受力作用下原截面承受正弯矩,二次受力作用下组合截面承受正弯矩,例如复合拱圈加固拱桥后的 $L/4$ 截面附近。加固前原截面已经有一定应变,加固后组合截面共同受力,在平截面假定的基础上,截面上应变的分布也呈线性,如图5-8所示。

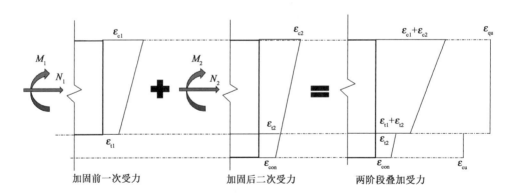

图5-8　正-正弯矩状态下组合结构应变分布

N_1、M_1-拱圈自重产生的轴力与弯矩;ε_{c1}、ε_{t1}-N_1、M_1作用产生的上、下缘应变;N_2、M_2-加固层自重产生的轴力和弯矩;ε_{c2}、ε_{t2}-N_2、M_2作用产生的上、下缘应变;ε_{qu}、ε_{cu}-原拱圈与加固层材料的极限应变;ε_{con}-加固层下缘的应变

(2)正-负弯矩状态。

在第二种受力状态,即正-负弯矩状态下,加固层位于二次受力受压较大侧,一次受力作用下原截面承受正弯矩,二次受力作用下组合截面承受负弯矩,例如复合拱圈加固拱桥后的拱顶截面。截面上应变分布如图5-9所示。

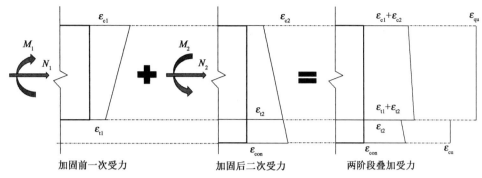

图 5-9　正-负弯矩状态下组合结构应变分布

(3) 负-负弯矩状态。

在第三种受力状态,即负-负弯矩状态下,加固层位于二次受力受压较小侧,一次受力作用下原截面承受负弯矩,二次受力作用下组合截面承受负弯矩,例如复合拱圈加固拱桥后的拱脚截面。截面上应变分布如图 5-10 所示。

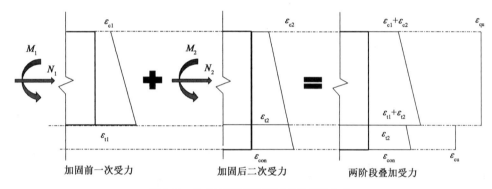

图 5-10　负-负弯矩状态下组合结构应变分布

(4) 负-正弯矩状态。

在第四种受力状态,即负-正弯矩状态下,加固层位于二次受力受压较大侧,一次受力作用下原截面承受负弯矩,二次受力作用下组合截面承受正弯矩,例如复合拱圈加固拱桥后的 $L/4$ 附近拱脚截面。截面上应变分布如图 5-11 所示。

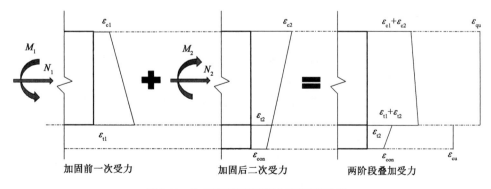

图 5-11　负-正弯矩状态下组合结构应变分布

从以上各图中可以看出,加固结构在两阶段叠加受力的情况下,原截面上下缘应变分别为 $\varepsilon_{c1}+\varepsilon_{c2}$、$\varepsilon_{t1}+\varepsilon_{t2}$,加固层下缘应变为 ε_{con},随着二次受力值的增大,组合截面的应变也发生变化,但是 $\varepsilon_{c1}+\varepsilon_{c2}$、$\varepsilon_{t1}+\varepsilon_{t2}$ 和 ε_{con} 的大小与加固前一次受力和加固后二次受力的轴力弯矩均有关系,由于新旧截面材料的差异性,ε_{qu}、ε_{cu} 值也会不同,因此原截面上、下缘和加固层下缘哪一点最先达到对应的极限应变值是受多种因素控制的。综上,加固截面在二次受力作用下具体破坏模式需要结合具体受力状态讨论。

2) 复合拱圈破坏模式

当组合截面某一点达到极限应变值时,截面将出现破坏,此时截面所承受的轴力即为其极限轴力承载力。在加固层位于受压侧偏心受压时,其应变增长较原结构更快,但原结构二次受力前已具有初应变,因此,当荷载逐渐增大时,新、旧结构谁先达到极限状态应综合考虑。极限状态与材料极限应变值、原结构初应变、组合截面特性及二次受力时组合截面应变斜率有关。应变斜率是指组合截面二次受力时,在保持平截面的前提下,各点应变值连线组成的斜线的斜率。在确定加固方案后,材料及截面已定,极限状态仅与原结构初应变及二次受力时组合截面应变斜率有关。

基于平截面假定,在轴力和弯矩的耦合作用下组合截面各点应变保持在一条直线上,其中轴力作用下各点应变值增量相同,弯矩作用下各点应变增量与截面高度有关,但仍然保持平截面,如图 5-12 所示。故组合截面的应变斜率与轴力无关,仅取决于弯矩值。

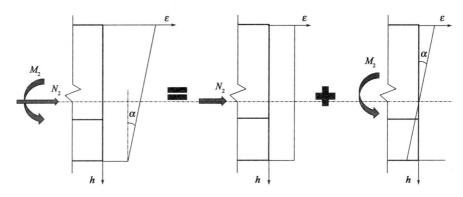

图 5-12 组合截面二次受力应变示意图

从图 5-12 可以看出,可以将组合截面上的应变分布分解为轴力 N_2 和弯矩 M_2 的作用,其中应变分布的斜率 α 仅与 M_2 相关,因此在截面弯矩固定的情况下,轴力的变化会导致组合截面应变斜线左右移动,此时组合截面各点的应变值由 N_2 和 M_2 耦合得到。

对于任意加固后组合截面,规定加固层钢筋及混凝土在二次受力时的容许应变为材料的极限应变值,原截面容许应变为初应变与极限应变的差值。因此在应变斜率及组合截面各点二次受力容许应变已知时,根据破坏控制点不同,可以得到不同极限状态下的截面应变分布,进而得到截面上的轴力和弯矩值。

5.3.2 计算理论基本假定

本书中的理论分析和计算推导都遵循以下基本假定:

(1)原拱圈和加固层具有可靠的黏结性能,整体受力性能良好,且直到被破坏,组合截面变形后仍为平面,遵循平截面假定;

(2)加固后结构任意一点达到极限应变即视为截面破坏;

(3)计算推导时不考虑材料的抗拉强度。

砌体应力-应变关系如式(5-1)所示:

$$\sigma_q = \begin{cases} 0 & \varepsilon < 0 \\ f_q \left[2 \dfrac{\varepsilon}{\varepsilon'_q} - \left(\dfrac{\varepsilon}{\varepsilon'_q} \right)^2 \right] & 0 \leq \varepsilon < \varepsilon'_q \\ f_q & \varepsilon'_q \leq \varepsilon < \varepsilon_{qu} \end{cases} \quad (5\text{-}1)$$

式中:f_q——砌体的轴心抗压强度设计值,MPa;

ε'_q——砌体的轴心受压峰值应变;

ε_{qu}——砌体的轴心受压极限应变,$\varepsilon_{qu} = \dfrac{1}{\zeta \sqrt{f_m}}$,$\zeta$ 为与砌体类型相关的系数。

混凝土应力-应变关系如式(5-2)所示:

$$\sigma_c = \begin{cases} 0 & \varepsilon < 0 \\ f_c \left[2 \dfrac{\varepsilon}{\varepsilon'_c} - \left(\dfrac{\varepsilon}{\varepsilon'_c} \right)^2 \right] & 0 \leq \varepsilon < \varepsilon'_c \\ f_c & \varepsilon'_c \leq \varepsilon < \varepsilon_{cu} \end{cases} \quad (5\text{-}2)$$

式中:f_c——混凝土的轴心抗压强度设计值,MPa;

ε'_c——混凝土的轴心受压峰值应变;

ε_{cu}——混凝土的轴心受压极限应变。

钢筋应力-应变关系如式(5-3)所示:

$$\sigma_s = \begin{cases} \varepsilon E_s & |\varepsilon| \leq \varepsilon_y \\ f_s & \varepsilon_y < |\varepsilon| < \varepsilon_{su} \end{cases} \quad (5\text{-}3)$$

式中:ε_y——钢筋屈服应变值;

ε_{su}——钢筋极限应变值;

f_s——钢筋设计强度,MPa;

E_s——钢筋弹性模量,MPa。

拱桥在加固后,对于任意组合截面,根据二次受力荷载易求解其内力 N_2 和弯矩 M_2,接下来根据弯矩值求解应变斜率。

以拱腹均匀加固的组合截面为例对上述过程进行详细推导,截面构造如图 5-13 所示。其中,h_0 表示截面高度;Δh 表示加固层厚度;x_c 表示受压区高度;a_s 表示钢筋保护层厚度,钢筋面积为 A_s;b 表示截面宽度。

以组合截面上缘为起点,则截面上任一点的应变与其对应的截面高度 h 满足以下几何关系:

$$\varepsilon = (x_c - h) \cdot \tan\alpha \quad (5\text{-}4)$$

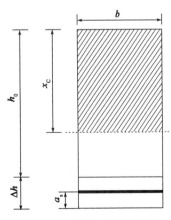

图 5-13 组合截面构造示意图

式中:tanα——应变分布的斜率。

在已知截面上应变分布的斜率 tanα 和破坏控制点后,即可对截面上的轴力和弯矩值进行求解,即应力分布应满足以下平衡方程:

$$N_2 = \int_0^{h_0} \sigma_q b dh + \int_{h_0}^{h_0+\Delta h} \sigma_c b dh + \sigma_s A_s$$

$$M_2 = \int_0^{\Delta h} \sigma_q b(h_z - h) dh + \int_{h_0}^{h_0+\Delta h} \sigma_c b(h_z - h) dh + \sigma_s \quad (5-5)$$

其中,σ_q、σ_c 和 σ_s 分别满足圬工材料、混凝土和钢筋的本构关系。

对于式(5-5),有两点值得注意:

① 原圬工结构已经在一次受力情况下产生了截面应变,因此在计算 σ_q 时,其各点应变值应该加上一次受力下的应变值;

② 这里为简化计算,弯矩 M 是指对组合截面中性轴中心求矩,对加固层按照弹性模量进行截面换算后得到中性轴到截面上边缘距离为 h_z。

从式(5-5)可知,其中只有 x_c 和 tanα 两个未知参数,因此理论上已知 x_c 和 tanα 后,即可求解各种破坏模式下组合截面的极限承载力。下面针对加固结构不同受力状态下的承载力计算公式进行推导。

5.3.3 组合截面二次承载力计算公式

1) 正-正弯矩状态

此时加固层位于受压较小侧,一次受力作用下原截面承受正弯矩,二次受力作用下组合截面承受正弯矩,其受力模式如图 5-14 所示。

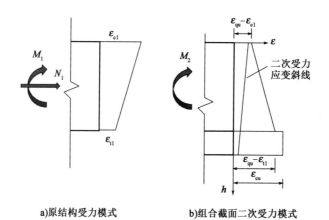

a)原结构受力模式　　b)组合截面二次受力模式

图 5-14　正-正弯矩状态下受力模式

其中,ε_{c1}、ε_{t1} 分别表示原拱圈截面一次受力作用下在截面上端和截面下端产生的应变;若极限应变 ε_{qu}、ε_{cu} 分别表示砌体和加固层混凝土容许产生的应变,则 $\varepsilon_{qu} - \varepsilon_{c1}$、$\varepsilon_{qu} - \varepsilon_{t1}$ 分别表示二次受力作用下原截面上缘和下缘分别可以产生的应变;ε_{cu} 表示加固层可以产生的应变,超出该范围原截面就会发生破坏。在正-正弯矩状态下,即二次受力也为下缘受拉时,随着应变斜率的变化可能会出现不同的破坏形态,具体如图 5-15 所示。

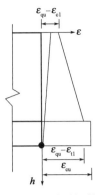
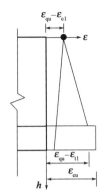

a) 加固层下缘受拉破坏　　　　b) 原结构上缘受压破坏

图 5-15　正-正弯矩状态下组合截面破坏模式。

(1) 加固层下缘受拉破坏。

《公路桥梁加固设计规范》(JTG/T J22—2008) 中规定,拱结构加固后应严格控制截面边缘拉应力的出现,因此,认为组合截面边缘刚好出现拉应力的状态为截面抗拉极限状态。

轴力数值较小时,加固层下缘最先出现拉应力,因此抗拉极限状态的控制点为加固层下缘。抗拉极限状态下的应变分布如图 5-15a) 所示,以截面上缘为截面高度坐标轴起点,则各点应变 ε 与对应截面高度 h 满足以下几何关系:

$$\varepsilon_{qu} - \varepsilon_{c1} > (h_0 + \Delta h)\tan\alpha \tag{5-6}$$

$$\varepsilon = [(h_0 + \Delta h) - h]\tan\alpha \tag{5-7}$$

因此,加固层钢筋的应变可以表示为 $\varepsilon_s = a_s\tan\alpha$,将其代入式(5-5),结合材料的本构关系,即可解得加固层下缘受拉破坏极限状态对应的内力值 N_2 和 M_2。

(2) 原截面上缘受压破坏。

轴力数值增大时,应变斜面向右移动使原结构或混凝土加固层边缘达到极限压应变,此时为抗压极限状态,如图 5-15b) 所示,以截面上缘为截面高度坐标轴起点,则各点应变 ε 与对应截面高度 h 满足以下几何关系:

$$(\varepsilon_{qu} - \varepsilon_{c1}) - (h_0 + \Delta h)\tan\alpha > 0 \tag{5-8}$$

$$\varepsilon = (\varepsilon_{qu} - \varepsilon_{c1}) - h\tan\alpha \tag{5-9}$$

因此,加固层钢筋的应变可以表示为 $\varepsilon_s = (\varepsilon_{qu} - \varepsilon_{c1}) - (h_0 + \Delta h - a_s)\tan\alpha$,将其代入式(5-5),结合材料的本构关系,即可解得原截面上缘受压破坏极限状态对应的内力值 N_2 和 M_2。

2) 正-负弯矩状态

此时加固层位于受压较大侧,一次受力作用下原截面承受正弯矩,二次受力作用下组合截面承受负弯矩,其受力模式如图 5-16 所示。

其中,各符号含义同前。在正-负弯矩状态下,随着轴力的变化可能会出现不同的破坏状态,具体如图 5-17 所示。

(1) 原截面上缘受拉破坏。

此时控制点为原截面上缘,以截面上缘为截面高度坐标轴起点,则各点应变 ε 与对应截面高度 h 满足以下几何关系:

$$\begin{cases} \varepsilon_{qu} - \varepsilon_{t1} > h_0 \tan\alpha \\ \varepsilon_{cu} > (h_0 + \Delta h)\tan\alpha \end{cases} \quad (5\text{-}10)$$

$$\varepsilon = h\tan\alpha \quad (5\text{-}11)$$

因此,加固层钢筋的应变可以表示为 $\varepsilon_s = (h_0 + \Delta h - a_s)\tan\alpha$,将其代入式(5-5),结合材料的本构关系,即可解得加固层受拉破坏极限状态对应的内力值 N_2 和 M_2。

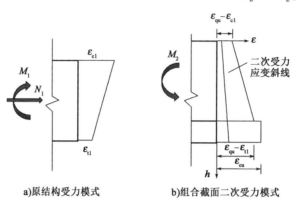

a)原结构受力模式　　　　b)组合截面二次受力模式

图 5-16　正-负弯矩状态下受力模式

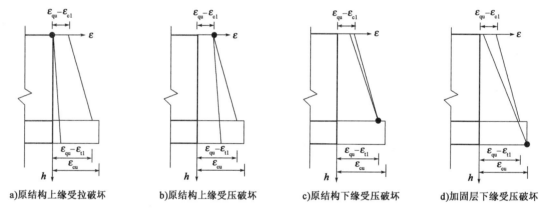

a)原结构上缘受拉破坏　b)原结构上缘受压破坏　c)原结构下缘受压破坏　d)加固层下缘受压破坏

图 5-17　正-负弯矩状态下组合截面破坏模式

(2)原截面上缘受压破坏。

此时控制点为原截面上缘,以截面上缘为截面高度坐标轴起点,则各点应变 ε 与对应截面高度 h 满足以下几何关系:

$$\begin{cases} \varepsilon_{qu} - \varepsilon_{t1} > (\varepsilon_{qu} - \varepsilon_{c1}) + h_0 \tan\alpha \\ \varepsilon_{cu} > (\varepsilon_{qu} - \varepsilon_{c1}) + (h_0 + \Delta h)\tan\alpha \end{cases} \quad (5\text{-}12)$$

$$\varepsilon = (\varepsilon_{qu} - \varepsilon_{c1}) + h\tan\alpha \quad (5\text{-}13)$$

因此,加固层钢筋的应变可以表示为 $\varepsilon_s = (\varepsilon_{qu} - \varepsilon_{c1}) + (h_0 + \Delta h - a_s)\tan\alpha$,将其代入式(5-5),结合材料的本构关系,即可解得原截面上缘受压破坏极限状态对应的内力值 N_2 和 M_2。

(3)原截面下缘受压破坏。

此时控制点为原截面下缘,以截面上缘为截面高度坐标轴起点,则各点应变 ε 与对应截面高度 h 满足以下几何关系:

$$\begin{cases} \varepsilon_{qu} - \varepsilon_{c1} > (\varepsilon_{qu} - \varepsilon_{t1}) - h_0 \tan\alpha \\ \varepsilon_{cu} > (\varepsilon_{qu} - \varepsilon_{t1}) + \Delta h \tan\alpha \end{cases} \quad (5\text{-}14)$$

$$\varepsilon = (\varepsilon_{qu} - \varepsilon_{t1}) + (h - h_0)\tan\alpha \quad (5\text{-}15)$$

因此,加固层钢筋的应变可以表示为 $\varepsilon_s = (\varepsilon_{qu} - \varepsilon_{t1}) + (\Delta h - a_s)\tan\alpha$,将其代入式(5-5),结合材料的本构关系,即可解得原截面下缘受压破坏极限状态对应的内力值 N_2 和 M_2。

(4)加固层下缘受压破坏。

此时控制点为加固层下缘,以截面上缘为截面高度坐标轴起点,则各点应变 ε 与对应截面高度 h 满足以下几何关系:

$$\begin{cases} \varepsilon_{qu} - \varepsilon_{c1} > \varepsilon_{cu} - (h_0 + \Delta h)\tan\alpha \\ \varepsilon_{qu} - \varepsilon_{t1} > \varepsilon_{cu} - \Delta h \tan\alpha \end{cases} \quad (5\text{-}16)$$

$$\varepsilon = \varepsilon_{cu} + (h - h_0 - \Delta h)\tan\alpha \quad (5\text{-}17)$$

因此,加固层钢筋的应变可以表示为 $\varepsilon_s = \varepsilon_{cu} - a_s \tan\alpha$,将其代入式(5-5),结合材料的本构关系,即可解得加固层下缘受压破坏极限状态对应的内力值 N_2 和 M_2。

3)负-负弯矩状态

此时加固层位于受压较小侧,一次受力作用下原截面承受负弯矩,二次受力作用下组合截面承受负弯矩,其受力模式如图5-18所示。

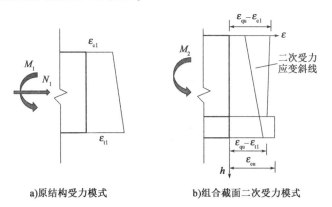

a)原结构受力模式　　　　b)组合截面二次受力模式

图5-18　负-负弯矩状态下受力模式

其中,各符号含义同前。在负-负弯矩状态下,随着轴力的变化可能会出现不同的破坏状态,具体如图5-19所示。

(1)原截面上缘受拉破坏。

此时控制点为原截面上缘,以截面上缘为截面高度坐标轴起点,则各点应变 ε 与对应截面高度 h 满足以下几何关系:

$$\begin{cases} \varepsilon_{qu} - \varepsilon_{t1} > h_0 \tan\alpha \\ \varepsilon_{cu} > (h_0 + \Delta h)\tan\alpha \end{cases} \quad (5\text{-}18)$$

$$\varepsilon = h\tan\alpha \quad (5\text{-}19)$$

因此,加固层钢筋的应变可以表示为 $\varepsilon_s = (h_0 + \Delta h - a_s)\tan\alpha$,将其代入式(5-5),结合材料的本构关系,即可解得原截面上缘受拉破坏极限状态对应的内力值 N_2 和 M_2。

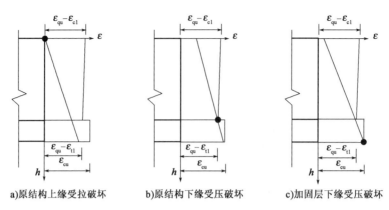

a) 原结构上缘受拉破坏　　b) 原结构下缘受压破坏　　c) 加固层下缘受压破坏

图 5-19　负-负弯矩状态下组合截面破坏模式

(2) 原截面下缘受压破坏。

此时控制点为原截面下缘，以截面上缘为截面高度坐标轴起点，则各点应变 ε 与对应截面高度 h 满足以下几何关系：

$$\begin{cases} \varepsilon_{qu} - \varepsilon_{c1} > (\varepsilon_{qu} - \varepsilon_{t1}) - h_0 \tan\alpha \\ \varepsilon_{cu} > (\varepsilon_{qu} - \varepsilon_{t1}) + \Delta h \tan\alpha \end{cases} \quad (5\text{-}20)$$

$$\varepsilon = (\varepsilon_{qu} - \varepsilon_{t1}) + (h - h_0)\tan\alpha \quad (5\text{-}21)$$

因此，加固层钢筋的应变可以表示为 $\varepsilon_s = (\varepsilon_{qu} - \varepsilon_{c1}) + (\Delta h - a_s)\tan\alpha$，将其代入式(5-5)，结合材料的本构关系，即可解得原截面下缘受压破坏极限状态对应的内力值 N_2 和 M_2。

(3) 加固层下缘受压破坏。

此时控制点为加固层下缘，以截面上缘为截面高度坐标轴起点，则各点应变 ε 与对应截面高度 h 满足以下几何关系：

$$\begin{cases} \varepsilon_{qu} - \varepsilon_{c1} > \varepsilon_{cu} - (h_0 + \Delta h)\tan\alpha \\ \varepsilon_{qu} - \varepsilon_{t1} > \varepsilon_{cu} - \Delta h \tan\alpha \end{cases} \quad (5\text{-}22)$$

$$\varepsilon = \varepsilon_{cu} + (h - h_0 - \Delta h)\tan\alpha \quad (5\text{-}23)$$

因此，加固层钢筋的应变可以表示为 $\varepsilon_s = \varepsilon_{cu} - a_s\tan\alpha$，将其代入式(5-5)，结合材料的本构关系，即可解得加固层下缘受压破坏极限状态对应的内力值 N_2 和 M_2。

4) 负-正弯矩状态

此时加固层位于受压较大侧，一次受力作用下原截面承受负弯矩，二次受力作用下组合截面承受正弯矩，其受力模式如图 5-20 所示。

其中，各符号含义同前。负-正弯矩状态下，随着轴力的变化可能会出现不同的破坏模式，具体如图 5-21 所示。

(1) 原截面上缘受压破坏。

此时控制点为原截面上缘，以截面上缘为截面高度坐标轴起点，则各点应变 ε 与对应截面高度 h 满足以下几何关系：

$$\varepsilon_{qu} - \varepsilon_{t1} > (\varepsilon_{qu} - \varepsilon_{c1}) - h_0 \tan\alpha \quad (5\text{-}24)$$

$$\varepsilon = (\varepsilon_{qu} - \varepsilon_{c1}) - h\tan\alpha \quad (5\text{-}25)$$

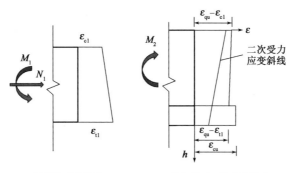

a)原结构受力模式　　　b)组合截面二次受力模式

图 5-20　负-正弯矩状态下受力模式

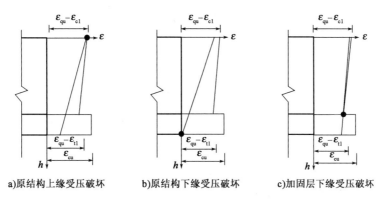

a)原结构上缘受压破坏　　b)原结构下缘受压破坏　　c)加固层下缘受压破坏

图 5-21　负-正弯矩状态下组合截面破坏模式

因此,加固层钢筋的应变可以表示为 $\varepsilon_s = (\varepsilon_{qu} - \varepsilon_{c1}) - (h_0 + \Delta h - a_s)\tan\alpha$,将其代入式(5-5),结合材料的本构关系,即可解得原截面上缘受压破坏极限状态对应的内力值 N_2 和 M_2。

(2)原截面下缘受压破坏。

此时控制点为原截面下缘,以截面上缘为截面高度坐标轴起点,则各点应变 ε 与对应截面高度 h 满足以下几何关系:

$$\varepsilon_{qu} - \varepsilon_{c1} > (\varepsilon_{qu} - \varepsilon_{t1}) + h_0 \tan\alpha \tag{5-26}$$

$$\varepsilon = (\varepsilon_{qu} - \varepsilon_{t1}) + (h_0 - h)\tan\alpha \tag{5-27}$$

因此,加固层钢筋的应变可以表示为 $\varepsilon_s = (\varepsilon_{qu} - \varepsilon_{t1}) - a_s\tan\alpha$,将其代入式(5-5),结合材料的本构关系,即可解得原截面下缘受压破坏极限状态对应的内力值 N_2 和 M_2。

(3)加固层下缘受压破坏。

此时控制点为加固层下缘,以截面上缘为截面高度坐标轴起点,则各点应变 ε 与对应截面高度 h 满足以下几何关系:

$$\begin{cases} \varepsilon_{qu} - \varepsilon_{c1} > (h_0 + \Delta h)\tan\alpha \\ \varepsilon_{qu} - \varepsilon_{t1} > \Delta h \tan\alpha \end{cases} \tag{5-28}$$

$$\varepsilon = \left[(h_0 + \Delta h) - h\right]\tan\alpha \tag{5-29}$$

因此,加固层钢筋的应变可以表示为 $\varepsilon_s = a_s \tan\alpha$,将其代入式(5-5),结合材料的本构关系,即可解得加固层下缘受拉破坏极限状态对应的内力值 N_2 和 M_2。

5.3.4 条带法计算组合截面承载力

从前文的推导可知,求解组合截面二次受力极限承载力涉及截面的积分方程,有一定困难,为了使计算简便易行,利用条带法对非线性全过程承载力的计算进行简化,使计算在计算机中便于实现。

下面介绍运用条带法求解的思路,以图 5-22 所示的受力模式进行分析。

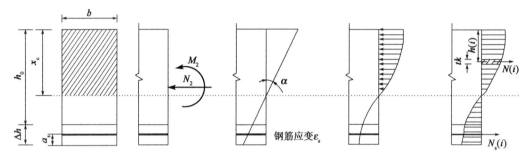

图 5-22 加固后组合截面受力示意图

图中,h_i 表示第 i 个条带到截面上缘的距离,令 $tk = h_0/n$,其中 n 表示条带数,tk 表示每个条带的宽度,则有 $h_i = tk/2 + (n-1)tk$;$\varepsilon(h_i) = (h_i - x_c)\tan\alpha$,$\varepsilon(h_i)$ 表示第 i 个条带的应变值,则由砌体或混凝土的本构关系可以得到该条带对应的应力值 $\sigma_{\varepsilon(h_i)}$;$N_i$ 表示第 i 个条带上的轴力,满足 $N_i = \sigma(h_i) \cdot tk$;$M_i$ 表示第 i 个条带对截面中性轴的弯矩,满足 $M_i = N_i(x_c - h_i)$。因此,根据内力平衡的原理得到截面上的轴力和弯矩表达式如下:

$$N_j = \sum_{i=1}^{n} N_i$$
$$M_j = \sum_{i=1}^{n} M_i \tag{5-30}$$

因此,在已知截面上应变的分布模式后,根据条带法简化计算即可快速得到对应的轴力和弯矩。

5.4 复合拱圈截面承载力模型试验

由于圬工结构与加固层结构材料差异大、受力过程不统一,结构存在二次受力的情况,因此室内试验对这种组合结构模拟难度较大,以致目前对这种组合结构的研究很少。考虑到现行设计规范和验算理论主要将拱结构的受力简化到截面上进行分析,对钢筋混凝土-圬工组合受压柱进行受力性能试验研究,由于试验条件有限,用强度较低的素混凝土代替圬工材料作为原结构。通过采用不同的初应力水平、不同的加载位置(即偏心距,其在一定程度上反映应变斜率的大小)和不同的加固层厚度,对这种加固试件在受压情况下的受力机理、破坏特征和应力应变关系以及承载力进行考察,得到初应力水平、偏心距和加固层厚度等参数对组合结构正截面承载力的影响关系,以验证之前的计算理论并提供试验依据。

5.4.1 试验目的

本试验主要研究受压柱在采用复合拱圈加固后,组合结构的受力性能和极限承载力与原结构初应力水平、二次受力偏心距和加固层厚度等参数的关系,拟通过室内模型试验探讨以下内容:

(1)组合结构在不同参数下极限破坏状态的区别及其对应的破坏机理和破坏形式。
(2)各试件在受力过程中截面应力、应变变化情况。
(3)组合结构试件受力过程中新旧截面的黏结效果。
(4)各设计参数对组合加固结构承载力的影响。

5.4.2 模型设计、制作

本试验主要研究受压截面的材料破坏情况,为避免偏心受压构件长细比及附加偏心距的影响,试件设计均满足长细比不大于 8 的要求。未加固的柱截面为 200mm × 140mm,高 800mm,为防止局部压坏,影响最后的承载力数值,在两端均设有 200cm 厚的钢筋混凝土垫层,在垫层中配置三层钢筋网,于试验加载时局部放置钢板。圬工拱桥具有良好的抗压性能,构件设计时主要考虑小偏心的情况,尽量避免大偏心受载情况的出现;小偏心情况下加固层钢筋的作用较小,因此本试验对于加固层钢筋配筋率问题未做细化研究。除用于对比的未加固柱外,试件的设计主要考虑了结构的初应力、加固层厚度和加载偏心距对结构承载力的影响。其中,对于初应力的模拟用应力水平 β 表示,即初应力轴力荷载相对于同一位置同一加载方式结构能承受的轴力的比值。具体的试件尺寸及参数设计见表 5-2。

试件尺寸及参数设计   表 5-2

试件编号	加固前尺寸(mm)	原结构材料	加固层材料	加固层厚度(mm)	钢筋保护层厚度(mm)	初应力(MPa)	加载偏心距(mm)
A	200 × 140	C30				0	0
B	200 × 140	C30				0	−30
C	200 × 140	C30	C50	70	35	0	−30
D	200 × 140	C30	C50	70	35	0.15	−30
E	200 × 140	C30	C50	70	35	0.15	+30
F	200 × 140	C30	C50	70	35	0.3	−30
G	200 × 140	C30	C50	70	35	0.3	−60
H	200 × 140	C30	C50	35	17.5	0	−30
I	200 × 140	C30	C50	35	17.5	0.15	−30

注:表中初应力施加位置均为原截面中心远离加固层侧 20mm 处。

为保证试验过程中受力的合理性,试验力加载时由加固层和圬工结构工程承受荷载。对于加固构件,应保证便于浇铸加固层、预应力张拉锚固和防止局部受压破坏,故加固前在试件的上下部各设置 100mm 的垫梁(便于张拉),加固时同时在试件上下部分别浇筑 100mm 垫梁(起到密封预应力锚固段、保护预应力筋和增强局部性能的作用),同时保持和未加固柱同一高度水平。

各试件构造和配筋图如图 5-23 ~ 图 5-25 所示。

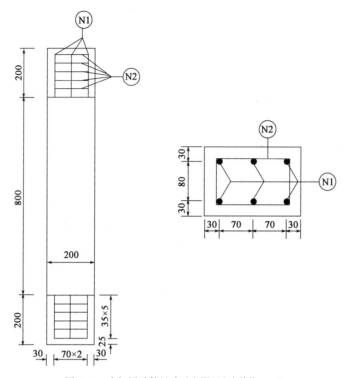

图 5-23　未加固试件尺寸示意图(尺寸单位:mm)

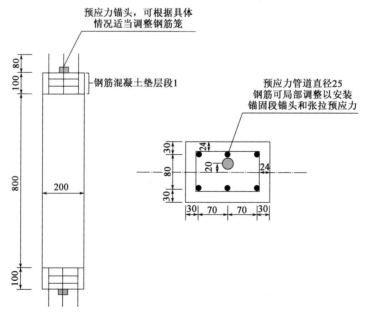

图 5-24　加固前尺寸示意图(尺寸单位:mm)

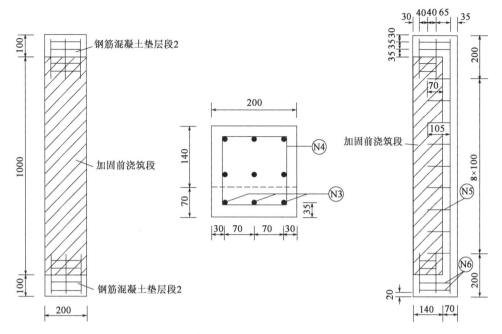

图 5-25　加固后尺寸示意图(尺寸单位:mm)

5.4.3　试验方案

1)加载装置及加载程序

对构件均按静力荷载加载,并在 1000kN 压力机下进行。每个试件在开始正式试验前,需进行预加载,以消除设备、垫块等接触不均匀所产生的非弹性变形误差。正式加载时采用匀速加载,直至结构破坏。其加载设备和垫块局部设置照片如图 5-26 所示。

图 5-26　加载设备和垫块局部设置照片

为避免构件局部受压破坏,除在构件两端布置钢筋网外,加载时在端部设置钢垫板。通过调节钢垫板的位置实现偏心受压和控制受压区高度。

2) 试验内容及过程观察

根据试验目的,本试验需要测试的数据如下:

(1) 试件的破坏荷载值;

(2) 裂缝扩展过程及破坏形态;

(3) 纵筋的应变值;

(4) 原结构和加固层混凝土的特征截面的应变值。

① 试件中加固层钢筋及混凝土结构表面均贴有电阻应变片(图5-27),应变片的数据由电阻应变仪采集记录(图5-28)。

② 为避免加载过程中试件突然倒塌造成危险,对试验全过程进行录像,以补充加载期间未及时观察到的现象,分析裂缝出现的位置和发展形态,并记录对应的极限承载力数值(图5-29)。

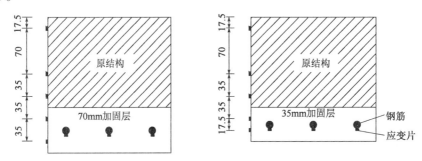

图 5-27　柱中截面应变片测点布置图(尺寸单位:mm)

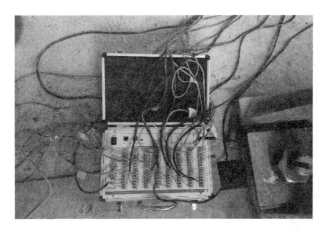

图 5-28　应变片数据采集　　　　图 5-29　极限荷载值采集

3) 试件加载位置

各组试件的加载位置如图 5-30 ~ 图 5-36 所示,其中组合截面形心轴按照弹性模量换算得到,偏心距以靠近原截面侧为负,靠近加固侧为正。A、B 为未加固试件,其中 A 为轴心受压试件,B 为偏心距 -30mm 的偏心受压试件。

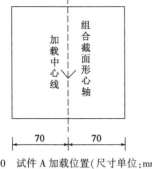

图 5-30 试件 A 加载位置(尺寸单位:mm)

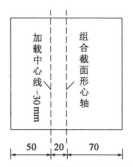

图 5-31 试件 B 加载位置(尺寸单位:mm)

图 5-32 试件 C、D、F 加载位置(尺寸单位:mm)

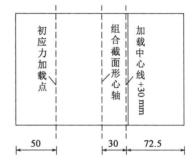

图 5-33 试件 E 加载位置(尺寸单位:mm)

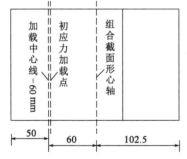

图 5-34 试件 G 加载位置(尺寸单位:mm)

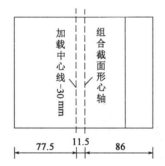

图 5-35 试件 H 加载位置(尺寸单位:mm)

C、D、E、F、G 为加固层厚度为 70mm 的试件,其中试件 C、D、F 加固前分别具有 0、0.15MPa 和 0.3MPa 的初应力,均为 -30mm 的偏心受压试件;试件 E 初应力为 0.15MPa,偏心距为 +30mm;试件 G 初应力为 0.3MPa,偏心距为 -60mm。

H、I 为加固层厚度为 35mm 的试件,初应力分别为 0、0.15MPa,偏心距均为 -30mm。

5.4.4 试验结果分析

1) 模型试件承载力分析

经试验实测分析得到各试件的极限承载力如表 5-3 和图 5-37 所示。

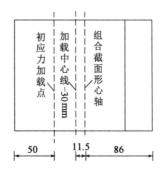

图 5-36 试件 I 加载位置(尺寸单位:mm)

试件破坏时的极限承载力 表 5-3

试件编号	加固层厚度(mm)	初应力水平	偏心距(mm)	极限承载力(kN)
A	0	0	0	851.04
B	0	0	-30	682.765
C	70	0	-30	1112.468
D	70	90	-30	1002.655
E	70	90	+30	1695.2
F	70	190	-30	790.24
G	70	190	-60	545.82
H	35	0	-30	1030
I	35	90	-30	744

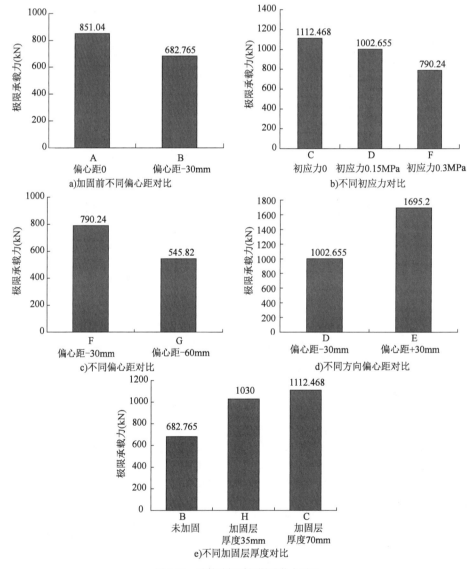

图 5-37 试件破坏时极限承载力对比

从图 5-37a)可以看出,在试件未加固时,偏心受压试件 B 相比轴心受压试件 A 极限承载力下降了 20%;类似地,从图 5-37c)中可知,在同样的初应力水平下,偏心受压试件 G 相比轴心受压试件 F 极限承载力下降了 31%;而在图 5-37d)中,同样的偏心距大小情况下,偏心方向不同的试件极限承载力相差较大。因此,可以得出结论:同未加固试件类似,加固后试件随着偏心距的增大,其极限承载力会迅速降低;但随着原结构初应力大小的不同和二次受力偏心方向的不同,其极限承载力变化趋势均存在差异。

从图 5-37b)可以看出,在同样的偏心加载情况下,随着初应力的增大结构极限承载力也降低,初应力为 0.15MPa 时相对下降了 9.9%,初应力为 0.3MPa 时相对下降了 29%,可见极限承载力的减少和初应力的增加不成比例。

从图 5-37e)可以看出,加固后结构极限承载力明显提升,但加固层厚度 70mm 时相比厚度 35mm,极限承载力只增加了 8% 左右,表明在试验所述受力情况下,即正-正弯矩状态下,加固层厚度增加到一定程度后对极限承载力的提升贡献不大,因此不必采用过大的加固层厚度。

2)模型试件破坏形态分析

各试件破坏形态如图 5-38 ~ 图 5-44 所示。

图 5-38　试件 C 破坏形态

图 5-39　试件 D 破坏形态

图 5-40　试件 E 破坏形态

图 5-41　试件 F 破坏形态

图5-42 试件G破坏形态

图5-43 试件H破坏形态

图5-44 试件I破坏形态

(1)未加固试件。

对于未加固试件A和B,在轴心受压和偏心受压荷载的作用下破坏形态都呈脆性破坏。当荷载作用到极限荷载的60%~75%时,轴心受压试件A靠近柱中部截面的四周出现混凝土裂缝,随后裂缝增大伴随混凝土剥落,造成受压面积迅速减小,最后构件破坏并倒塌。偏心受压试件B破坏形态与A类似,由于破坏速度很快,没能及时获取破坏照片。

(2)加固层厚度70mm试件。

C试件加固层位于受压较小侧,原结构位于受压较大侧,在临近破坏时原结构靠近轴向力一侧的混凝土最先达到极限压应变,局部压碎并产生裂缝,随后裂缝发展较快并伴随部分混凝土剥落,最后试件很快达到极限承载力,类似于小偏心破坏。

E试件加固层位于受压较大侧,破坏时原结构靠近轴向力的一侧,即靠近加固层的一侧先达到极限应变,随后混凝土局部被压碎并伴随裂缝发展,结构迅速破坏,破坏时加固层还保持完整状态。

试件F、D受力情况和试件C类似,加固层均位于受拉侧,其中试件D和F初应力分别为0.15MPa和0.3MPa,两者破坏时均是原结构靠近轴向力一侧达到极限压应变,区别在于试件D由于初应力相对较小,其压碎面积明显较试件F多,表明其内力分布更为均匀,从而有较大的极限承载力。

试件G同试件F类似,但偏心距较试件F大,因此破坏时局部压碎面积较小,在截面未充分发挥性能时局部就破坏了,因此极限承载力较低。

(3)加固层厚度35mm试件。

试件H同试件I类似,加固层厚度为35mm,均位于受压较小侧,初应力分别为0和0.15MPa,两者破坏时均为原结构靠近轴向力边缘被压碎,区别在于试件I由于存在初应力,压碎面积相对较小,极限承载力相对较低。

3)荷载-应变关系分析

对试件在加载过程中混凝土应变值进行记录,为便于分析,仅提取部分应变数据,如柱中部截面①～③处的应变,具体应变测点位置如图 5-45 所示。

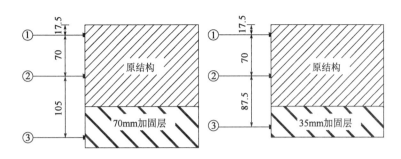

图 5-45　柱中截面应变测点布置图(尺寸单位:mm)

为定量分析试件的荷载-应变关系,统计荷载值分别为 $0.1P_u$、$0.3P_u$、$0.5P_u$、$0.7P_u$、$0.9P_u$(P_u 为各试件破坏时的极限荷载)时各加固试件的应变值,如表 5-4 所示。为进一步分析,将表中的数据绘制成折线图(图 5-46～图 5-52)。

加固后各截面荷载-应变数据(单位:με)　　　　　　　　　　　表 5-4

试件编号	位置	$0.1P_u$	$0.3P_u$	$0.5P_u$	$0.7P_u$	$0.9P_u$
C	①	-142	-448	-650	-1032	-1762
	②	-105	-244	-377	-760	-1191
	③	4	-92	-39	-46	101
D	①	-123	-386	-735	-1114	-1743
	②	-87	-239	-482	-709	-976
	③	-28	-68	-51	-157	-102
E	①	-34	-37	-98	-112	11
	②	-82	-265	-402	-610	-1022
	③	-112	-355	-706	-1020	-1666
F	①	-104	-360	-664	-1022	-1626
	②	-73	-267	-460	-644	-1096
	③	-29	-29	-87	-117	-44
G	①	-116	-382	-643	-1068	-1773
	②	-59	-216	-360	-568	-938
	③	27	104	287	384	690
H	①	-124	-397	-720	-1168	-1825
	②	-58	-207	-371	-591	-870
	③	13	47	141	141	436
I	①	-134	-416	-740	-1282	-2186
	②	-68	-231	-401	-560	-1030
	③	12	63	180	272	528

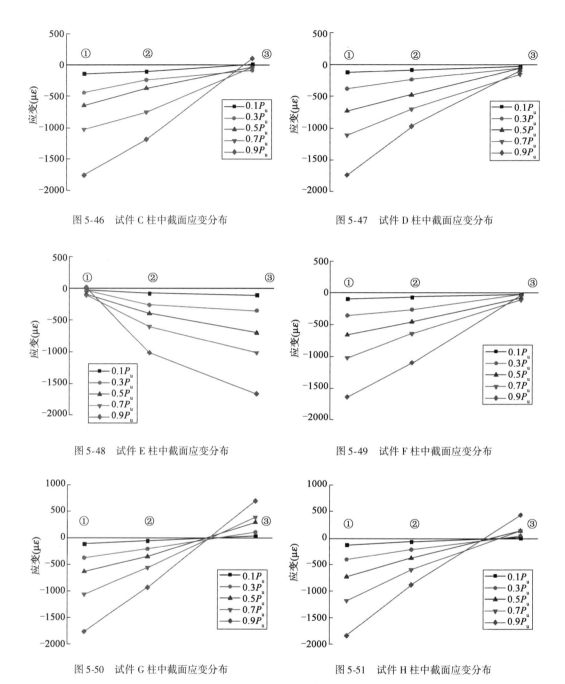

图 5-46 试件 C 柱中截面应变分布
图 5-47 试件 D 柱中截面应变分布
图 5-48 试件 E 柱中截面应变分布
图 5-49 试件 F 柱中截面应变分布
图 5-50 试件 G 柱中截面应变分布
图 5-51 试件 H 柱中截面应变分布

加载初期,新旧混凝土变形符合平截面假定,随着荷载的增大超过 $0.7P_u$,新旧混凝土层逐渐不再协调变形,但直到 $0.9P_u$ 时仍较为接近直线段。同时从试件破坏形态来看,直到结构破坏时新旧混凝土层仍然有效地连接在一起。因此,可以认为复合截面的变形直到破坏前都基本满足平截面假定。

由于本试验加载偏心距较小,多为小偏心破坏,加固层钢筋基本未屈服,各试件破坏时受拉区钢筋应变值如表 5-5 所示。

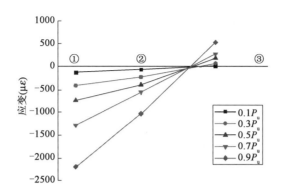

图 5-52 试件 I 柱中截面应变分布

极限荷载下各试件钢筋应变值　　　　　　　　　　　　　　　　　表 5-5

试件编号	C	D	E	F	G	H	I
$\varepsilon_s(\mu\varepsilon)$	64	72	2787	－152	－804	－471	－444

5.5　复合拱圈截面承载力有限元分析

为了进一步分析加固后试件的受力性能,主要对试验结果进行分析,探讨在不同参数条件下,加固结构的破坏形态和极限承载力的变化规律。对各试件在荷载作用下的截面应变分布规律进行分析,验证了加固后组合截面遵循平截面假定;对各试件的破坏形态和极限承载力进行分析,证明不同受力情况下两者均有较大区别;对试验试件进行有限元仿真模拟,分析试件在极限状态下的应力应变分布模式,并结合理论计算,同试件极限承载力进行验证,结果表明有限元分析和理论计算具有良好的可靠性。

鉴于以上有限元分析计算的可靠性,通过有限元进行扩大参数计算,分析加固材料强度、初应力、加固层厚度以及二次受力偏心距对加固后结构整体强度的影响。

5.5.1　有限元模型建立

1）基本假定

（1）原结构与加固层混凝土,加固层混凝土与其中的纵向钢筋、植入钢筋、箍筋均黏结良好,不产生滑移;

（2）原结构和加固层之间界面采用公共节点,其满足位移协调条件。

2）材料参数及本构关系

试件由不同材料构成,涉及不同单元之间的黏结作用,以及混凝土的开裂压碎问题,故采用空间实体有限元模型。原结构和加固层混凝土采用实体六面体单元模拟,纵向钢筋、植入钢筋均采用实体单元中的钢筋单元模拟。

(1)混凝土。

混凝土本构关系采用 Midas FEA 提供的总应变裂缝模型(图5-53、图5-54),混凝土受压模型选用多线性曲线。由于施加到极限荷载时材料进入非线性阶段,因此需要进行反复迭代计算,直至达到极限状态。

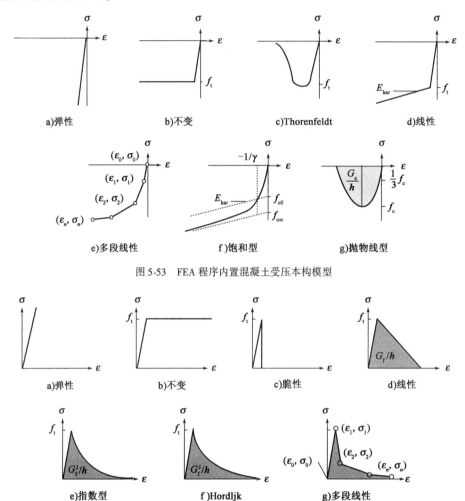

图5-53　FEA程序内置混凝土受压本构模型

图5-54　FEA程序内置混凝土受拉本构模型

为保证结构收敛,建模时用脆性模型模拟其抗拉强度,即当混凝土的拉应力超过抗拉强度时拉应力不再增加,抵抗应力为零。

(2)钢筋。

在 Midas FEA 程序中,钢筋与混凝土单元之间完全黏结无相对滑移,钢筋和混凝土保持位移协调,钢筋应变通过混凝土单元的应变来计算。钢筋的本构模型,采用冯·米塞斯(Von Mises)模型。

3)实体建模及有限元划分

由于原结构、加固层及钢筋具有不同的材料属性,因此将其分为不同的实体建立模型。原结构、加固层、钢筋网格尺寸均为 35mm×35mm×35mm。原结构、加固层、钢筋以及加固后结构划分的模型如图 5-55～图 5-58 所示。

图 5-55　原结构建模示意图

图 5-56　加固层及端部垫层建模示意图

图 5-57　钢筋建模示意图

图 5-58　加固后结构建模示意图

（1）边界条件和加载方式。

为了防止加载后期出现局部破坏，试件设计时就在构件端部设置了加密的钢筋混凝土垫层，在试件加载前还在上部设置刚垫块。在 FEA 模型中，将垫层部分和垫块设置为弹性材料，从而避免局部破坏。

考虑到试件实际加载时的变形情况，在有限元模型中将试件底部节点的三个平动自由度全部进行约束；荷载施加在试件顶部的垫块上，施加范围与试件在试验中的实际加载情况相一致，荷载形式为面荷载。在有限元模型计算分析过程中，采用牛顿迭代法自动加载荷载步。边界条件及加载迭代方法如图 5-59 和图 5-60 所示。当变形很大、材料为非线性时，为了得到精确的结果需要进行反复迭代。

图 5-59　边界条件和荷载示意图

图 5-60　加载迭代设置和缩限标准

(2) 初应力的模拟方式。

对于考虑了初应力的加固柱,为模拟试件实际受力状态,在 FEA 模型中分施工阶段来模拟。在设置好试件各部分单元信息、边界条件和施加荷载后,按照结构实际受力过程对每一阶段各单元、边界条件和荷载进行对应的激活和钝化,以模拟二次受力加固柱的实际受力过程。具体步骤如下:

①激活原结构单元,激活自重并添加对应的边界条件;
②激活初始荷载模拟初应力;
③激活加固层单元及对应的边界条件,同时钝化原边界条件;
④激活二次受力加载工况,并设置荷载步进行加载。

4) 试件破坏形态分析

在极限状态下,应力、应变的有限元分析结果及部分试件的实际破坏形态如图 5-61 ~ 图 5-64 所示。

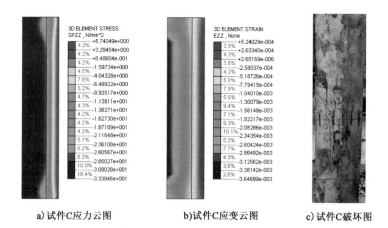

a) 试件C应力云图　　　　b) 试件C应变云图　　　　c) 试件C破坏图

图 5-61　试件 C 破坏形态分析

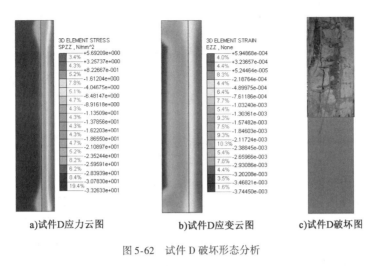

a)试件D应力云图   b)试件D应变云图   c)试件D破坏图

图 5-62 试件 D 破坏形态分析

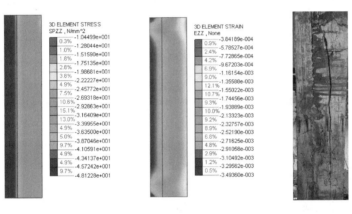

a)试件E应力云图   b)试件E应变云图   c)试件E破坏图

图 5-63 试件 E 破坏形态分析

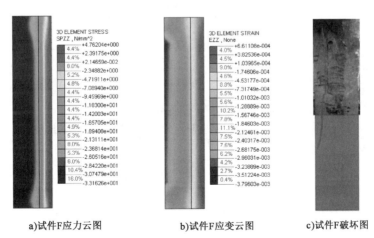

a)试件F应力云图   b)试件F应变云图   c)试件F破坏图

图 5-64 试件 F 破坏形态分析

试件 C、D、F 均为 -30mm 的偏心受压试件,初应力分别为 0、0.15MPa 和 0.3MPa。试件的破坏形态很相似,都是原结构靠近受压侧先达到极限应力,类似于小偏心破坏。从应力分布图中可以看出,D 相比 C 无明显变化,极限承载力略有下降;但 F 截面上达到极限应力的面积相对较小,平均应力水平较低,极限承载力有较为明显的下降。这是因为原结构受压边缘具有一定初应力,因此在二次受力作用下会更快达到破坏;但受结构非线性的影响,初应力比例的增加并没有使极限承载力成比例地下降。

试件 E 为 +30mm 的偏心受压试件,加固层位于受压较大侧,破坏时加固层边缘和原结构靠近加固层侧均达到了极限应力,原结构和加固层几乎同时破坏,加固层充分发挥了作用,加固层利用率最高。

试件 G 与 F 初应力相同,但偏心距增加到 -60mm,从图中可以看出,G 相对于 F 破坏时达到屈服强度的面积较小,截面上平均应力水平较低,因此,G 相对于 F 极限承载力明显下降;加固层位于受压较小侧,最后原结构边缘达到极限压应变而破坏,类似于小偏心破坏。

试件 H 和 I 均为加固层厚 35mm、偏心距为 -30mm 的偏心受压试件,破坏时均为原结构达到屈服应变,加固层部分受拉的小偏心破坏,但由于试件 I 存在初应力,其破坏时截面平均应力水平相对较低,极限承载力有所下降。

5.5.2 计算结果和理论结果的比较

以试件 C 为例,原截面没有初应力,则上缘初应变 $\varepsilon_c^1 = 0$;根据试验实测观察,破坏时钢筋应变 $\varepsilon_s = 0.000064$,截面破坏是由于原截面上缘被压坏,对应第一种受力模式。因此破坏时原截面上缘应变 $\varepsilon_u^1 = 0.0033$,根据平截面假定可得应变斜率:

$$\tan\alpha = \frac{0.0033 - 0.000064}{175} = 1.8491 \times 10^{-5}$$

由此得到极限状态时截面各点应变 ε 和截面高度 h 的关系式为

$$\varepsilon = 0.0033 - h \times 1.8491 \times 10^{-5}$$

由此可以得到极限状态时截面任意一点的应变值,代入轴力计算公式则有:

$$N_{\max} = \int_0^{h_0} \sigma_q b dh + \int_{h_0}^{h_0+\Delta h} \sigma_c b dh + \varepsilon_s E_s A_s$$

其中原截面和加固层各点的应力值可由其应变值分别代入本构关系得到,最后求出结构在第一种受力状态下轴力 $N_{\max} = 890.87 \text{kN}$。后续各试件计算同理,在此不再赘述。

按照以上计算方法,代入试验中各材料参数,计算得到各试件极限承载力的理论计算值,并将之与试验结果和有限元分析结果对比,结果如表 5-6 所示。

试件极限承载力计算结果、有限元分析结果与试验结果的比较 表 5-6

试件编号	试验值 N_0 (kN)	有限元 N_1 (kN)	计算值 N_2 (kN)	$\varepsilon_s(\mu\varepsilon)$	$\tan\alpha$ ($\times 10^{-5}$)	N_1/N_0	N_2/N_0	N_2/N_1
A	851.0	827.4	—	—	—	0.97	—	—
B	682.8	625.0	—	—	—	0.92	—	—
C	1112.5	1085.7	890.87	64	1.849	0.98	0.80	0.82

续上表

试件编号	试验值 N_0 (kN)	有限元 N_1 (kN)	计算值 N_2 (kN)	$\varepsilon_s(\mu\varepsilon)$	$\tan\alpha$ ($\times 10^{-5}$)	N_1/N_0	N_2/N_0	N_2/N_1
D	1002.7	948.6	771.88	72	1.905	0.95	0.77	0.81
E	1695.2	1821.2	1635.68	2787	−0.977	1.07	0.96	0.90
F	790.2	799.7	657.00	−152	1.870	1.01	0.83	0.82
G	545.8	469.0	535.88	−804	2.284	0.86	0.98	1.14
H	1030.0	918.4	961.01	−471	2.339	0.89	0.93	1.05
I	744.0	705.9	619.55	−444	2.232	0.95	0.83	0.88

由表5-6可以看出,除试件D外各试件极限承载力的有限元计算值、条带法计算值和试验值的误差均在20%以内,表明有限元分析和理论计算结果较为可靠,因此可以基于这些参数进行更细致的分析。

5.5.3 有限元参数扩大化分析

在试验中由于条件的限制,未能对所有参数进行细致的划分。鉴于以上有限元分析计算的可靠性,通过有限元进行扩大参数计算,分析加固层材料强度、原结构初应力、加固层厚度以及二次受力偏心距对加固后结构整体强度的影响。由于组合截面极限状态具有多样性,考虑上述影响因素时,需要明确结构的受力形式,在同一种受力形态下才能进行定量的讨论。与5.3节的分析相同,按照加固前后截面所承受的弯矩方向分为4种受力状态,以下将分别针对这4种受力状态进行讨论。

1)正-正弯矩状态

如图5-65所示,加固层位于原结构下方,一次受力时原截面承受正弯矩,二次受力时加固截面承受正弯矩。在这种情况下,分别讨论原结构初应力、加固层材料强度及加固层厚度对组合截面极限承载力的影响。

(1)初应力影响因素分析。

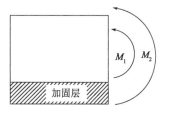

图5-65 正-正弯矩状态局部示意图

由于偏心距不同,组合截面可能发生的破坏形态也会有较大区别,因此,这里对两种偏心距下的极限承载力进行分析。具体的建模参数如表5-7所示。

初应力参数分析因素 表5-7

偏心距(mm)	加固层厚度(mm)	加固层强度	初应力(MPa)
−30/−60	70	C50	0~0.9

现将各工况的计算结果进行汇总,如表5-8和图5-66所示。为了更直观地分析试件应力状态,提取部分工况的应力云图如图5-67和图5-68所示。

初应力不同情况下结构极限承载力(单位:kN)　　　表5-8

偏心距(mm)	初应力(MPa)									
	0	0.1	0.2	0.3	0.4	0.5	0.6	0.7	0.8	0.9
-30	1050	864	772.5	681	600	499.5	405	307.5	210	150
-60	831.25	669.75	601.35	523.45	451.25	380	303.05	230.85	165.25	95

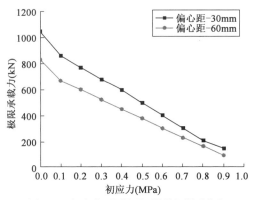

图 5-66　初应力不同情况下结构极限承载力

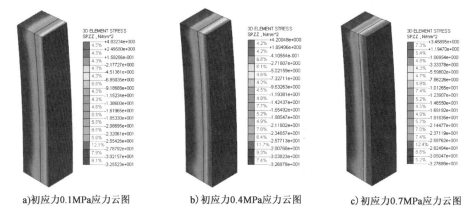

a) 初应力0.1MPa应力云图　　b) 初应力0.4MPa应力云图　　c) 初应力0.7MPa应力云图

图 5-67　偏心距-30mm情况下模型应力云图

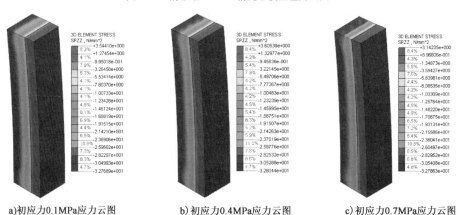

a) 初应力0.1MPa应力云图　　b) 初应力0.4MPa应力云图　　c) 初应力0.7MPa应力云图

图 5-68　偏心距-60mm情况下模型应力云图

从图中可以看出,在正-正弯矩状态下,初应力的增大,会使结构极限承载力呈明显下降趋势。

由应力云图分析可知,破坏形式均为原结构受压边缘先达到极限强度而破坏,随着偏心距的增大,结构受压面积缩小,极限承载力降低;同时随着初应力的增大,原结构越快达到极限强度。

(2)加固层材料强度影响因素分析。

加固层材料强度参数分析因素如表5-9所示。

加固层材料强度参数分析因素　　　　　　　表5-9

偏心距(mm)	加固层厚度(mm)	加固层材料强度	初应力(MPa)
−30/−60	70	C30	0.5
		C40	
		C50	
		C60	

将各工况的计算结果汇总,如表5-10和图5-69所示。

加固层材料强度不同情况下结构极限承载力(单位:kN)　　表5-10

偏心距(mm)	加固层材料强度			
	C30	C40	C50	C60
−30	478.95	491.31	495.45	503.76
−60	315.45	315.55	315.05	318.57

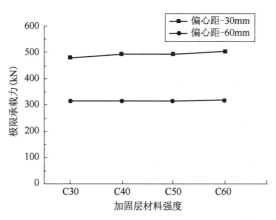

图5-69　加固层材料强度不同情况下结构极限承载力

该状态下发生的均为小偏心破坏,因此原结构边缘总是先于加固层达到极限应力,而加固层位于受拉侧,受到拉应力,受拉钢筋均未屈服,类似于小偏心受压的第三种破坏状态。因此,加固层材料强度进一步提升对组合截面承载力几乎没有贡献。

(3)加固层厚度影响因素分析。

将各工况的计算结果汇总,如表5-11所示。

加固层厚度不同情况下结构极限承载力(单位:kN) 表 5-11

偏心距(mm)	加固层厚度(mm)	
	35	70
−30	555.96	600
−60	464	475

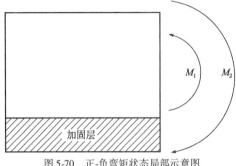

图 5-70 正-负弯矩状态局部示意图

在小偏心的第三种破坏情况下,加固层厚度对极限承载力影响很小。

2) 正-负弯矩状态

如图 5-70 所示,加固层位于原结构下方,一次受力下原截面承受正弯矩,二次受力下组合截面承受负弯矩,实际情况中 $L/4$ 截面处可能出现此类受力状态。在这种情况下,分别讨论原结构初应力、加固层材料强度及加固层厚度对组合截面极限承载力的影响。

(1)初应力影响因素分析。

初应力参数分析因素如表 5-12 所示。

初应力参数分析因素 表 5-12

偏心距(mm)	加固层厚度(mm)	加固层材料强度	初应力(MPa)
+30 / +60	70	C50	0~0.9

现将各工况的计算结果汇总,如表 5-13 和图 5-71 所示。

初应力不同情况下结构极限承载力(单位:kN) 表 5-13

偏心距(mm)	初应力(MPa)									
	0	0.1	0.2	0.3	0.4	0.5	0.6	0.7	0.8	0.9
+30	1838.6	1763.2	1740	1658.8	1450	1247	1032.4	812	580	290
+60	1190	1468.8	1496	1530	1519.8	1515.4	1509.6	1492.6	1468.8	1425.6

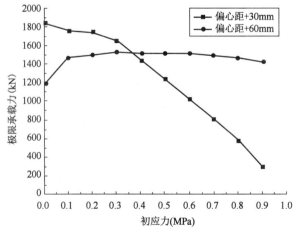

图 5-71 初应力不同情况下结构极限承载力

从图中可以看出,在正-负弯矩状态下,不同偏心距下结构的极限承载力随初应力的变化有较大区别;在偏心距为+30mm,初应力不超过0.3MPa的情况下,结构极限承载力无明显变化;在初应力超过0.3MPa后,结构极限承载力明显下降。在偏心距为+60mm,有初应力的情况下结构极限承载力较一次受力的情况大。

下面结合试件应力云图(图5-72、图5-73)分析原因。

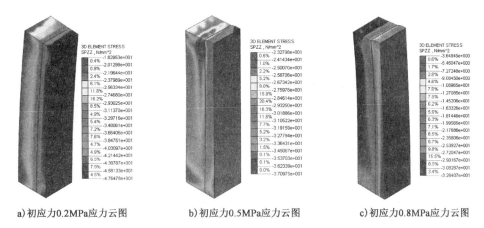

a) 初应力0.2MPa应力云图　　b) 初应力0.5MPa应力云图　　c) 初应力0.8MPa应力云图

图5-72　偏心距+30mm情况下模型应力云图

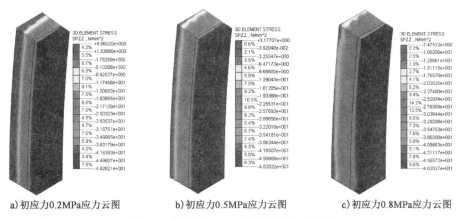

a) 初应力0.2MPa应力云图　　b) 初应力0.5MPa应力云图　　c) 初应力0.8MPa应力云图

图5-73　偏心距+60mm情况下模型应力云图

当偏心距为+30mm,初应力较小时,发生的破坏是原结构下缘达到极限压应变,同时加固层边缘也接近极限应变,加固层材料强度得到较大利用,因此随着初应力增大,组合结构极限承载力下降并不明显;当初应力大于0.3MPa时,随着初应力的增大,破坏形式为原结构上缘受压破坏,加固层材料未充分发挥强度,因此极限承载力相对低一些。

当偏心距为+60mm,初应力较小时,产生的破坏形式是原结构上缘被拉坏,随着初应力的增大,原结构上缘的压应力增大,从而使得二次受力时原结构上缘的拉应力减小,甚至转为压应力。因此当初应力小于0.4MPa时,初应力的增大反而使组合结构极限承载力上升;当初应力大于0.4MPa时,结构发生的破坏形式主要为加固层下缘受压破坏,因此随着初应力的增大,结构极限承载力无明显变化,但都较一次受力时所产生的受拉破坏承载力大。

(2)加固层材料强度影响因素分析。

加固层材料强度参数分析因素如表5-14所示。

加固层材料强度参数分析因素　　　　　　　　　表5-14

偏心距(mm)	加固层厚度(mm)	加固层材料强度	初应力(MPa)
+30/+60	70	C30	0.5
		C40	
		C50	
		C60	

将各工况的计算结果汇总,如表5-15和图5-74~图5-76所示。

加固层材料强度不同情况下结构极限承载力(单位:kN)　　表5-15

偏心距(mm)	加固层材料强度			
	C30	C40	C50	C60
+30	1215.1	1249.9	1247	1273.1
+60	1095.8	1312.4	1557.2	1785

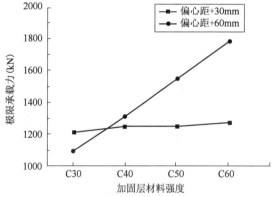

图5-74 加固层材料强度不同情况下结构极限承载力

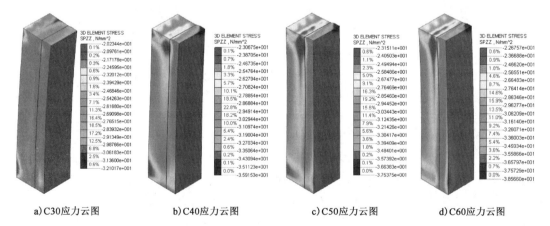

a) C30应力云图　　b) C40应力云图　　c) C50应力云图　　d) C60应力云图

图5-75 偏心距+30mm情况下模型应力云图

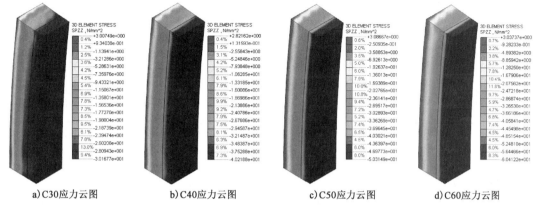

a) C30应力云图　　b) C40应力云图　　c) C50应力云图　　d) C60应力云图

图 5-76　偏心距 +60mm 情况下模型应力云图

当偏心距为 +30mm 时,破坏形式总是原结构下缘靠近加固层的位置达到极限应变,在加固层充分发挥作用前结构就已经破坏,因此加固层材料强度进一步提升对组合截面极限承载力几乎没有贡献。

当偏心距为 +60mm 时,类似于小偏心破坏的第三种情况,破坏形式总是加固层达到极限应变而破坏,因此随着加固层材料强度的提高,加固后结构极限承载力有显著提升。

(3) 加固层厚度影响因素分析。

加固层厚度参数分析因素如表 5-16 所示。

加固层厚度参数分析因素　　表 5-16

偏心距(mm)	加固层材料强度	加固层厚度(mm)	初应力(MPa)
+30 / +60	C50	35	0.5
		70	

将各工况的计算结果汇总,如表 5-17 所示。

加固层厚度不同情况下结构极限承载力(单位:kN)　　表 5-17

偏心距(mm)	加固层厚度(mm)	
	35	70
+30	1057.28	1247
+60	1258.4	1557.2

从表 5-17 可以看出,随着加固层厚度增加,组合结构的极限承载力明显提升,这是因为加固层位于受压侧,随着加固层厚度的增加,其相对偏心距反而减小,所以加固层材料强度能得到较大提升,从而增大加固层厚度能显著提升结构极限承载力。

3) 负-负弯矩状态

如图 5-77 所示,加固层位于原结构下方,一次受力时原截面承受负弯矩,二次受力时加固截面承

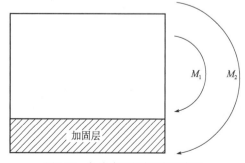

图 5-77　负-负弯矩状态局部示意图

受负弯矩,实际情况中拱脚截面附近可能出现此类受力状态。在这种情况下,分别讨论原结构初应力、加固层材料强度及加固层厚度对组合截面极限承载力的影响。

(1)初应力影响因素分析。

由于偏心距不同,组合截面可能发生的破坏形式也会有较大区别,因此,这里对两种偏心距下的结构极限承载力进行分析。具体的建模参数如表5-18所示。

初应力参数分析因素　　　　表5-18

偏心距(mm)	加固层厚度(mm)	加固层材料强度	初应力(MPa)
+30/+60	70	C50	0~0.9

将各工况的计算结果汇总,如表5-19和图5-78所示。

初应力不同情况下结构极限承载力(单位:kN)　　　　表5-19

偏心距(mm)	初应力(MPa)									
	0	0.1	0.2	0.3	0.4	0.5	0.6	0.7	0.8	0.9
+30	1829.9	1740	1690.7	1645.3	1583.4	1528.3	1450	1295.3	1160	995.7
+60	1530	1422.9	1411	1395.7	1375.3	1345.4	1322.6	1280.1	1252.9	1210.4

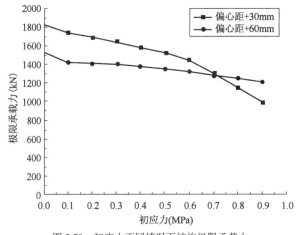

图5-78　初应力不同情况下结构极限承载力

从图5-78可以看出,在负-负弯矩状态下,不同偏心距下结构的极限承载力随初应力的变化有较大区别:在偏心距为+60mm时,极限承载力下降较慢,几乎没有明显区别;而偏心距为+30mm时,极限承载力随着初应力的提升下降速度明显加快。

下面结合试件应力云图(图5-79、图5-80)分析原因。

当偏心距为+30mm时,组合结构产生的破坏形式是原结构下缘受压破坏,加固层受压但达不到屈服强度,随着初应力的增大,原结构下缘的初应力逐渐增大,在二次受力作用下较快达到屈服强度,因此加固层的利用效率越低,导致组合结构极限承载力逐渐下降,但由于材料具有非线性特征,结构极限承载力的变化和初应力的变化不成比例。

当偏心距为+60mm时,破坏形式主要是加固层边缘达到极限压应变,随着初应力的增大,原结构破坏时能提供的抗力逐渐降低,但这对组合结构极限承载力影响很小,因此极限承载力略有降低。

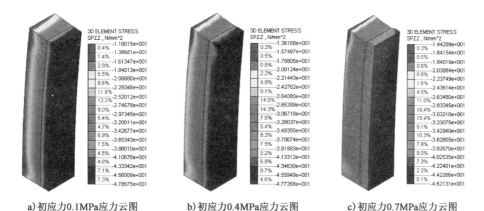

图 5-79 偏心距 +30mm 情况下模型应力云图

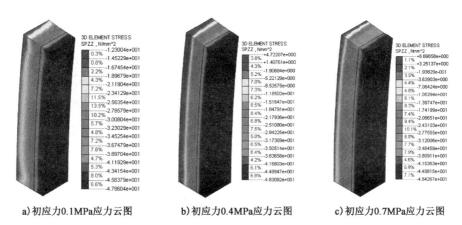

图 5-80 偏心距 +60mm 情况下模型应力云图

(2)加固层材料强度影响因素分析。

加固层材料强度参数分析因素如表 5-20 所示。

加固层材料强度参数分析因素 表 5-20

偏心距(mm)	加固层厚度(mm)	加固层材料强度	初应力(MPa)
+30／+60	70	C30	0.5
		C40	
		C50	
		C60	

将各工况的计算结果汇总,如表 5-21 和图 5-81~图 5-83 所示。

加固层材料强度不同情况下结构极限承载力(单位:kN) 表 5-21

偏心距(mm)	加固层材料强度			
	C30	C40	C50	C60
+30	1090.4	1345.6	1560.2	1589.2
+60	928.2	1159.4	1390.6	1628.6

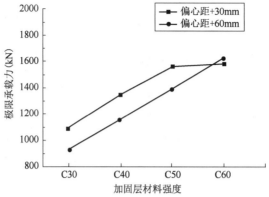

图5-81 加固层材料强度不同情况下结构极限承载力

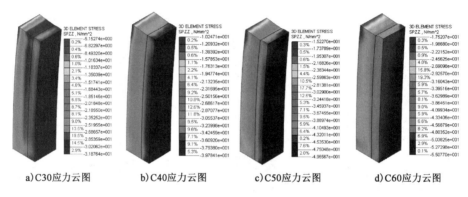

图5-82 偏心距+30mm情况下模型应力云图

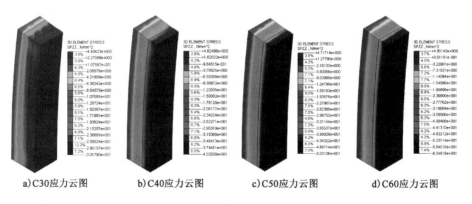

图5-83 偏心距+60mm情况下模型应力云图

当偏心距为+30mm时,破坏形式总是原结构下缘靠近加固层的位置先达到极限应变,同时加固层边缘也达到较大的应变,但随着材料强度的提升,在加固层得到充分利用前结构已经破坏。因此,加固层材料强度进一步提升,对组合截面的极限承载力没有贡献。

当偏心距为60mm时,类似于小偏心破坏的第三种情况,破坏形式总是加固层达到极限应变而破坏,加固钢筋达到屈服强度,因此随着加固层材料强度的提高,加固后结构极限承载力有显著提升。

(3) 加固层厚度影响因素分析。

从表 5-22 和表 5-23 可以看出,随着加固层厚度增加,组合结构的极限承载力提升较大,这是因为破坏时原结构和加固层均受到较大压应力,加固面积越大,其能分担的内力也就越大,所以增大加固层厚度能显著提升结构极限承载力。

加固层厚度参数分析因素　　　　　　　　表 5-22

偏心距(mm)	加固层材料强度	加固层厚度(mm)	初应力(MPa)
+30/+60	C50	35	0.5
		70	

加固层厚度不同情况下结构极限承载力(单位:kN)　　　表 5-23

偏心距(mm)	加固层厚度(mm)	
	35	70
+30	1169.28	1528.3
+60	1052.48	1345.4

4) 负-正弯矩状态

如图 5-84 所示,加固层位于原结构下方,一次受力时原截面承受负弯矩,二次受力时加固截面承受正弯矩。在这种情况下,分别讨论原结构初应力、加固层材料强度及加固层厚度对组合截面极限承载力的影响。

(1) 初应力影响因素分析。

由于偏心距不同,组合截面可能发生的破坏形式也会有较大区别,因此,这里对两种偏心距下的极限承载力进行分析。具体的建模参数如表 5-24 所示。

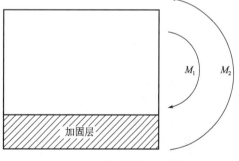

图 5-84　负-正弯矩状态局部示意图

初应力参数分析因素　　　　　　　　表 5-24

偏心距(mm)	加固层厚度(mm)	加固层材料强度	初应力(MPa)
+30/+60	70	C50	0~0.9

现将各工况的计算结果汇总,如表 5-25 和图 5-85 所示。

初应力不同情况下结构极限承载力(单位:kN)　　　表 5-25

偏心距(mm)	初应力(MPa)									
	0	0.1	0.2	0.3	0.4	0.5	0.6	0.7	0.8	0.9
+30	1050	903	847.5	790.5	730.5	675.5	619.5	564	502.5	450
+60	831.25	665.05	628.9	593.75	552.9	519.65	479.75	438.9	398.05	353.4

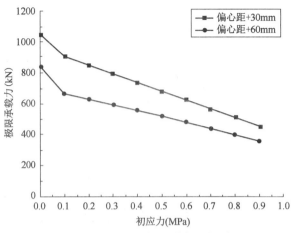

图 5-85 初应力不同情况下结构极限承载力

从图 5-85 可以看出,在负-正弯矩状态下,初应力的增大,都会使结构极限承载力呈明显下降趋势。

根据图 5-86 和图 5-87 可知,在初应力较小时,破坏形式均为原结构上缘先达到极限强度而破坏,随着初应力的增大,原结构下缘会先于上缘破坏,同时原结构也较快达到极限强度。

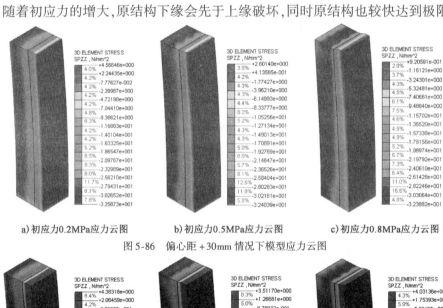

a) 初应力0.2MPa应力云图　　b) 初应力0.5MPa应力云图　　c) 初应力0.8MPa应力云图

图 5-86　偏心距+30mm 情况下模型应力云图

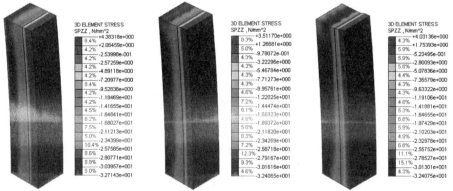

a) 初应力0.2MPa应力云图　　b) 初应力0.5MPa应力云图　　c) 初应力0.8MPa应力云图

图 5-87　偏心距+60mm 情况下模型应力云图

(2)加固层材料强度影响因素分析。

加固层材料强度参数分析因素如表 5-26 所示。

加固层材料强度参数分析因素　　　　　表 5-26

偏心距(mm)	加固层厚度(mm)	加固层材料强度	初应力(MPa)
+30/+60	70	C30	0.5
		C40	
		C50	
		C60	

将各工况的计算结果汇总,如表 5-27 和图 5-88～图 5-90 所示。

加固层材料强度不同情况下结构极限承载力(单位:kN)　　表 5-27

偏心距(mm)	加固层材料强度			
	C30	C40	C50	C60
+30	695.4	695.4	700.6	700.6
+60	467.4	485.4	490.2	505.4

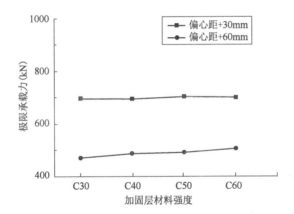

图 5-88　加固层材料强度不同情况下结构极限承载力

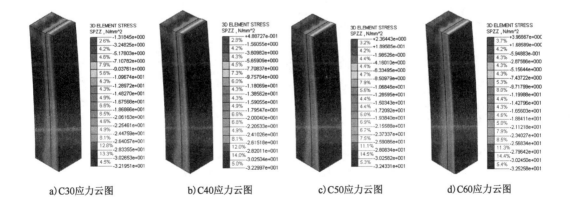

a)C30应力云图　　b)C40应力云图　　c)C50应力云图　　d)C60应力云图

图 5-89　偏心距 +30mm 情况下模型应力云图

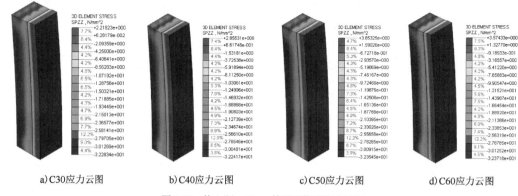

a) C30应力云图　　b) C40应力云图　　c) C50应力云图　　d) C60应力云图

图 5-90　偏心距 +60mm 情况下模型应力云图

该状态下破坏形式总是原结构边缘先于加固层达到极限应力,加固层位于受拉侧部分受拉,因此加固层材料强度对组合结构极限承载力几乎没有贡献。

(3) 加固层厚度影响因素分析。

加固层厚度参数分析因素如表 5-28 所示。

加固层厚度参数分析因素　　　　　　　　　表 5-28

偏心距(mm)	加固层材料强度	加固层厚度(mm)	初应力(MPa)
+30/+60	C50	35	0.5
		70	

从表 5-29 可以看出,随着加固层厚度增加,组合结构的极限承载力略有下降,这是因为破坏形式为加固层边缘受拉破坏,而此时加固层钢筋并未屈服,加固层越厚,其边缘就越先达到极限拉应变,所以此时增大加固层厚度反而不利。

加固层厚度不同情况下结构极限承载力(单位:kN)　　　　表 5-29

偏心距(mm)	加固层厚度(mm)	
	35	70
+30	708	675.5
+60	573.04	519.65

5.6　复合拱圈加固计算

5.6.1　加固计算理论

采用复合拱圈技术加固后结构刚度、强度相较于原拱圈均有较大提升,从而能显著提高拱桥的承载能力并延长结构的使用寿命。该加固技术的加固计算理论分析如下。

1) 截面增大理论

增设复合钢筋混凝土拱板肋加固拱桥技术的机理之一是截面增大理论。利用高强度等级砂浆锚杆及现浇混凝土本身的黏结力,将现浇钢筋混凝土加固层和原主拱圈层有机地结合在一起,从而有效地增大了抗弯、抗压截面,达到共同承担后期荷载的目的。加固前,主拱圈极限承载力强度计算公式为

$$\gamma_0 N_d < \varphi A f_{cd} \tag{5-31}$$

式中:γ_0——结构重要性系数;

N_d——轴向力设计值,kN;

A——原主拱圈截面面积,m^2;

f_{cd}——砌体轴心抗压强度设计值,MPa;

φ——构件轴向力的偏心距 e 和长细比 β 对受压构件极限承载力的影响系数。

加固后,在仅考虑截面增大效应的条件下,复合主拱圈极限承载力强度计算公式为

$$\gamma_0 N_d < \varphi(A + \eta_1 A_1) f_{cd} = \varphi A f_{cd} + \varphi A_1 f_{c1d} \tag{5-32}$$

式中:A_1——钢筋混凝土加固层的面积,m^2;

$\eta_1 = \dfrac{f_{c1d}}{f_{cd}}$;

f_{c1d}——加固层中混凝土的轴心受压强度设计值,MPa。

将式(5-31)和式(5-32)相比较,可看出采用增设复合钢筋混凝土拱板肋加固后结构的极限承载力明显提高。

2)断裂力学机理

(1)拱桥破坏过程分析。

拱桥在建成初期,出于选用材料等多方面的原因,主拱圈表面存在天然微观裂纹,如图 5-91 所示,由于该阶段裂纹较小,不足以对主拱圈截面构成大的影响,因此,此时主拱圈力学计算模式属三次超静定结构,如图 5-92 所示。随着荷载长期作用于桥梁结构,加上主拱圈材料本身存在风化、水蚀现象,微裂纹不断扩展,直到有一条发展成横向贯穿主拱圈的裂缝,如图 5-93 所示。拱桥则由原三次超静定无铰拱结构变为单铰拱结构,其计算模式如图 5-94 所示。

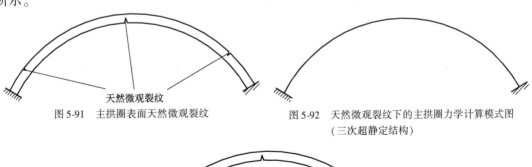

图 5-91 主拱圈表面天然微观裂纹　　图 5-92 天然微观裂纹下的主拱圈力学计算模式图
(三次超静定结构)

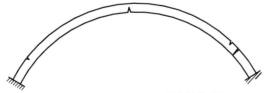

图 5-93 裂纹扩展直至出现横向贯穿裂缝

桥梁相应内力调整,个别截面内力值增大,加速了裂纹的进一步扩展,直至拱桥变为双铰拱结构、三铰拱结构。当出现三铰拱结构时,桥梁已变为静定结构,如图 5-95 所示。此时,结构仍属几何不变体系,可以承受荷载。但随着主拱圈裂缝的进一步发展,一旦桥梁出现第四条贯穿裂缝,结构就变为可变体系,成为机构,将不再承受荷载,随时都有垮塌的风险。

图 5-94 出现贯穿裂缝后的单铰拱计算模式图　　图 5-95 变为三铰静定结构的主拱圈计算模式图

从以上拱桥结构破坏过程分析可看出,控制和抑制桥梁裂缝的发生、发展,对保证桥梁的安全至关重要。

(2)断裂力学机理一:变主拱圈表面裂纹为内部裂纹。

下面以一无限平板上的Ⅰ型裂纹为例定性说明带有裂纹构件的强度判定准则,如图 5-96 所示。无限平板上有一长度为 $2a$ 的穿透性裂纹,外加拉应力和裂纹平面垂直,采用图中所示坐标系,则可以证明,在裂纹端部区域($r \to 0$)有如下的应力分布:

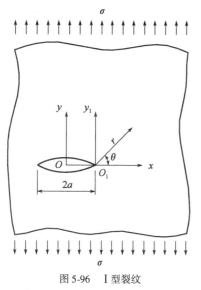

图 5-96 Ⅰ型裂纹

$$\left. \begin{aligned} \sigma_x &= \frac{K_\mathrm{I}}{\sqrt{2\pi r}}\left[\cos\frac{\theta}{2}\left(1-\sin\frac{\theta}{2}\sin\frac{3\theta}{2}\right)\right] \\ \sigma_y &= \frac{K_\mathrm{I}}{\sqrt{2\pi r}}\left[\cos\frac{\theta}{2}\left(1+\sin\frac{\theta}{2}\sin\frac{3\theta}{2}\right)\right] \\ \tau_{xy} &= \frac{K_\mathrm{I}}{\sqrt{2\pi r}}\sin\frac{\theta}{2}\cos\frac{\theta}{2}\cos\frac{3\theta}{2} \end{aligned} \right\} \quad (5\text{-}33)$$

其中 $K_\mathrm{I} = \sigma\sqrt{\pi a}$,单位为 $\mathrm{MPa}\sqrt{\mathrm{m}}$ 或者 $\mathrm{MN/m^{3/2}}$。

从式(5-33)可以看出,对于裂纹尖端附近的任一点 A,角度 θ 是确定的,因此该点的应力大小完全由应力强度因子 K_I 决定。随着外应力的增大,K_I 也不断增大,而裂纹尖端各点的应力也随 K_I 增大而增大。当 K_I 增大至某一临界值时,裂纹尖端附近区域的应力 σ_y 足以使材料裂纹扩展,最终构件断裂破坏。可见,存在一材料的断裂韧性 K_Ic,当 $K_\mathrm{I} = K_\mathrm{Ic}$ 时,裂纹就开始扩展,构件就会断裂。因此,$K_\mathrm{I} = K_\mathrm{Ic}$ 为主拱圈出现贯穿裂缝的断裂准则。在拱桥加固过程中,减小 K_I 即可达到抑制裂缝扩展的目的。

主拱圈加固前,假设在主拱圈表面存在一长度为 a 的边裂纹,如图 5-97 所示,此时主拱圈在单向拉伸时的应力强度因子 K_II 表达式,可从具有中心裂纹的"无限大"板在单向拉伸作用下的 K_II 表达式中经过修正求得。此时的应力强度因子 K_II 的表达式为:

$$K_\mathrm{II} = 1.12\sigma\sqrt{\pi a} \quad (5\text{-}34)$$

加固后,由于主拱圈表面增设了钢筋混凝土加固层,主拱圈表面裂纹变为内部裂纹,如

图 5-98 所示。此时,裂纹尖端附近应力强度因子 K_{I2} 的表达式为:

$$K_{I2} = \sigma\sqrt{\pi a/2} f(\lambda) \tag{5-35}$$

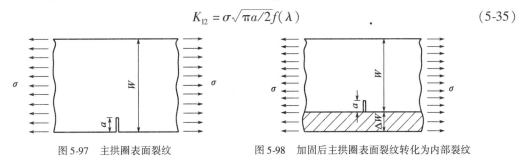

图 5-97 主拱圈表面裂纹　　图 5-98 加固后主拱圈表面裂纹转化为内部裂纹

其中,$\lambda = \dfrac{a/2}{W+\Delta W}$,$f(\lambda)$ 为修正系数,其值可查表而得。当 $\dfrac{a}{2} < 0.7(W+\Delta W)$,而且考虑一般情况下 $a \ll W+\Delta W$ 时,则式(5-35)可表示为:

$$K_{I2} = \sigma\sqrt{\dfrac{\pi a}{2}}\sqrt{\pi \times 1.77},\text{即 } K_{I2} = 0.707\sigma\sqrt{\pi a} \tag{5-36}$$

比较式(5-34)和式(5-36)可知,在同样裂纹宽度、应力作用下,主拱圈应力强度因子由 $K_{I1} = 1.12\sigma\sqrt{\pi a}$ 减至 $K_{I2} = 0.707\sigma\sqrt{\pi a}$,

$$\dfrac{K_{I1} - K_{I2}}{K_{I1}} \times 100\% = 36.9\% \tag{5-37}$$

即加固后应力强度因子减少 36.9%。此结果表明,加固后钢筋混凝土加固层发挥作用,使原主拱圈表面裂纹变为内部裂纹,应力强度因子大幅度减小,这对抑制裂缝的扩展极为有利。由此也说明了即使原结构在加固前某截面边缘应力达到(或超过)容许应力而发生裂缝,结构仍可经过加固来降低应力强度因子,阻止裂缝的继续发展,因而加固后结构可继续承载。

(3)断裂力学机理二:主拱圈裂纹嘴的集中闭合力阻裂机理。

当集中力作用在裂纹嘴(起裂点)上时,集中力产生的应力强度因子最大;相应地,当主拱圈裂纹扩展时,从外部裂纹的起裂点施加一对和开裂方向相反的集中闭合力产生的负应力强度因子也最大,主拱圈裂纹的总应力强度因子也减少最多。从钢筋混凝土加固层加固主拱圈的实际情况来看,原主拱圈拱腹表面增加了一层加固层,并配置有纵横向钢筋。加固层以及纵向钢筋的作用相当于在裂纹嘴施加一对集中闭合力,闭合力产生的负应力强度因子能够起到阻止裂纹发展的作用。

3)共同作用机制

只有加固层和原结构层共同作用,协调变形,加固部分才能为原结构承担一部分后期荷载从而达到加固的效果。因此,加固层和原结构层的界面黏结处理和保障机制成了加固工程的关键。深入研究加固层和原结构层间的黏结机理、共同作用机制,以及荷载的传递机理,才能提出更好的界面黏结方法和构造措施;反过来,有效的黏结处理措施使得界面之间荷载的传递更加合理、清晰。

对于拱结构而言,主拱圈属于压弯构件,截面内力为压力和弯矩。利用增设复合钢筋混凝土拱板(肋)加固拱桥,加固层和原结构层在后期荷载的作用下主要产生拉、压应力。由于新旧结构层之间的黏结作用以及锚杆的抗剪作用,新旧结构层能够协调变形,因而新旧结构层之间的界面层就产生了剪应力。剪应力由新旧结构层的黏结力(混凝土、砂浆和原砌体之间的胶着力)、界面之间的摩阻力抵抗,而加固过程中对原拱圈的凿毛处理、压力灌浆处理增大了界面层的摩阻力。锚杆的安设则又增强了新旧结构层间的黏结,提高了两者之间的黏结力。另外,锚杆承担着大部分剪力的传递。当界面之间发生剥离破坏时,虽然剪力只由锚杆承担,但加固层和原结构层不再是一个整体,也即加固层和原结构层不能共同承担荷载。因而,新旧结构层的界面黏结处理显得尤为关键。

5.6.2 加固计算分析与设计方法

1)承载能力极限状态法的设计理论、方法与计算模式

(1)设计理论。

加固设计计算采用承载能力极限状态法。即将加固后的结构(加固层和原结构层)视为一个整体共同承担后期荷载,其原理为截面增大理论。极限承载力强度计算公式如下:

$$\gamma_0 N_d < \varphi(A + \eta_1 A_1) f_{cd} = \varphi A f_{cd} + \varphi A_1 f_{c1d} \tag{5-38}$$

式中:γ_0——结构重要性系数;

N_d——轴向力设计值,即加固后结构在后期荷载作用下的轴力值,kN;

A——原主拱圈截面面积,m^2;

f_{cd}——原砌体轴心抗压强度设计值,MPa;

φ——构件轴向力的偏心距 e 和长细比 β 对受压构件极限承载力的影响系数;

A_1——钢筋混凝土加固层的面积,m^2;

f_{c1d}——加固层中混凝土的轴心受压强度设计值,MPa。

加固后的结构截面强度满足上式方能达到要求。

(2)加固设计方法。

按照截面增大理论的设计方法遵照以下程序进行:

①原桥现状调查。通过原桥设计、施工情况调研,现场病害勘测等工作的开展,获取原桥的现状资料。

②原桥承载力检算。按原桥实际拱轴线、截面特性、材料特性情况,计算桥梁在最不利荷载组合作用下产生的荷载效应 N_j 以及考虑截面削减、材料强度等因素后的桥梁实际抗力效应 $N_u = \varphi A f_{cd}$。

③比较 N_j 与 N_u。如 $N_j < N_u$,则表明原桥尚能满足承载力要求,只做一般病害处治即可;如 $N_j > N_u$,则需对原桥进行加固设计。

④初拟加固层尺寸。根据富余量 $\dfrac{N_u - N_j}{N_u} \times 100\%$ 的大小,初步拟定加固层的材料(例如强度等级)和几何尺寸。

⑤加固强度验算。根据初步拟定的加固层的材料和几何尺寸,利用式(5-38)进行强度验算,如满足要求,则对拟定的加固层的材料和几何尺寸进行加固设计(同时要考虑钢筋的构造处理问题、结构耐久性等因素);如不满足要求,则重新拟定尺寸并选取材料强度进行设计、验

算,最终获取安全、经济、可靠的钢筋混凝土加固层的设计参数。

根据拱桥的特点,其正常使用极限状态的要求,一般情况可由相应构造措施来保证,所以按照承载能力极限状态的设计原则,加固后拱桥在最不利荷载组合作用下,应满足如下表达式:

$$\gamma_0 S \leq R(f_d, a_d) \tag{5-39}$$

式中:γ_0——结构重要性系数,对应于一级、二级、三级设计安全等级分别取用 1.1、1.0、0.9;

S——作用效应组合设计值,按《公路桥涵设计通用规范》(JTG D60—2015)的规定计算;

$R(\cdot)$——加固后构件承载力设计值函数;

f_d——材料强度设计值;

a_d——几何参数设计值,可采用几何参数标准值 a_k,即设计文件规定值。

(3)考虑二次受力效应的承载能力极限状态计算模式。

①基本假定。

本书的理论分析和公式推导都基于以下基本假定:

a. 加固层和原结构层黏结良好,连接可靠,可保证二次受力时加固结构共同工作,协调变形;新旧材料结合面不发生滑移,结构不会因后加混凝土剥离脱落而发生破坏。

b. 截面变形保持平面。

c. 材料应力应变物理关系如下:

混凝土受压时的应力应变关系采用下述公式:

$$\sigma = \begin{cases} \sigma_0 \left[2\dfrac{\varepsilon}{\varepsilon_0} - \left(\dfrac{\varepsilon}{\varepsilon_0}\right)^2 \right] & \varepsilon \leq \varepsilon_0 \\ \sigma_0 & \varepsilon_0 \leq \varepsilon \leq \varepsilon_{cu} \end{cases} \tag{5-40}$$

式中:ε_0——混凝土的峰值压应变;

ε_{cu}——混凝土的极限压应变。

钢筋的应力取值等于应变与弹性模量的乘积,但不超过抗拉强度设计值 R_g。

②加固后拱圈拱顶区段正截面强度计算模式。

加固前、后拱圈拱顶区段截面的受力状态如图 5-99、图 5-100 所示。

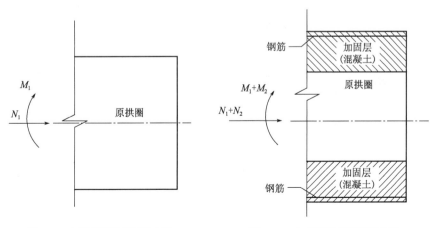

图 5-99　加固前拱顶截面受力图　　图 5-100　加固后拱顶截面受力图

按照承载能力极限状态的设计原则,应考虑加固结构在极限状态时加固层中钢筋的受力形态。因此,在推导拱圈正截面强度计算公式时,应按照钢筋混凝土受压构件进行,推导过程如下:

首先,分析大、小偏心受压的界限状态,即当受拉钢筋达到屈服应变 ε_y 时,受压边缘混凝土也刚好达到极限压应变 ε_u。与普通钢筋混凝土偏心受压构件界限状态不同的是,在加固前原结构受压边缘混凝土已有一定的压应变 ε_1,受拉边缘钢筋已有一定的拉应变 ε_2,当荷载作用于钢筋混凝土加固层之后,随着荷载的继续增加,加固层才开始受力。因此,理想的界限状态为:当受拉区的新、旧受拉钢筋拉应变 ε_{xy} 和 ε_1 达到钢筋的屈服应变 ε_y,即 $\varepsilon_1 = \varepsilon_{xy} = \varepsilon_y$ 时,受压区的新、旧混凝土的压应变 ε_{xc}、ε_h 也正好都达到混凝土的极限压应变 ε_u,即 $\varepsilon_{xc} = \varepsilon_h = \varepsilon_u$。由此可得大、小偏心受压理想界限破坏状态时的应变分布状况,如图5-101所示。

受新旧混凝土强度、钢筋应变等因素的影响,上述理想界限破坏状态一般不可能出现。

当受压区新混凝土压溃,即 $\varepsilon_{xc} \geq \varepsilon_u$ 时,则以受压区新混凝土达到极限压应变破坏计算。大、小偏心受压界限破坏状态时的应变分布状况如图5-102所示。

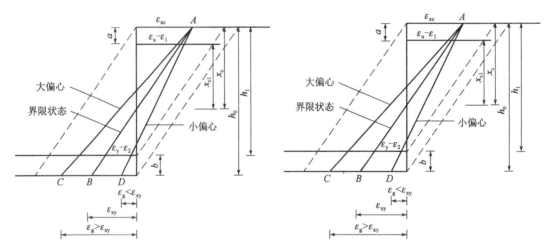

图5-101 大、小偏心受压理想界限破坏状态应变图   图5-102 大、小偏心受压界限破坏状态应变图

加固后以受拉区新钢筋屈服为标准,即 $\varepsilon_{xy} > \varepsilon_y$ 时,以受拉区新钢筋达到极限屈服拉应变破坏计算。

据 $x = 0.9x_c$,$\xi_{jg} = \dfrac{x}{h_0} = \dfrac{0.9x_c}{h_0}$,由界限破坏状态时的应变分布图可得

$$\frac{x_c}{h_0} = \frac{\varepsilon_{xc}}{\varepsilon_{xy} + \varepsilon_{xc}} \tag{5-41}$$

由相似三角形原理可知:

$$\frac{\varepsilon_h - \varepsilon_1}{\varepsilon_{xc}} = \frac{x_c - a}{x_c} \tag{5-42}$$

得到:

$$\varepsilon_{xc} = \frac{(\varepsilon_h - \varepsilon_1)x_c}{x_c - a} \tag{5-43}$$

当受压区新混凝土屈服时,将式(5-43)代入式(5-41)得:

$$\frac{x_c}{h_0} = \frac{\dfrac{(\varepsilon_h - \varepsilon_1)x_c}{x_c - a}}{\varepsilon_{xy} + \dfrac{(\varepsilon_h - \varepsilon_1)x_c}{x_c - a}}$$

$$x_c = \frac{h_0(\varepsilon_h - \varepsilon_1) + a\varepsilon_{xy}}{\varepsilon_{xy} + \varepsilon_h - \varepsilon_1} \tag{5-44}$$

将 $x_c = \dfrac{\xi_{jg} h_0}{0.9}$, $\varepsilon_{xy} = \dfrac{R_g}{E_g}$ 代入式(5-44)得:

$$\frac{\xi_{jg} h_0}{0.9} = \frac{h_0(\varepsilon_h - \varepsilon_1) + a\dfrac{R_g}{E_g}}{\dfrac{R_g}{E_g} + \varepsilon_h - \varepsilon_1}$$

$$\xi_{jg} = 0.9 \left[\frac{1}{1 + \dfrac{R_g}{E_g(\varepsilon_h - \varepsilon_1)}} + \frac{1}{\dfrac{1}{a} + \dfrac{\varepsilon_h - \varepsilon_1}{a\dfrac{R_g}{E_g}}} \right]$$

$$= \frac{0.9}{1 + \dfrac{R_g}{E_g(\varepsilon_h - \varepsilon_1)}} + \frac{0.9a}{1 + \dfrac{E_g(\varepsilon_h - \varepsilon_1)}{R_g}} \tag{5-45}$$

当混凝土达到极限应变即 $\varepsilon_h = \varepsilon_u$ 时,式(5-45)也可写作:

$$\xi_{jg} = \frac{0.9}{1 + \dfrac{R_g}{E_g(\varepsilon_u - \varepsilon_1)}} + \frac{0.9a}{1 + \dfrac{E_g(\varepsilon_u - \varepsilon_1)}{R_g}} \tag{5-46}$$

式中:ε_1——旧混凝土受压区所产生的原有应变;

ε_u——混凝土的极限压应变;

ε_{xc}——新混凝土受力后所产生的压应变;

ε_{xy}——受拉区加固层新钢筋的屈服拉应变;

a——受压区新混凝土高度,m;

R_g——钢筋强度,MPa;

E_g——弹性模量,MPa。

对于加固后拱顶区段截面来说,无论是大偏心受压破坏,还是小偏心受压破坏,其极限状态均为受压区边缘新混凝土达到极限压应变,加固层钢筋可能受拉(达到抗拉设计强度或未达到抗拉设计强度),也可能受压。

根据对加固后拱圈的极限状态和大、小偏心受压界限状态的分析,可以得出加固后拱圈正截面强度计算图式,如图 5-103 所示。

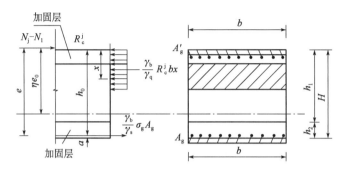

图 5-103　加固后拱圈正截面强度计算图式

由计算图式可以建立一种包括大、小偏心受压情况的统一正截面强度计算公式,又因为受压区高度 x 不同,受压区形状也不同,所以计算公式有所不同,具体如下:

当 $x \leq h_1$ 时,沿构件纵轴方向的内外力之和为零,得

$$N_j \leq N_u = N_1 + \gamma_b \left(\frac{1}{\gamma_q} R_c^j bx + \frac{1}{\gamma_s} \sigma'_g A'_g - \frac{1}{\gamma_s} \sigma_g A_g \right) \tag{5-47}$$

当 $h_1 \leq x \leq H$ 时,沿构件纵轴方向的内外力之和为零,得

$$N_j \leq N_u = N_1 + \gamma_b \left[\frac{1}{\gamma_q} R_c^j b h_1 + \frac{1}{\gamma_q} R_c^j b (x - h_1) + \frac{1}{\gamma_s} \sigma'_g A'_g - \frac{1}{\gamma_s} \sigma_g A_g \right] \tag{5-48}$$

关于式(5-47)和式(5-48)的有关说明如下:

a. 公式中 N_1 为加固时原结构层的计算轴力,反映了加固时原结构的受力情况;

b. 钢筋 A_g 的应力 σ_g 取值如下:

当 $\xi = \frac{x}{h_0} \leq \xi_{jg}$ 时,构件属于大偏心受压,这时,取 $\sigma_g = R_g$;

当 $\xi = \frac{x}{h_0} \geq \xi_{jg}$ 时,构件属于小偏心受压,这时,σ_g 应按下式计算,但不应大于 R_g:

$$\sigma_g = (\varepsilon_u - \varepsilon_1) E_g \left(\frac{0.9}{\xi} - 1 \right) \tag{5-49}$$

式中:E_g——受拉钢筋的弹性模量;

ξ——截面受压区相对高度计算值,$\xi = x/h_0$。

从式(5-49)可以看出,加固时原结构的应变值 ε_1 越高,σ_g 的值越低,说明了钢筋的强度利用率越低。

2)容许应力法

(1)恒载应力准则。

按照容许应力理论,桥梁加固后,由于加固层重量全部由原拱肋承担,拱肋边缘的应力增

大。因此,应验算桥梁在自身恒载与加固层恒载作用下原主拱圈最大应力是否满足强度要求,即

$$\sigma_{恒} < [\sigma] \tag{5-50}$$

式中:$\sigma_{恒}$——加固后结构在恒载作用下原拱肋边缘最大应力值,MPa;

$[\sigma]$——原拱肋混凝土容许应力值,MPa。

(2)组合应力准则。

当加固层材料发挥作用时,加固后的结构将在新、旧结构层的恒载以及活载的共同作用下受力。作为需加固的结构,原结构层处在一个较高的应力水平状态,因此,就加固后的结构而言,仍为原结构层控制应力。对于加固后的拱桥来说,原拱肋边缘的最大应力应满足以下强度要求:

$$\sigma_{组} < [\sigma] \tag{5-51}$$

式中:$\sigma_{组}$——组合荷载作用下原主拱圈边缘最大应力值,MPa;

$[\sigma]$——原拱肋混凝土容许应力值,MPa。

(3)容许应力法计算模式。

①加固前应力计算模式。

加固前,拱肋最不利截面最大应力计算公式如下:

压应力:

$$\sigma_0 = \frac{N}{A_0} + \frac{M}{W_0} \leq K[\sigma] \tag{5-52}$$

式中:σ_0——原拱肋截面最大压应力,MPa;

N——计算轴力,kN;

M——计算弯矩,kN·m;

A_0——原拱肋截面面积,m²;

W_0——原拱肋弯曲平面内受压边缘的截面抵抗矩,m³;

$[\sigma]$——原拱肋混凝土容许压应力,MPa;

K——塑性影响系数,$K = 1 + 1.5\frac{e_0}{y}$;

e_0——偏心距,$e_0 = \frac{M}{N}$,m;

y——截面重心至偏心方向的截面边缘的距离,m。

弯曲拉应力:

$$\sigma_{wl0} = \frac{M}{W_0'} - \frac{N}{A_0} \leq [\sigma_{wl}] \tag{5-53}$$

式中:σ_{wl0}——原拱肋截面最大弯曲拉应力,MPa;

W_0'——原拱肋弯曲平面内受拉边缘的截面抵抗矩,m³;

$[\sigma_{wl}]$——容许弯曲拉应力,MPa;

其他符号意义同前。

②加固后应力计算模式。

加固后,拱肋最不利截面的最大应力计算公式如下:

压应力:

$$\sigma_1 = \sigma_0 + \frac{N_{二期}}{A_1} + \frac{M_{二期} \cdot y_1}{I_1} \leqslant K[\sigma] \tag{5-54}$$

式中:σ_1——加固后拱肋截面原混凝土材料的最大压应力,MPa;

$N_{二期}$——加固后拱肋在二期荷载(新增恒载+活载)作用下的轴力值,kN;

$M_{二期}$——加固后拱肋在二期荷载(新增恒载+活载)作用下的弯矩值,kN·m;

A_1——加固后拱肋组合截面面积,m²;

I_1——加固后拱肋在弯曲平面内的换算截面惯性矩,m⁴;

y_1——换算截面重心至偏心方向原拱肋边缘的距离,m。

弯曲拉应力:

$$\sigma_{wl1} = \sigma_{wl0} + \frac{M_{二期} \cdot y'_1}{I_1} - \frac{N_{二期}}{A_1} \leqslant [\sigma_{wl}] \tag{5-55}$$

式中:σ_{wl1}——加固后拱肋截面原混凝土材料的最大拉应力,MPa;

y'_1——换算截面重心至受拉侧原拱肋边缘的距离,m;

其他符号意义同前。

加固后拱肋截面应力叠加图如图5-104所示。

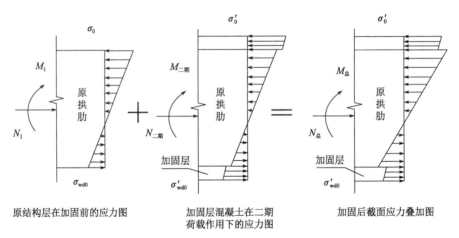

原结构层在加固前的应力图　　加固层混凝土在二期荷载作用下的应力图　　加固后截面应力叠加图

图5-104　加固后拱肋截面应力叠加图

5.7　箱形截面转换加固技术模型试验

5.7.1　试验目的

(1)利用模型模拟拱桥实桥加固前后的受力状态,通过测定模型拱肋的应力、应变计算拱肋的横向分布值,然后利用由所测拱肋挠度值计算出的荷载横向分布值来进一步修正横向分布系数。

(2)利用模型模拟原桥加固前、后的破坏形态,然后捕捉模型破坏过程中裂缝及变形等病害特征,将这些特征量化并用相似原理反映到原桥上。

(3)验证模型加固方案在提高钢筋混凝土拱桥承载能力方面的有效性。

5.7.2 试验模型设计

1)模型实桥

本次模型试验选定的钢筋混凝土拱桥原桥为重庆丰都某大桥。该桥全长195.39m,主桥为钢筋混凝土箱形拱桥,净跨径 $l_0=110$m, $f_0=18.333$m, $f_0/l_0=1/6$,拱圈相对较平坦,拱轴系数 $m=1.756$。拱肋由2个单箱组成,宽2.4m,高2.0m。主拱肋为C40混凝土,肋间横系梁、立柱、行车道板混凝土为C30。具体的主跨主拱圈尺寸如图5-105和图5-106所示。

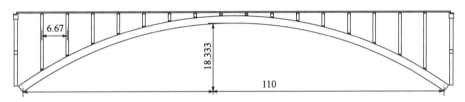

图 5-105 原型大桥主跨立面图(尺寸单位:m)

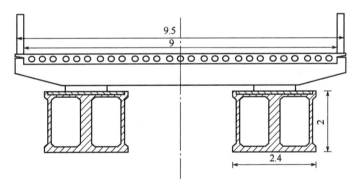

图 5-106 原型大桥主跨跨中横断面图(尺寸单位:m)

2)模型拱设计原理

本模型试验主要是对钢筋混凝土主拱肋进行研究,所以只选定原桥主跨进行模型试验。为了较好地反映原桥的横向分布及受力模式,本模型根据相似原理进行设计和制作。在本模型中,主要考虑的与结构模型横向分布及受力模式有关的物理量有弹性模量 E、材料重度 γ、几何尺寸 L、泊松比 μ、集中力 F、配筋率 p。具体设计原理如下。

(1)考虑到模型要进行加固前后的承载力检测,涉及破坏试验,拟采取相似长度比1∶15的比例进行缩小。鉴于施工及测量要求,相似宽度比取1∶8,由于采用相同材料比较容易满足破坏应力相似常数 $C_{\sigma}^{-}=C_{\sigma}=1$,所以采用与原型材料相同的微钢筋混凝土模型材料,并使模型的支承条件与原型相似。

（2）考虑到模型配筋布置以及应变测量中方便埋设传感器，故将原箱形截面按一定方式（保持面积相似比例不变）转化制作为矩形截面，横系梁由原工字形截面换算为矩形截面。

（3）本次模型试验主拱肋采用与原桥材料重度相同的 C40 混凝土，根据相似原理，在保持模型与原桥应力相等的原则下，模型材料的重度必须是原桥材料重度的 15 倍，否则就不能很好地反映原桥在自重作用下的受力状态，所以要通过加载的方式对模型的主拱圈进行配重。

（4）由于本模型试验主要研究主拱肋，故模型设计中将拱上建筑以配重的方式加载在主拱圈上。

模型与原桥间各物理参数的关系如表 5-30 所示。

模型与原桥间各物理参数的关系　　　　　　　　　　　表 5-30

类型	跨度	面积	惯性矩	截面模量	应力	集中力	挠度	重度
原桥	L	A	J	W	σ	F	f	γ
模型	$\dfrac{L}{15}$	$\dfrac{A}{225}$	$\dfrac{J}{60625}$	$\dfrac{W}{3375}$	σ	$\dfrac{F}{15}$	$\dfrac{f}{15}$	15γ

3）模型拱设计制作

本模型设计尺寸为：拱肋净跨径 $l_0 = 733\text{cm}$，$f_0 = 123\text{cm}$，拱肋的截面尺寸为 $b \times h = 16\text{cm} \times 18\text{cm}$，模型拱肋尺寸如图 5-107 所示。

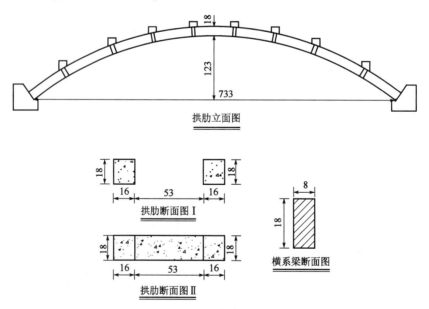

图 5-107　模型拱肋尺寸图（尺寸单位：cm）

模型拱肋实际效果如图 5-108 所示。

图 5-108 模型拱肋实际效果图

4) 模型拱加固设计

拱桥的加固设计是一个优化选择的过程,其加固设计应遵循一定的操作步骤,如图 5-109 所示。

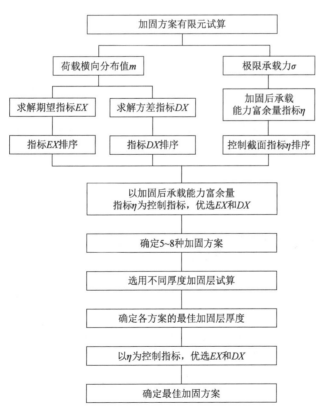

图 5-109 加固方案优化设计步骤

(1)拱肋合理加固方案的确定。

本次试验中,主要采用试算的方式进行荷载横向分布的计算,试算方案模型如图 5-110 所示。

①荷载横向分布最优方案分析。

采用有限元模型计算分析能够得到较精确的拱肋应力值,方案设计采用了 20mm、40mm、50mm 三种加固层厚度作为试算厚度。设偏载一侧拱肋为 1 号拱肋,其最大应力为 σ_1;设另外一侧为 2 号拱肋,其最大应力为 σ_2。拱肋的荷载横向分布比率 $k = \dfrac{\sigma_2}{\sigma_1}$,即 2 号拱肋的最大应力与 1 号拱肋的最大应力的比值。也就是说,当 $k \to 1$ 时,荷载横向分布越好,拱肋所承受的荷载也越均匀,偏载作用下的偏载效应越小。图 5-111 为加固层厚度分别为 20mm、40mm 和 50mm 时,不同截面拱肋在极限荷载作用下的拱肋荷载横向分布比率曲线图。

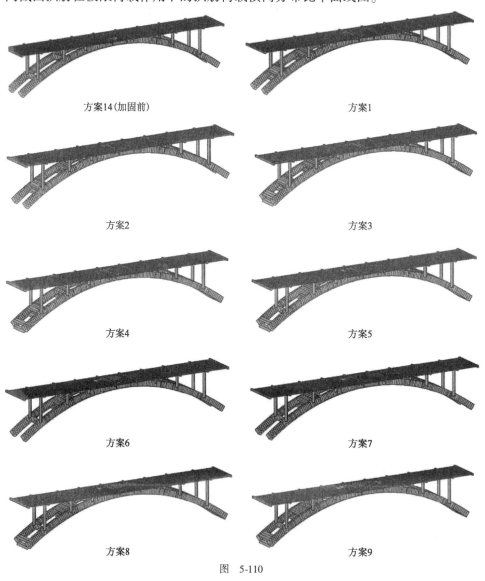

图 5-110

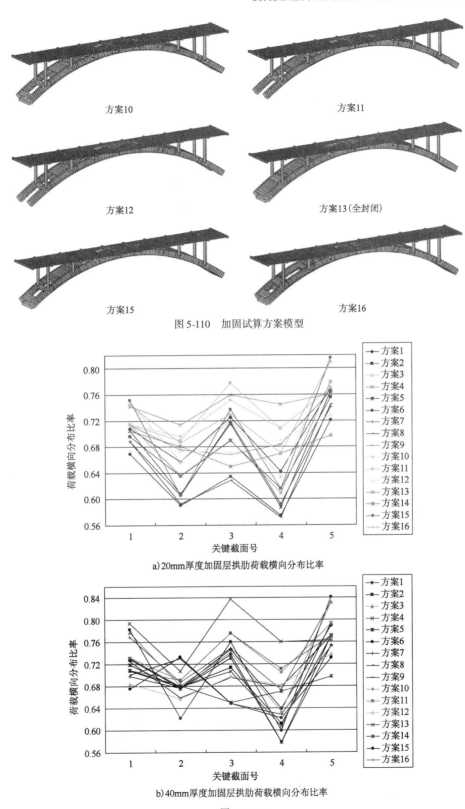

方案10　　　　　　　　方案11

方案12　　　　　　　　方案13（全封闭）

方案15　　　　　　　　方案16

图 5-110　加固试算方案模型

a）20mm厚度加固层拱肋荷载横向分布比率

b）40mm厚度加固层拱肋荷载横向分布比率

图　5-111

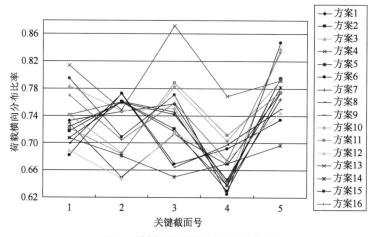

c) 50mm厚度加固层拱肋荷载横向分布比率

图 5-111　拱肋荷载横向分布比率曲线图

对横向分布比率值 k 进行均值 EX 及离散率 DX 分析，将均值 EX 及离散率 DX 作为评定方案优劣的指标。

由于横向分布比率值 k 表示拱肋的应力比值，当 k 值越趋近于 1 时，表示两肋的应力差值越小，截面的刚性越大，EX 越大，从而可以从各方案 EX 的大小来判定加固方案总体上横向分布的优劣。

DX 表示各截面横向分布比率的差异大小，DX 越小，说明截面横向分布比率的差异越小，故可以由 DX 的大小判定加固方案横向分布的差异。

$$EX = \sum_i x_i P_i \tag{5-56}$$

$$DX = \sum_{i=1}^{\infty} (X_k - EX)^2 P_i \tag{5-57}$$

因各截面之间不存在横向分布比率权重的相关性，因此，取每个截面的权重均为 $P_i = 1$，将上述 16 种方案在加固层厚度分别为 20mm、40mm 和 50mm 时的横向分布比率值 k 的 EX 和 DX 计算结果列于表 5-31 中。

不同加固层厚度时横向分布比率值 k 的 EX 和 DX　　表 5-31

方案	加固层厚度(mm)					
	20		40		50	
	EX	DX	EX	DX	EX	DX
1	0.725117	0.075561	0.751256	0.061874	0.766034	0.05474
2	0.702345	0.088599	0.733931	0.070793	0.751182	0.06191
3	0.728246	0.07385	0.757027	0.059036	0.771787	0.052081
4	0.703181	0.088101	0.735345	0.070042	0.753608	0.060709
5	0.642722	0.127648	0.660133	0.115509	0.683216	0.100352

续上表

方案	加固层厚度(mm)					
	20		40		50	
	EX	DX	EX	DX	EX	DX
6	0.66878	0.109707	0.68473	0.099395	0.697281	0.091639
7	0.642911	0.127512	0.666089	0.111497	0.686944	0.098004
8	0.672394	0.107326	0.688644	0.096943	0.698895	0.090664
9	0.681226	0.101617	0.680434	0.102123	0.678851	0.103136
10	0.677045	0.1043	0.684257	0.099693	0.682188	0.101004
11	0.680431	0.102124	0.679951	0.102431	0.680227	0.102255
12	0.67568	0.105183	0.674617	0.105874	0.673485	0.106612
13	0.730758	0.072491	0.779068	0.048811	0.798649	0.040542
14	0.646711	0.124813	0.646711	0.124813	0.646711	0.124813
15	0.658801	0.116417	0.677031	0.104309	0.696096	0.092357
16	0.700875	0.089476	0.716622	0.080303	0.720225	0.078274

通过比较表5-31中横向分布比率值k的EX和DX值进行方案优选,因方案13采用全封闭加固方式,故在理论上应是最优方案,但实际上采用该方案将极大地增大拱桥的恒载,对原拱肋造成不利影响,在实践中是不可行的,因此予以摒弃。方案14为加固前分析故不采取,最后对其中8种加固方案在加固层厚度50mm时进行极限承载力比较,其横向分布比率值最优排序为方案3、1、4、2、16、8、9、15。

②极限承载力最优方案分析。

采用选定的8种加固方案与方案14(加固前)和方案13(全封闭)进行极限承载力比较,如图5-112所示。

极限承载力方案优选采用的方法是以加固后最不利截面为控制截面,方案13和方案14基于上文分析不采取。方案1、2、3、4、15和16因具有接近的加固区段长度,并且都在拱顶位置不予加固,属于同一类型加固方式,故均以拱顶为最不利截面进行比较,优选排序为方案16、15、4、3、2、1;方案8和方案9则对拱顶予以加固,优选排序为方案8、9。

③拱肋合理加固方案分析。

钢筋混凝土拱桥加固要点是无论通过何种加固方案进行加固,其最终目的是提高拱肋的承载能力,而采用箱形截面加固是通过改善拱肋横向分布比率值均化拱肋受力,从而提高原拱肋的承载能力。因此,在最佳加固方案确定的程序上,必须综合考虑承载能力提高的幅度和横向分布比率值的变化趋势。在上述确定的8种加固方案中,方案8和方案9的拱顶位置通过增大截面提高了承载能力,且横向分布比率值与方案1、2、3、4、16的值相差较大,与方案14相比提高幅度不大,因此舍弃方案8和方案9。其余方案中,基于改善横向分布比率值考虑,方案 16 在承载力上提高的幅度最大,且其横向分布比率值与方案 3、1、4、2 较接近,因此,综合考虑各方面影响因素,最终选定方案 16 作为模型的加固方案。

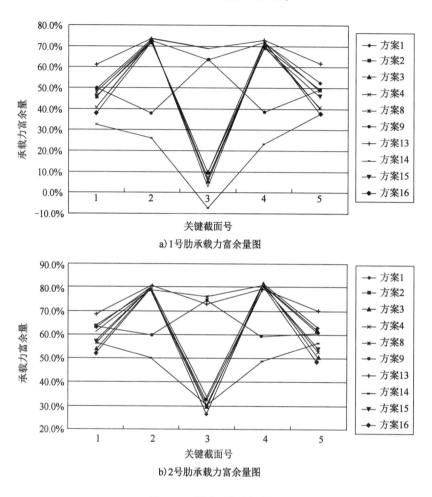

图 5-112 拱肋承载力富余量

(2)拱肋合理加固层厚度 d 的确定。

前面基于加固层厚度 $d=20\text{mm}$、40mm 和 50mm 情况下确定了模型拱的最终加固方案为方案 16。由于加固层厚度的变化对横向分布及拱肋的极限承载力具有极大的影响,因此选择合理的加固层厚度是确定最优加固方案的必要条件。随着加固层厚度的增加,一方面拱肋的荷载分配能力越强,所承受的荷载越均匀,横向分布比率越接近于 1,承载能力提高的幅度越大;另一方面,由于新增的钢筋混凝土顶板和底板的重量将全部由原拱肋承担,必然增加原有拱肋所承受的恒载,从而削弱横向分布比率,降低拱肋的极限承载力。因此,二者之间必然存在一个均衡点,随着加固层厚度的增加,横向分布比率值和极限承载力逐渐提高,而当加固层厚度继续增加超过某一定值时,横向分布比率值和极限承载力提高的幅度大大减小,此时所对应的 d 就是箱形截面转换加固技术加固拱桥的合理加固层厚度。

①拱脚截面横向分布比率值与承载力富余量分析,如图 5-113 和图 5-114 所示。

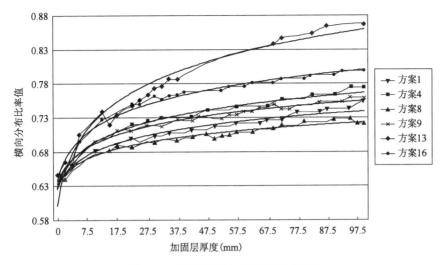

图 5-113　拱脚截面横向分布比率值趋势图

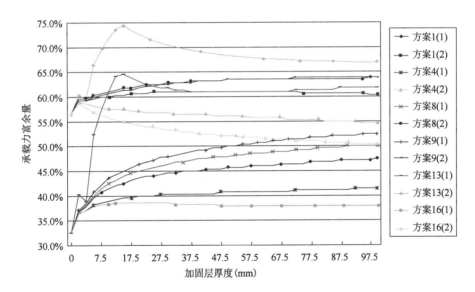

图 5-114　拱脚截面承载力富余量趋势图
注：(1)代表 1 号肋；(2)代表 2 号肋。

从图 5-113 可以看出，拱脚截面的横向分布比率值随着加固层厚度 d 的增加而增加，对曲线进行拟合可得到其拟合曲线公式如下：

$$拱脚截面 \begin{cases} 方案\ 1: y = 0.0326\ln x + 0.6334 \\ 方案\ 4: y = 0.0373\ln x + 0.6273 \\ 方案\ 8: y = 0.025\ln x + 0.6298 \\ 方案\ 9: y = 0.0373\ln x + 0.6273 \\ 方案\ 13: y = 0.069\ln x + 0.6017 \\ 方案\ 16: y = 0.0437\ln x + 0.6373 \end{cases} \quad (5\text{-}58)$$

从式(5-58)可以看出,六种方案的横向分布比率值 k 与加固层厚度 d 的关系为对数关系,数学上不存在极大值 k_{max} 对应此时厚度 d,加固层的厚度 d 越大越好。

同时,从图 5-114 可以发现,在拱脚相应截面位置的承载力富余量曲线的走势与横向分布比率值的走势有所不同:从控制截面 1 号肋来分析,除方案 13 全封闭加固外,其余加固方案的承载力富余量在前期随着 d 的增加而快速增长,如方案 16(1)曲线,当加固层厚度达到约 25mm 时,拱脚截面的承载力富余量不增反减,其余方案的承载力富余量走势也大大放缓,逐步趋于该方案自身的定值。由于结构加固设计中只需提高结构的承载力富余量达到一定程度,满足所需的安全系数即可,因此,无须无限增大截面、加强拱肋,这不仅没有必要,而且浪费资金、影响美观。

②1/4 截面横向分布比率值与承载力富余量分析,如图 5-115 和图 5-116 所示。

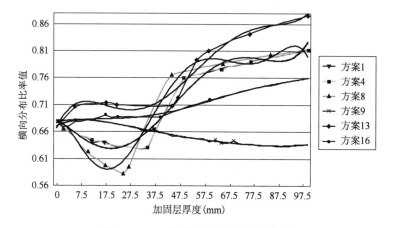

图 5-115 1/4 截面横向分布比率值趋势图

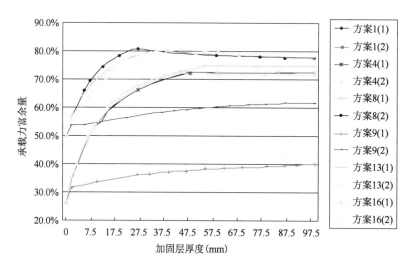

图 5-116 1/4 截面承载力富余量趋势图
注:(1)代表 1 号肋;(2)代表 2 号肋。

从图 5-115 可以看出,1/4 截面的横向分布比率值随着加固层厚度 d 的增加而增加,将曲线进行拟合可得到其拟合曲线公式如下:

$$1/4\ 截面\begin{cases} 方案1: y = 6\times10^{-8}x^5 - 6\times10^{-6}x^4 + 0.0002x^3 - 0.0015x^2 - 0.0033x + 0.6847 \\ 方案4: y = 6\times10^{-8}x^5 - 6\times10^{-6}x^4 + 0.0002x^3 - 0.0015x^2 - 0.0032x + 0.6848 \\ 方案8: y = 2\times10^{-8}x^5 - 4\times10^{-7}x^4 - 7\times10^{-5}x^3 + 0.0035x^2 - 0.0419x + 0.7437 \\ 方案9: y = 4\times10^{-9}x^5 - 5\times10^{-7}x^4 + 2\times10^{-5}x^3 - 0.0006x^2 + 0.0038x + 0.6739 \\ 方案13: y = 6\times10^{-8}x^5 - 7\times10^{-6}x^4 + 0.0003x^3 - 0.0052x^2 + 0.0346x + 0.6369 \\ 方案16: y = 9\times10^{-9}x^5 - 1\times10^{-6}x^4 + 5\times10^{-5}x^3 - 0.0008x^2 + 0.0064x + 0.6648 \end{cases}$$

(5-59)

从式(5-59)可以看出,六种方案的横向分布比率值 k 与加固层厚度 d 的关系为五阶多项式关系,且存在极值 k_{max} 或其他驻点 k' 对应此时厚度 d;从图 5-115 可以看出,横向分布比率值 k 随着 d 的增加相继出现极值点和拐点,当 $d<50\text{mm}$ 时横向分布比率值变化剧烈,当 $d>50\text{mm}$ 时 k 值增长大幅减缓。同时观察图 5-116 中 1/4 截面的承载力富余量曲线走势,可以发现当 $d=50\text{mm}$ 时,承载力富余量逐渐趋于定值,此时再增加加固层厚度 d 对提高承载力富余量的效果就不明显了。由此说明,$d=50\text{mm}$ 是 1/4 截面的最佳加固层厚度。

③拱顶截面横向分布比率值与承载力富余量分析,如图 5-117 和图 5-118 所示。

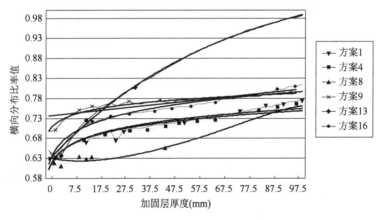

图 5-117 拱顶截面横向分布比率值趋势图

从图 5-117 可以看出,拱顶截面的横向分布比率值随着加固层厚度 d 的增加而增加,对曲线进行拟合可得到其拟合曲线公式如下:

$$拱顶截面\begin{cases} 方案1: y = 0.0405\ln x + 0.6027 \\ 方案4: y = 0.0384\ln x + 0.6053 \\ 方案8: y = -4\times10^{-9}x^5 + 5\times10^{-7}x^4 - 2\times10^{-5}x^3 + 0.0005x^2 - 0.0047x + 0.6363 \\ 方案9: y = 2\times10^{-8}x^5 - 2\times10^{-6}x^4 + 9\times10^{-5}x^3 - 0.002x^2 + 0.0222x + 0.6716 \\ 方案13: y = 2\times10^{-6}x^3 - 0.0003x^2 + 0.0169x + 0.6098 \\ 方案16: y = 0.0481\ln x + 0.6166 \end{cases}$$

(5-60)

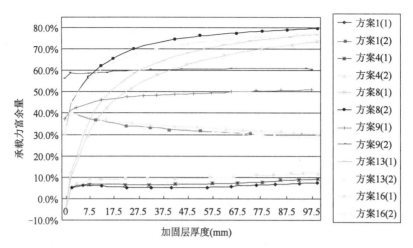

图 5-118　拱顶截面承载力富余量趋势图

从式(5-60)可以看出,六种方案中的横向分布比率值 k 与加固层厚度 d 的关系为对数或多项式关系,数学上不存在极大值 k_{max} 和与之对应的厚度 d,加固层厚度 d 理应越大越好。同时,从图 5-118 可以发现,在拱顶相应截面位置的承载力富余量曲线的走势与横向分布比率值的走势有所不同:从控制截面 1 号肋来分析,因拱顶截面尺寸增大提高承载力,排除 8、9 和 13 三种方案;分析另外三种方案 1、4 和 16 的走势曲线,当 $d<5$mm 时,承载力富余量增长迅速;而当 $d>5$mm 时,承载力富余量增长率则急剧减小,富余量增长较慢,走势趋于平缓。由此可以说明,在拱顶位置采用箱形截面封闭不宜增加过多的自重。为提高拱肋的承载能力,也可用粘贴钢板的方法进行综合加固。

综合分析上述三个关键截面位置的横向分布比率值曲线图和承载力富余量曲线图,可以得出:①加固拱脚位置可以增强截面的抗压弯能力,随着加固层厚度的增加,其横向分布比率值逐渐增大,承载能力也得到提高,加固层厚度只需满足设计承载力富余量的安全系数即可,无须无限增大截面;②1/4 截面的横向分布比率值和承载力富余量在 $d>50$mm 后逐渐趋于定值,可以认为 $d=50$mm 即为 1/4 截面的合理加固层厚度;③拱顶截面加固不宜增加过多的自重,因此采用箱形截面封闭需要尽可能地减小其加固层厚度,达到优化横向分布比率的目的即可。为提高拱肋的承载能力,可用粘贴钢板的方法结合箱形截面转换加固技术进行综合加固。

综合上述分析,加固层的合理厚度取 $d=50$mm 即可,鉴于模型拱加固的分析及施工上的统一和方便,模型拱各个位置的加固层厚度统一采用 $d=50$mm。

(3)模型拱加固方案。

经过对拱桥的模型试算分析后,确定采用方案 16 进行加固,其加固层厚度为 50mm,模型拱肋设计图如图 5-119 所示,其主要截面尺寸见表 5-32,加固后效果如图 5-120 所示。

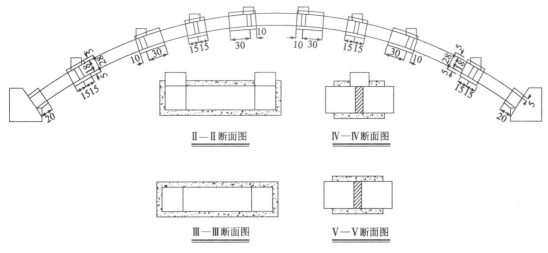

图 5-119 模型拱肋设计图

模型拱尺寸列表 表 5-32

结构部位	尺寸(mm)		
	l	b	h
拱肋	7430	160	180
横系梁	530	80	18
垫梁	160	160	100

图 5-120 拱肋加固实际效果图

5.7.3 测点布置与加载方案

1）测点布置

拱桥模型试验一方面要捕捉加固前、后拱肋混凝土表面裂缝的产生及发展过程；另一方面测试拱肋的横向分布、承载能力及挠度。因此，在研究上主要倾向于拱桥的原拱肋在加固前、后的作用，综合考虑拱桥模型箱形截面混凝土加固层的位置后，确定了混凝土应变片及挠度仪和位移计的位置,如图 5-121 所示。

(1)拱肋内钢筋应变片主要布置在左拱脚、1/4 拱肋、拱顶、3/4 拱肋、右拱脚 5 个位置的拱肋上缘和下缘钢筋上,主要测试钢筋的拉、压应变。

(2)混凝土应变片主要布置在左拱脚、1/4 拱肋、拱顶、3/4 拱肋、右拱脚 5 个位置的拱腹、拱背和拱侧,布设混凝土应变片时应避开拱肋加固层混凝土区域。

(3)挠度仪布设在与应变片布设位置相同的拱腹下,用于测试 1/4 拱肋、拱顶、3/4 拱肋处的挠度。

(4)位移计布设在拱脚位置,用于测试拱脚的水平位移。

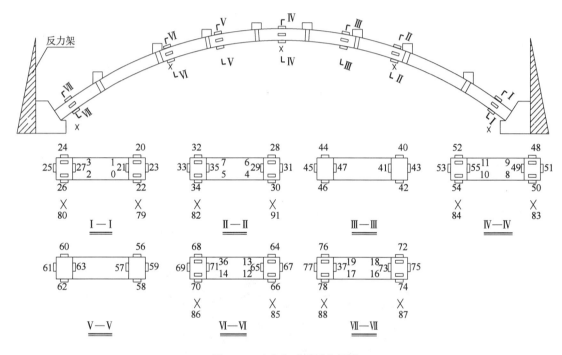

图 5-121　应变片、位移计布置图

2)加载原则

(1)以保持模型桥与原桥的拱顶和拱脚的应力相等,且弯矩符号相同为原则,用均布力和集中力模拟主拱圈配重和拱上建筑的重量,此部分力分级分阶段进行加载。

(2)以保持加载后模型某个位置的弯矩增量和轴力增量的比值,和原桥相应比值相等为原则,对破坏荷载分级分阶段进行加载。

3)加载工况及加载顺序

本次模型主要对拱顶和拱脚两个截面进行最不利加载试验,作用在模型上的荷载分为两个主要部分:①主拱圈的配重和拱肋自重;②破坏荷载。这两个部分用 5 个工况进行加载,见表 5-33。在模型上设置 9 个加载点,其中主拱圈的配重和拱上建筑的自重以均布力和集中力的形式加载,具体加载力的大小和位置见图 5-122。

工况详表 表5-33

工况	对应荷载	荷载形式
工况一	拱肋自重 + 主拱圈配重	集中力
工况二	工况一 + 弹性范围荷载(居中)	集中力
工况三	工况一 + 弹性范围荷载(偏载1)	集中力
工况四	工况一 + 弹性范围荷载(偏载2)	集中力
工况五	工况一 + 破坏荷载(偏载3)	集中力

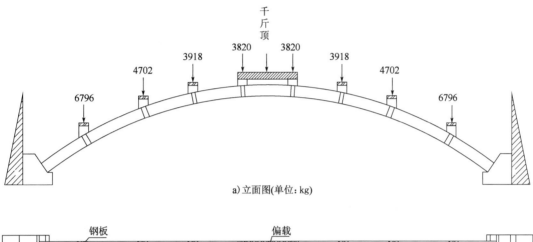

图 5-122 模型加载示意图

试验时,按照图 5-122 所示的位置进行加载,其具体各项应力值见表 5-34。

模型和原桥在恒载作用下的应力比较(单位:MPa) 表5-34

类型	组合应力	左拱脚	1/4跨	1/2跨	3/4跨	右拱脚
原桥	σ_n	-5.890	-4.830	-4.240	-4.870	-5.890
	σ_m	3.960	-0.413	-0.335	-0.414	3.980
	$\sigma_上$	-1.950	-5.260	-4.570	-5.500	-1.920
	$\sigma_下$	-8.940	-4.530	-3.970	-4.410	-8.950
	$\sigma_{max}/\sigma_{min}$	-8.940	-5.260	-4.580	-5.500	-8.950
	σ_m/σ_n	-67.23%	8.55%	7.90%	8.50%	-67.57%

续上表

类型	组合应力	左拱脚	1/4 跨	1/2 跨	3/4 跨	右拱脚
模型	σ_n	-5.840	-4.940	-4.630	-4.940	-5.840
	σ_m	3.740	-0.442	-0.352	-0.395	3.750
	$\sigma_上$	-1.340	-4.840	-4.260	-4.760	-1.330
	$\sigma_下$	0.004	-0.302	-0.751	-0.295	-0.877
	$\sigma_{max}/\sigma_{min}$	-9.580	-5.380	-4.990	-5.340	-9.600
	σ_m/σ_n	-64.0%	8.9%	7.6%	8.0%	-64.2%
应力比	$\sigma_模/\sigma_原$	107.2%	102.3%	109.0%	97.1%	107.3%

拱桥模型加载主要涉及两种荷载等级,其一,拱桥混凝土弹性范围内横向分布测试荷载等级;其二,拱桥极限承载力破坏试验荷载等级。破坏荷载以模型保持与实桥弯矩和轴力产生的应力比值不变为原则,进行拱顶最不利位置加载。具体理论加力的大小及相应的应力值见表5-35。

拱顶最不利加载位置部分荷载等级应力值(单位:MPa)　　表5-35

类型	组合应力	左拱脚	1/4 跨	1/2 跨	3/4 跨	右拱脚
3100kg 拱顶下缘出现拉应力							
模型	σ_n	-7.01	-6.14	-5.25	-6.14	-7.01
	σ_m	-0.608	2.32	-5.05	2.37	-0.579
	$\sigma_上$	0.00155	-0.587	-0.0569	-0.594	-0.178
	$\sigma_下$	0.00423	-0.302	-0.751	-0.295	-0.877
	$\sigma_{max}/\sigma_{min}$	-7.69	-8.48	-10.5	-8.54	-7.64
14000kg 拱顶上缘混凝土压溃							
模型	σ_n	-11.3	-10.6	-6.52	-10.6	-11.3
	σ_m	-16.4	12.6	-22.8	12.7	-16.3
	$\sigma_上$	0.00155	-0.587	-0.0569	-0.594	-0.178
	$\sigma_下$	0.00423	-0.302	-0.751	-0.295	-0.877
	$\sigma_{max}/\sigma_{min}$	-28.4	-23.6	-30.7	-23.6	-28.3

由表5-35可得出以下两点注意事项。

(1)要测试拱桥模型在弹性范围内的横向分布情况,拱顶偏载加载的理论荷载必须控制在3100kg之内,并在测试过程中注意观察拱腹应变的变化趋势,严格控制加载荷载等级下的拱腹混凝土拉应变不超出混凝土的弹性范围;在实际操作过程中,可密切观察关键截面的钢筋及混凝土的应变而做适当调整。

(2)要进行拱桥模型的破坏试验,测试其极限承载力,当荷载加载接近14000kg时,应注意加密此时的荷载级别,观察并记录此段荷载等级内裂缝的剧变及拱肋破坏形态。

4)加载方式

由于加载点比较多,并且加载过程中恒载部分的荷载大小不能变化,这也就决定了不能用多个千斤顶进行协调加载,因此采用杠杆配重,配合一个千斤顶进行加载。具体配重示意图如

图 5-123 所示,配重效果如图 5-124 所示。

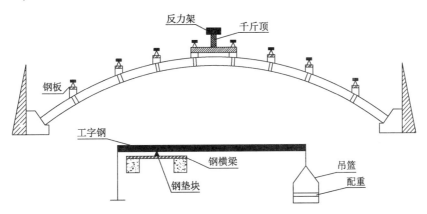

图 5-123 配重示意图

图 5-124 配重效果图

5.7.4 结果分析

1) 破坏形态分析

(1) 加固前破坏形态。

钢筋混凝土拱桥模型采用韩国 Midas Civil 2006 进行仿真分析,理论破坏形态为拱顶两立柱位置和 1/4 截面、3/4 截面位置处的四铰破坏,如图 5-125 所示,模型试验实际破坏形态与理论破坏形态相似,破坏效果如图 5-126 所示。

(2) 加固后破坏形态。

采用箱形关键截面转换加固后钢筋混凝土拱桥模型采用韩国 Midas Civil 2006 进行仿真分析,理论破坏形态为拱顶位置和 1/8 截面、7/8 截面位置处的三铰破坏,如图 5-127 所示,模型试验实际破坏形态与理论破坏形态相似,破坏效果如图 5-128 所示。

2) 应力应变分析

(1) 模型拱加固前、后原拱肋结构层应变-荷载曲线对比。

模型拱加固前、后原拱肋结构层应变-荷载曲线如图 5-129 ~ 图 5-132 所示。

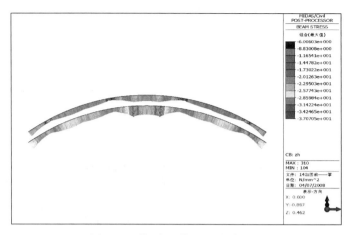

图 5-125　模型加固前理论破坏应力图

图 5-126　模型加固前破坏效果图

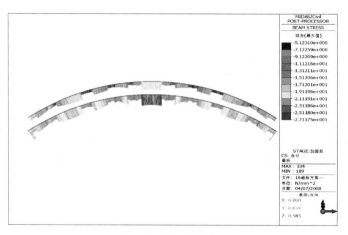

图 5-127　模型加固后理论破坏应力图

图 5-128 模型加固后破坏效果图

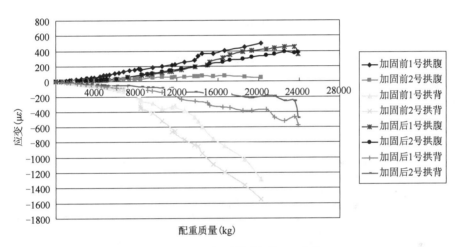

图 5-129 拱顶最不利偏载钢筋 $\varepsilon\text{-}m$ 曲线

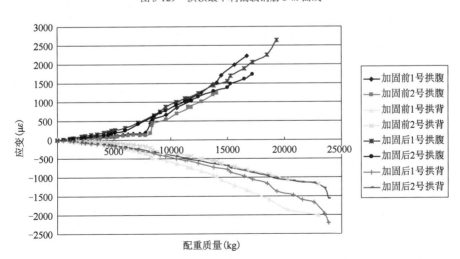

图 5-130 拱顶最不利偏载混凝土 $\varepsilon\text{-}m$ 曲线

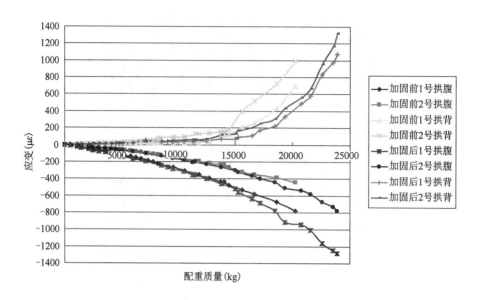

图 5-131　1/4 截面最不利偏载钢筋 ε-m 曲线

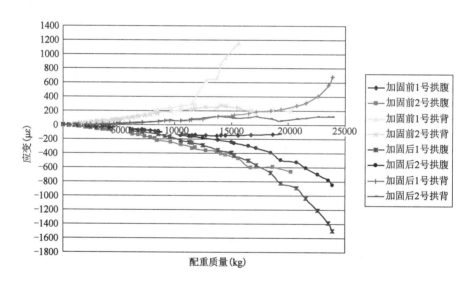

图 5-132　1/4 截面最不利偏载混凝土 ε-m 曲线

由图 5-129、图 5-131 可以看出,无论是拱顶截面还是 1/4 截面,钢筋混凝土肋拱桥模型加固后原拱肋的拱腹、拱背的控制截面的钢筋应力水平均比加固前低,说明加固层分担了原结构层的荷载,减轻了钢筋所承受的荷载,改善了结构的受力状态。由图 5-130、图 5-132 可以看出,在采用箱形关键截面转化加固之后,原拱肋的拱腹、拱背的控制截面混凝土的应力水平也较加固前低。

(2)模型拱加固前、后加固结构层应变-荷载曲线对比。

模型拱加固前、后加固结构层应变-荷载曲线如图 5-133 ~ 图 5-136 所示。

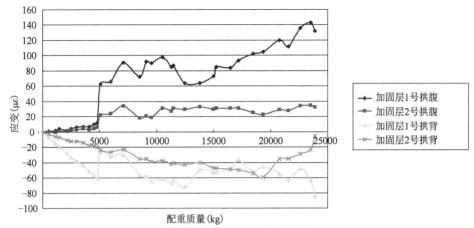

图 5-133　拱顶立柱截面加固层最不利偏载钢筋 $\varepsilon\text{-}m$ 曲线

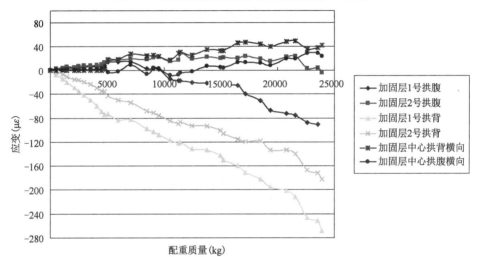

图 5-134　拱顶立柱截面加固层最不利偏载混凝土 $\varepsilon\text{-}m$ 曲线

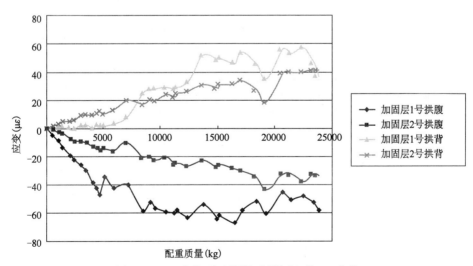

图 5-135　1/4 柱截面加固层最不利偏载钢筋 $\varepsilon\text{-}m$ 曲线

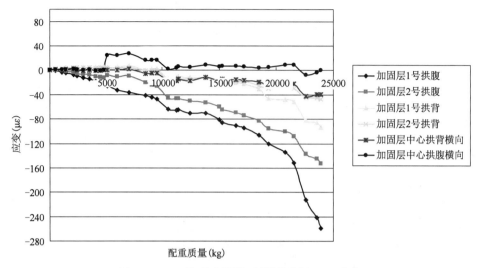

图 5-136　1/4 截面加固层最不利偏载混凝土 ε-m 曲线

由图 5-133 ~ 图 5-136 可以看出,尽管加固结构层中拱顶截面和 1/4 截面拱腹、拱背的钢筋和混凝土所承受的应力水平不高,但随着荷载的增加,钢筋和混凝土的应变逐渐增大,这说明混凝土加固层已开始发挥作用,承担了部分由原拱肋所承受的荷载,从而降低了原拱肋的钢筋和混凝土应力水平。

3）挠度分析

图 5-137、图 5-138 的挠度测试结果表明,拱顶截面位置加固后原拱肋在同级荷载作用下的挠度值减少 40% ~ 60%;1/4 截面位置加固后原拱肋在同级荷载作用下的挠度值减少 20% ~ 50%。

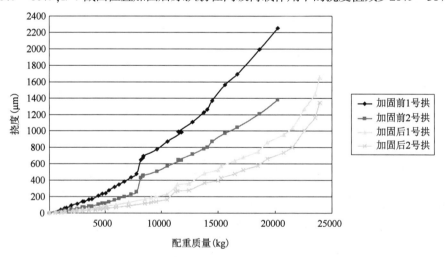

图 5-137　拱顶截面最不利偏载混凝土挠度-荷载曲线

4）横向分布分析

由图 5-139 ~ 图 5-141 中可以看出,加固后的模型拱无论是拱顶截面,还是 1/4 截面,其横向分布比率 k 值均较加固前有所增加,不同的是拱顶截面较 1/4 截面增加的幅度大一些。

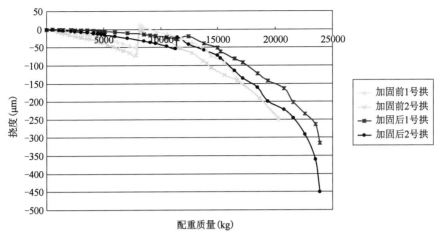

图 5-138 1/4 截面最不利偏载混凝土挠度-荷载曲线

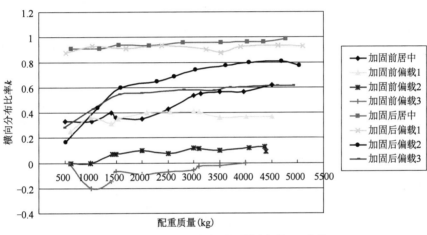

图 5-139 拱顶截面不同工况下拱腹钢筋 $k\text{-}m$ 曲线

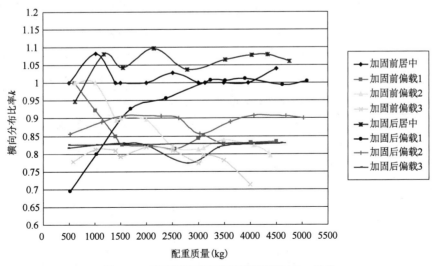

图 5-140 拱顶截面不同工况下拱腹混凝土 $k\text{-}m$ 曲线

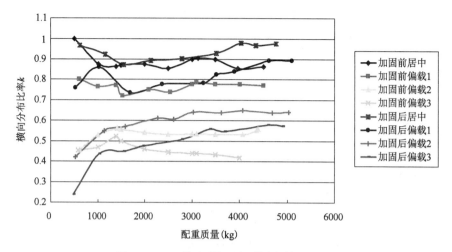

图 5-141 1/4 截面不同工况下拱腹钢筋 k-m 曲线

5) 裂缝分析

模型拱加固前、后 1 号肋裂缝出现情况如表 5-36、表 5-37 所示,模型拱加固前、后 1 号肋裂缝扩展情况如表 5-38、表 5-39 所示(由于表格较多,特取最不利偏载作用下的 1 号肋的裂缝出现和扩展情况作为代表)。结果表明,加固后 1 号肋的开裂荷载等级较加固前提高近 16%,且同级荷载下的拱肋裂缝数量和最大裂缝宽度均较加固前有较大幅度减小,采用箱形关键截面转换加固技术加固后的拱肋在正常使用状态下的力学性能较加固前有较大幅度的改善。

1 号肋裂缝随荷载增加时出现情况(加固前)　　　　表 5-36

荷载值(t)	出现裂缝情况	出现裂缝长度情况
8.24	出现 1~7 号裂缝	除 3 号裂缝外,其余均为贯穿裂缝
11.55	出现 8~9 号裂缝	均为贯穿裂缝
12.72	出现 10~11 号裂缝	均为贯穿裂缝
13.72	出现 12~22 号裂缝	12、13、18、21、22 号为贯穿裂缝
15.55	出现 23~27 号裂缝	除 26 号裂缝外,其余均为贯穿裂缝
18.65	出现 28~32 号裂缝	除 31 号裂缝外,其余均为贯穿裂缝
20.34	出现 33~34 号裂缝	33 号为贯穿裂缝

1 号肋裂缝随荷载增加时出现情况(加固后)　　　　表 5-37

荷载值(t)	出现裂缝情况	出现裂缝长度情况
9.55	出现 1~9 号裂缝	除 4 号裂缝外,其余均为贯穿裂缝
10.52	出现 10~15 号裂缝	均为贯穿裂缝
12.45	出现 16~19 号裂缝	均为贯穿裂缝
14.48	出现 20~25 号裂缝	除 25 号裂缝外,其余均为贯穿裂缝
17.48	出现 26~28 号裂缝	均为贯穿裂缝
21.55	出现 29~31 号裂缝	均为贯穿裂缝

1 号肋裂缝随荷载增加时扩展情况（加固前） 表 5-38

荷载值（t）	裂缝编号	长度（mm）	宽度（mm）	深度（mm）		裂缝扩展方向与拱轴线水平夹角（°）（逆时针为正）		裂缝位置
				外侧	内侧	外侧	内侧	
8.24	1	160	0.1	47		90		21 号
	2	160	0.1	80	15	110	90	23 号
	3	40	0.1		40		90	20 号
	4	160	0.1			90		19 号
	5	160	0.1		25		90	18 号
	6	160	0.1	40	25	90	90	22 号
	7	160	0.1		15		90	23 号

1 号肋裂缝随荷载增加时扩展情况（加固后） 表 5-39

荷载值（t）	裂缝编号	长度（mm）	宽度（mm）	深度（mm）		裂缝扩展方向与拱轴线水平夹角（°）（逆时针为正）		裂缝位置
				外侧	内侧	外侧	内侧	
9.55	1	160	0.1	20	60	90	90	6 号
	2	160	0.08		20		90	7 号
	3	160	0.06	40	50	90		22 号
	4	50	0.06	45	60	90	90	35 号
	5	160	0.06	10	55	90	90	34 号
	6	160	0.05	50	40	90	90	34 号
	7	160	0.05	10	20	90	90	33 号
	8	160	0.04	60	40	90	90	21 号
	9	160	0.14		30		90	21 号

6）极限承载力分析

对比两片模型拱结构破坏时的荷载水平，第一片模型拱加固前拱顶最不利偏载加载破坏时的荷载值为 21.0t，第二片模型拱加固后拱顶最不利偏载加载破坏时的荷载值为 24.1t。加固后结构的荷载水平较加固前提高近 15%，明显提高了结构的安全储备。

7）结论

(1) 采用仿真软件分析计算得出，加固前破坏模式为拱顶两立柱截面和 1/4、3/4 截面的四铰破坏，加固后破坏模式为跨中拱顶截面和 1/8、7/8 截面的三铰破坏。模型试验的结果验证了上述理论破坏模式的正确性。

(2) 对比加固前、后模型拱相同截面位置的钢筋和混凝土的应变-荷载曲线，可以得出，加固后关键截面钢筋和混凝土的应力水平均比加固前低，说明加固层分担了原结构层的荷载，承担了部分由原拱肋承受的荷载，从而降低了原拱肋的钢筋和混凝土应力水平。

(3) 比较加固前、后模型拱相同截面位置的挠度，加固后模型拱的挠度较加固前有较大改善,平均能降低20%~60%。

(4)对比加固前、后模型拱相同截面位置的横向分布比率 k 值,加固后模型拱较加固前均有较大的增加,说明箱形关键截面转换加固技术在基于增加横向分布比率机理的应用上是成功的。

(5)对比加固前、后模型拱裂缝出现的荷载值、裂缝发展的数量和裂缝的长度、宽度及深度,加固后模型拱较加固前裂缝出现的荷载值高,裂缝发展的数量和裂缝的长度、宽度及深度均较加固前小。

(6)通过比较加固前、后模型拱的破坏荷载,加固后结构的荷载水平较加固前提高近15%。

综上所述,采用钢筋混凝土拱桥箱形关键截面转换加固技术加固拱肋,钢筋混凝土加固层能和原拱肋有效结合,形成整体,从而协调变形、共同承担荷载,改善桥梁的力学性态,提高原肋拱桥的承载力。

第6章
复合板肋加固双曲拱桥施工关键技术研究

南京长江大桥公路桥的双曲拱桥,由于病害多、服役时间长等,在全桥改造过程中进行了全面、彻底的加固。在过往的维修加固中,拱上恒载分布已有一定程度的改变,以致拱轴线与压力线存在偏离。在此次提升改造过程中,针对桥面铺装和拱上填料,采用全封闭施工条件下逐孔全部清除再重新填充轻质、高性能材料的措施。在此过程中,拱上建筑的恒载分布又发生显著变化,大大加剧了拱轴线与压力线的偏离。如果处理不当,双曲拱拱圈个别截面极可能出现弯矩过大、偏心距过大等问题,从而出现承载力不足的现象。为提高南京长江大桥双曲拱引桥加固实施过程中结构的安全性,使其加固后处于较优的承载状态,对双曲拱桥的加固施工与加载程序进行了全面的计算、分析,并提出了加固施工综合方案。

6.1 复合板肋加固技术

增设复合钢筋混凝土拱板(肋)技术又分为增设钢筋混凝土拱板加固技术和增设钢筋混凝土板肋加固技术。两种技术的加固机理和设计理论、方法是一致的,只是在施工工艺和应用范围有所差别。

1)增设钢筋混凝土拱板加固技术

本加固技术主要针对主拱圈不宽(根据工程经验一般用于主拱圈宽度小于9m)的拱桥,旨在通过沿原主拱圈拱腹和两侧面增设一层钢筋混凝土拱板加固层(呈"凵"形),形成复合主拱圈,通过复合主拱圈的协调变形、共同作用来承担后期荷载,达到增大主拱圈刚度、强度,提高桥梁承载力的目的。增设钢筋混凝土拱板加固拱桥的构造示意图见图6-1。

2)增设钢筋混凝土板肋加固技术

本加固技术主要针对主拱圈宽度大于或等于9m,主拱圈病害严重、结构承载力严重不足的拱圈结构,旨在先通过增设钢筋混凝土拱肋(拱肋的数目和尺寸可根据计算确定),然后现浇混凝土拱板,与浇筑好的拱肋协同原结构共同承担后期恒载来达到加固桥梁的目的。这种加固技术有以下两个优点:

(1)先浇筑的拱肋加固层自重较小,不会对原结构产生较大的附加恒载。同时,拱肋加固层可以帮助原主拱圈承担后期荷载,减轻原结构的负担。

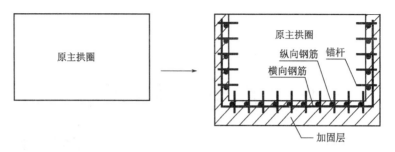

图 6-1 增设钢筋混凝土拱板加固拱桥构造图

(2)后浇筑的混凝土拱板的重量可由已发挥强度的拱肋和原主拱圈共同承担,当后浇筑的混凝土发挥强度时,整个混凝土板肋加固层的承载潜力较仅增设钢筋混凝土拱板的承载潜力大。增设钢筋混凝土板肋加固拱桥的构造示意图见图 6-2。

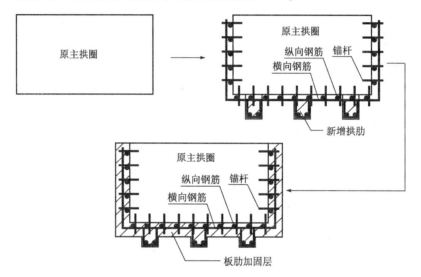

图 6-2 增设钢筋混凝土板肋加固拱桥构造图

6.1.1 拱桥加固施工理论基础及流程设计方法

近年来,国内部分大跨径混凝土拱桥由于病害较严重而进行了全面、彻底的加固。由于病害多而重,再加上要求加固后结构通行能力大幅度提高,大跨径拱桥的加固工程日益复杂。另外,在实际施工过程中,容易出现施工到某些阶段后控制截面承载力不足的问题。出现此问题可能是结构老化导致拱轴线偏离设计线形,或者加固设计中采取了显著改变拱上荷载分布的措施(如将拱式腹拱改为梁式腹拱),致使拱轴线与压力线发生较大的偏离。表面上,它表现为拱圈个别截面弯矩过大、偏心距过大,从而出现承载力不足的现象;本质上,其荷载分布不合理。由上述分析可知,在加固设计中设计者常常能够使结构在加固后具有足够性能,但对于施工过程的结构分析仍有待加强。

为提高南京长江大桥双曲拱引桥加固实施过程中结构的安全性,使其加固后处于较优的承载状态,采用了平波法优化双曲拱引桥的加固施工与加载程序。首先,分析拱桥截面的极限承载力计算方法,推证拱圈截面承载力是截面合力偏心距 e 的单调减函数。其次,以截面合力

偏心距 e 及其容许值 $[e_0]$ 之差作为主要控制变量,引入偏心距影响线的概念,通过调整加固、加载程序将阶线图中的波峰或波谷平缓化,使各施工阶段中的 e 不超限且变化平稳、均匀。该方法为南京长江大桥双曲拱引桥的加固施工提供了有力的支撑,对其他类似工程具有积极的借鉴意义。

1)理论基础

目前,圬工拱桥加固施工过程中某些阶段承载力不足的问题,主要通过调整加固与加载程序来解决,但这些方法仍存在适用性有局限、效率不高等不足。周建庭等[①]以一座石拱桥的加固为例,分析、比较了不同施工过程的结构内力,提出了合理的加固工序;通过调整拱上建筑布载的次序,控制恒载压力线与拱轴线的偏离以减小拱圈内力,利用影响线给出拱上建筑合理的加载工序。这两项研究,都是针对特定的石拱桥展开相应的加固工序,尚未提出具有普遍指导意义的加固程序设计方法。也有文献介绍新建拱桥的加载程序设计,但对拱桥加固工程借鉴意义不大。与此同时,人们提出了圬工拱桥加固与加载程序设计方法——平波法,该法通过调整加固施工的先后次序来给出桥梁加固的合理施工程序;但是,实践表明该法效率不高且要求设计者具有一定的经验。因此,圬工拱桥加固施工过程中某些阶段拱圈承载力不足的问题仍需深入研究。

拱桥处于安全承载状态的前提条件,是必须保证主要承载构件——主拱圈有足够的强度、刚度与稳定性。对于加固中与加固后的拱桥,除了一些特殊状态(如拆除拱上建筑至裸拱),其余状态时结构的稳定性问题居于次要地位;结构刚度,是对加固完成后桥梁在活载作用下的挠度提出的要求,故加固过程也不考虑。因此,主拱圈的强度即承载力是施工中的主要关注点。当然,施工方案确定后,须对结构的强度、刚度、稳定性都作全面、彻底分析以保证结构的施工安全。

(1)两线偏离与拱结构承载能力。

无铰拱,是超静定结构。拱圈的内力、变形等,随着外部或内部变化而发生自适应和调整;表现在几何上时,截面上合力的压力线会在拱圈内移动,反映了外载与结构等方面的变化。当压力线与截面上缘或下缘相交或相切时,结构处于危险状态——该截面将形成铰结构;当铰的数量多于 3 个时,拱变成几何可变体系而破坏。反之,当压力线远离边缘而接近拱轴线时,拱圈处于较理想的受力状态,能表现出强大的承载性能。

因此,加固施工过程中如能将压力线与拱轴线的偏离程度控制在一定范围内以使截面更接近轴心受压状态,则结构将处于安全状态之中。具体方法就是,当某个施工阶段出现因拱圈的两线偏离过大而截面承载力不足时,在合适的区段配置适量的临时荷载,以逼迫压力线向拱轴线靠拢,缩短两线距离。

(2)圬工材料性能与拱结构承载能力。

圬工材料的抗压强度较高、抗拉强度很低。如要充分利用圬工材料以提高拱的承载能力,应使其处于受压状态。荷载作用下,拱圈截面上将产生轴力、弯矩和剪力,前两者是主要的内力。拱圈上的轴力通常为压力,对材料承载极为有利;弯矩将在截面上产生拉、压应力,受拉状

---

① 同参考文献[44]。

态对发挥材料性能很不利。因此,提高圬工拱的承载能力的有效途径之一,就是减小截面上的弯矩。为此,可在某些区段上配置适量的荷载,以减小拱内弯矩从而减小合力偏心距值,最终确保每个施工阶段的拱结构安全承载。

综上所述,加固施工到某些阶段后,通过在某些区段(需由计算确定)布置一定量的临时荷载——配重,使两线偏离始终较小、拱圈上的弯矩始终控制在较低的水平。这样,无须调整施工阶段的次序就能确保整个施工过程中的结构具有足够的承载力。需要指出的是,"配重"在本书中具有"增加荷载"与"减轻荷载"的双重含义。在施工过程中,需要在结构上某区段增重以使压力线向拱轴线趋近时,配重操作应理解为在该区段增加荷载,反之为减轻荷载。

(3)偏心距 e 与圬工拱截面承载力的关系。

为了刻画两线偏离程度、定性地判断截面的极限承载能力是否足够,可以采用拱圈截面合力偏心距 e 作为判断的指标。

对单向偏心受压构件,《公路圬工桥涵设计规范》(JTG D61—2005)规定按下式计算承载力。

当 $e \leqslant [e_0]$

$$\gamma_0 N_d < \varphi A f_{cd} \tag{6-1}$$

当 $e > [e_0]$

$$\gamma_0 N_d \leqslant \varphi \frac{A f_{tmd}}{\dfrac{Ae}{W} - 1} \tag{6-2}$$

式中:φ——偏心受压构件承载力影响系数,可按下式计算:

$$\varphi = \frac{1 - \left(\dfrac{e}{y}\right)^m}{1 + \left(\dfrac{e}{i_x}\right)^2} \tag{6-3}$$

式(6-1)~式(6-3)中参数的含义见《公路圬工桥涵设计规范》(JTG D61—2005)。对于给定的截面,除 e 是变量外其余的都是常量,也就是说承载力由 e 唯一确定。由式(6-3)对 e 求导有:

$$\frac{d\varphi}{de} = -\frac{m\left(\dfrac{e}{y}\right)^{m-1}\left[1+\left(\dfrac{e}{i_x}\right)^2\right] + \left[1-\left(\dfrac{e}{y}\right)^m\right]\dfrac{2e}{i_x^2}}{\left[1+\left(\dfrac{e}{i_x}\right)^2\right]^2} < 0 \tag{6-4}$$

对上式,考虑到结构参数的取值范围与偏心距 $e \leqslant y$ 的条件,该导数总是小于零。这表明:φ 是 e 的单调减函数,即随着 e 增大 φ 减小,从而式(6-1)和式(6-2)所示的承载力函数也为 e 的单调减函数。对结构而言,偏心距越小则承载力越大,反之则越小。

另外，理论分析与大量桥梁计算结果都表明：当 $e>[e_0]$ 时，按式(6-2)右式计算得到的抗力通常小于荷载效应；当 $e\leq[e_0]$ 时，按式(6-1)右式计算所得承载能力常大于荷载效应。从混凝土等圬工材料的特点看，一方面材料的抗拉强度很低，导致式(6-2)所给出的承载力很小且其往往小于荷载效应；另一方面，圬工材料较高的抗压强度保证了偏心距不超容许值的条件下截面具有很强的承载能力。这一点也为众多的桥梁设计者所证明。因此，截面上合力的偏心距 e，对承载力有决定性的意义——当偏心距 $e\leq[e_0]$ 可推知截面具有足够的承载力，反之则很难满足承载力要求。

因此，拱圈截面是否具有足够承载能力可由以下判据判断：

$$e\leq[e_0] \tag{6-5}$$

施加配重后，先计算各截面的偏心距再依据式(6-5)就能快速判断该配重量和位置是否恰当，而无须经历复杂的计算过程。

2) 加固施工流程设计方法

在上述分析的基础上，提出了圬工拱桥加固施工过程中的加固、加载程序设计方法及其计算流程(图6-3)。

(1) 加固施工的具体步骤。

首先，选定配重位置集合。为了方便施工，配重应该选择施加于适当的位置、区域，比如拱圈、桥面等。如某些位置不适宜作为临时配重的作用位置，则选定可能的配载节点时不将此位置加入配重位置集合中。

其次，建模分析施工各阶段对应的结构，以确定本施工阶段是否需要配重。如不需配重，则分析下一施工阶段，否则进入下一步。

最后，对需要配重的施工阶段试算，以确定配重量及位置。将配重尝试布置在配重位置集合中各点或区域来计算各控制截面偏心距，如偏心距满足式(6-5)，该节点可作为配重位置之一。若遍历了整个配重位置集合仍未搜索到合适的位置，则加大配重荷载后重新计算直到找到适宜的配重量和位置。某些施工阶段可能无须配重，而有些阶段对应的配重位置可能为某个区段。

在配重设计中，将有限元模型中的某些节点作为临时配重位置，实际施工中在保持荷载等效前提下将施工临时荷载分布在设计配载节点附近区域，以分布荷载代替节点上的配重。如上一施工阶段采用了配重且当前阶段也需配重，则在本阶段开始时先将前期的配重全部卸除，再进行本阶段的配重设计。这样能够保证在需要配重的每个阶段，只有一个或一对配重作用于结构上，从而避免过多的临时配重对施工产生干扰。当上一阶段需要配重而本阶段不需要时，在本阶段施工过程中逐步卸除配重。

(2) 配重方案计算流程。

设计配重方案时，配重量和位置的确定需在拱桥模型的节点上加载，通过试算找出较优的配重方案。上述分析、计算过程，涉及十分繁重且复杂的建模、计算与比较工作。建议利用 Ansys APDL 编制程序使上述过程自动化，以减轻计算、分析的工作量。具体流程可参考图6-3。

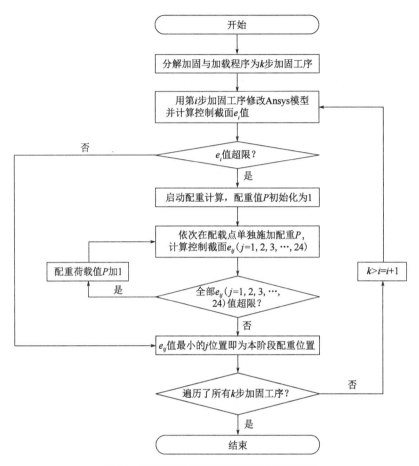

图 6-3 圬工拱桥加固施工过程设计与计算流程

6.1.2 加固构造

两种加固技术在构造设计上基本类似,具体要点如下:

1)锚杆

锚杆的种类有多种,如砂浆锚杆、化学黏合剂锚杆、树脂锚杆等。在此介绍实践中应用最为广泛的砂浆锚杆。

锚杆长度:锚杆长度应根据抗拔要求验算确定。根据试验和实践结果,一般可取 8~16cm。

锚杆直径:锚杆直径过大将对原主拱圈产生一定的应力集中破坏作用,直径过小对抗拔受力不利,实践中一般可取 $\phi 12$、$\phi 14$、$\phi 16$。

2)砂浆强度等级

砂浆强度等级不应小于 M20。

3)锚杆钻孔直径

锚杆钻孔大小应适中,如过大,对原结构的损坏较大且受力不利;如过小,不便施工,且砂浆黏结强度难以保证。根据试验和实践结果,锚杆钻孔直径一般大于锚杆直径 4~6mm。

4)钢筋混凝土加固层

(1)尺寸。

钢筋混凝土加固层的设计尺寸应根据加固后结构的强度验算而得。从构造、材料、使用角度,其加固层尺寸应满足表6-1的要求。

加固层尺寸要求　　　　　　　　表6-1

尺寸	要求
最小尺寸	不应小于15cm
最大尺寸	加固层产生的恒载效应不应大于原拱桥产生的恒载效应的30%

(2)加固层钢筋及其间距。

加固层钢筋应结合整个加固层的尺寸情况,经计算分析后确定。一般而言,纵向主筋,取 $\phi 16 \sim \phi 28$,主筋间距应处于 15~25cm 之间;横向钢筋,取 $\phi 14 \sim \phi 25$,钢筋间距应处于 20~30cm 之间。

(3)截面形式。

钢筋混凝土加固层的截面可沿主拱圈弧长进行等截面设计,也可根据加固受力各截面计算结果,设计成变截面的。一般而言,为了施工过程中架模方便,采用沿主拱圈弧长等截面设计。

6.1.3 加固施工工艺

1)安设砂浆锚杆

(1)施工工序:放样并做标记→钻孔→高压水流清孔→安设砂浆锚杆→检查密实度。

(2)砂浆的强度等级和稠度:砂浆应具有足够的强度等级,以满足锚固锚杆的要求;同时还应具有合适的稠度,如砂浆太稠,则锚杆不易和原主拱圈黏合在一起;如砂浆太稀,则锚固孔内砂浆容易溢漏且不易达到强度等级。砂浆稠度可根据现场试验情况确定。

2)主拱圈表面凿毛

主拱圈凿毛应使其表面粗糙,以达到增强与加固层黏结的目的。

3)布设纵横向钢筋

纵向、横向钢筋的布设对钢筋混凝土加固层整体刚度具有重要的影响,其具体工艺要求如下:

(1)纵向钢筋、横向钢筋与锚杆交接处一律采用点焊,其余纵、横向钢筋交接处均作绑扎处理;

(2)纵向钢筋在主拱圈拱座、拱上横墙上应通过高强度等级砂浆锚入圬工砌体;

(3)钢筋的接长、绑扎、焊接均应满足《公路钢筋混凝土及预应力混凝土桥涵设计规范》

(JTG 3362—2018)及有关规范要求。

4）现浇混凝土加固层

现浇混凝土加固层是钢筋混凝土加固拱桥的核心工作，有关工艺如下：

(1) 混凝土浇筑顺序。

加固层混凝土浇筑采用从两拱脚往拱顶方向对称施工的方式。浇筑分单元段进行，单元段长度的划分考虑施工队伍材料准备情况、工期要求、外加剂掺量、脱模时间等因素，由现场试验结果确定。在一个单元段内，浇筑混凝土顺序为主拱圈腹面→主拱圈两侧面。

(2) 浇筑方法。

主拱圈两侧混凝土的现浇相对较简单，在此不再赘述。在此仅介绍施工难度相对较大的拱腹混凝土浇筑方法。

拱顶区段以外的加固层浇筑方法是利用主拱圈纵向弧度并依靠现浇混凝土的自重从拱脚往拱顶方向逐段施工；而对于拱顶段的拱腹现浇层，由于纵向弧度小，采用从两侧往中间方向浇筑的方式。当主拱圈宽度较大，振捣棒不易振捣纵向中轴线段混凝土时，可采用分条幅方式：先浇筑中轴线位置条幅，再浇筑两侧条幅。

(3) 外加剂的应用。

由于旧桥加固工期要求短，在进行后期施工时，前期施工结构需尽快达到强度以便参与受力，故现浇混凝土可以根据现场条件及施工需要在满足规范和其他各项要求的前提下掺入适量的早强剂、膨胀剂、减水剂，以便加固工程快速、安全、顺利地进行。

①早强剂。

早强剂分为无机盐类、有机物类和复合早强剂三种。早强剂的掺量可根据现场试验情况确定。

②膨胀剂。

混凝土在浇筑硬化过程中，由于冷缩和干缩等会引起体积收缩，其收缩值为自身体积的0.04%~0.06%。这些收缩给混凝土的体积稳定性、耐久性带来很大的危害。因此，钢筋混凝土套箍加固拱桥施工过程中，须掺入适量的膨胀剂。膨胀剂类型也较多，有硫酸盐系膨胀剂，如CSA膨胀剂、U型膨胀剂（UEA、UEA-H等）、复合型膨胀剂（CEA）、铝酸钙膨胀剂（AEA）及明矾石膨胀剂（EA-L）等；有石灰系膨胀剂，还有其他类型膨胀剂，如铁粉系膨胀剂、氧化镁型膨胀剂等。各种膨胀剂在施工中的掺量可根据现场试验情况确定。

③减水剂。

减水剂在钢筋混凝土加固拱桥中的作用主要表现在以下几个方面：

第一，在不减少单位用水量情况下，改善新拌和混凝土的和易性，提高流动度和工作度，特别是当加固层尺寸小、钢筋较密集时，混凝土流动度和工作度的提高，对保证现浇混凝土层的密实性具有积极的作用。

第二，在保证相同流动度的情况下，减少用水量，提高混凝土的强度。

第三，在保持一定强度情况下，减少单位水泥用量，节约水泥。

减水剂用量可根据现场试验情况确定。

6.2 南京长江大桥双曲拱引桥加固技术

6.2.1 加固的主要内容

1) 旧混凝土表面处理

拱肋外包混凝土之前,需要对旧混凝土表面进行清理和凿毛。采用高压射流技术,将旧混凝土凿除约1cm,露出粗集料,并形成5mm的凹凸粗糙面。对锈蚀钢筋表面的氧化层进行除锈,并涂刷阻锈剂,若钢筋锈蚀率超过15%,应增设补强钢筋。

拱板增厚混凝土部分也采用高压射流技术进行凿毛,但只需凿出5mm深的凹凸粗糙表面即可。

2) 主拱圈植筋

为固定新设箍筋,保证新旧混凝土共同受力,需在原拱肋与拱波交接处的拱波内及拱肋侧面植入钢筋。拱波纵桥向植筋位于预制拱波中心,纵向间距30cm,通过箍筋使左右侧植筋相连接;拱肋侧面植筋位于拱肋侧面竖向中心附近,通过箍筋使左右侧植筋相连接。拱肋植筋和拱波植筋按纵向梅花形错开布置。

除拱肋侧面及顶面拱波内的植筋,还在中拱肋及边拱肋底面补植剪切钢筋,具体位置为每横断面一根,纵向位于拱肋侧面植筋和拱波植筋之间,间距15cm,采用直径8mm带肋钢筋,植筋深度8cm,需避开原结构纵横向钢筋,钢筋末端弯成L形勾住拱肋外侧新增钢筋。拱板增厚部分也需植筋。

3) 拱肋外包混凝土

根据主拱圈病害特征,对所有拱肋外包混凝土,以增加结构刚度,提高桥梁承载能力,同时提高原结构的耐久性。主拱圈加固采用模筑混凝土增大拱肋截面方法。

标准跨拱肋截面加厚尺寸:中拱肋底面加厚10cm,两侧面各加宽6cm;边拱肋底面加厚10cm,外侧面尺寸不变,内侧面加宽10cm。

北岸引桥第38孔拱肋截面加厚尺寸:原设计拱肋截面尺寸较小,本次设计适当加大,中拱肋底面加厚15cm,两侧面各加宽6cm;边拱肋底面加厚15cm,外侧面尺寸不变,内侧面加宽10cm。

考虑到拱肋截面加厚尺寸较小(6~15cm),若采用常规混凝土,存在浇筑振捣困难、新旧结合不可靠等问题,故采用C35细石自密实混凝土。

4) 拱背混凝土增厚

根据结构受力需要,在靠近拱脚段的拱板顶面加厚一层混凝土,先进行凿毛,凿毛深度5mm,再重新浇筑一层8cm厚混凝土,并在混凝土内设置一定数量的纵横向受力钢筋,旧混凝土内也植入钢筋以增加新旧混凝土的共同受力,拱背采用常规C40混凝土浇筑。

5) 拱顶附近横系梁增大截面

本次横系梁加固考虑在抗震加固基础上进行加强,以增强结构横向整体性,提高各拱圈共同受力的能力。对每跨拱肋跨中附近 6 根横向连杆进行截面增大,增大后的横系梁截面尺寸与原拱肋湿接头横系梁截面尺寸接近。

6)腹拱圈跨缝粘贴玄武岩纤维布

部分腹拱圈存在横桥向裂缝。为抑制裂缝扩展,防止水分渗入裂缝,同时增加结构承载力,在腹拱圈横向裂缝上下缘,除了封缝及灌缝外,跨缝粘贴玄武岩纤维布,粘贴宽度 30cm。

7)其余混凝土构件裂缝及混凝土缺陷处理

除了前面进行加固处理的构件外,其余未处理的混凝土构件,如拱波、未加固的横系梁、腹拱圈、腹拱墩、主墩、拱座等,须做裂缝封闭或灌浆、缺陷修补、涂装处理。

(1)裂缝封闭或灌浆。

拱波为预制构件,厚 6cm,拱板为填平式,现浇成型,出于横向刚度差异、温度收缩等原因纵向开裂;腹拱墩裂缝以非受力裂缝为主;总体上拱波拱板、腹拱波、腹拱墩的裂缝发展趋于稳定。

对拱波、腹拱圈、主墩、腹拱墩、拱座等构件,裂缝处理以封闭或灌浆为主,宽度小于 0.15mm 的裂缝进行封闭,宽度大于或等于 0.15mm 的裂缝进行灌浆。

(2)混凝土缺陷处理。

首先全部凿除原修补部位,检查掩盖的缺陷部分,确定病害的性质和严重程度,然后全面清理混凝土表面,露出新鲜集料,对混凝土表面较严重的蜂窝、麻面进行凿毛处理,凿除空洞部分不密实的混凝土,对锈蚀的钢筋进行除锈,可用钢丝刷进行除锈,也可用酸液清洗除锈,并及时涂刷阻锈剂。

根据混凝土缺陷类型的实际情况,应分别采取对应的措施进行修补处理:

①深度在 1~5mm、面积为 10mm×10mm 左右的缺陷,如气泡、蜂窝、麻面以及拉筋露头等,可采用环氧胶泥修补;

②深度在 5~20mm,面积为 20mm×20mm 左右的缺陷,如中度缺陷的蜂窝、麻面、表面不平整、层间缝错台等,可采用环氧砂浆修补;

③深度在 50mm 以上且面积超过 0.5m×0.5m 的缺陷,宜采用环氧混凝土立模浇筑;

④深度在 20~50mm 之间的缺陷,可根据分布情况及面积大小采用环氧砂浆或环氧混凝土修补。

8)侧墙维修

对拱上侧墙浆砌块石损坏部分进行更换处理;若浆砌块石较完整,局部存在裂缝,可进行局部灌浆处理。对浆砌块石间勾缝破损部位进行重新勾缝,最后对侧墙外表面进行全面清洗。

9)拱上填料

主拱圈及腹拱圈采用 A06 等级泡沫混凝土浇筑,浇筑高度较大时应分层填筑,浇筑前应按设计预埋有关构件。

泡沫混凝土顶面纵横坡的形成方式可灵活掌握:可以采用隔仓,用一个个台阶来形成纵横坡;也可在快要凝结前用扫帚类东西拖动形成;还可在超浇后,铣刨形成纵横坡。无论采用何种方式,最后都要保证坡度准确,表面平整,为后续路面混凝土浇筑打下良好基础。

泡沫混凝土内设置 Φ3～4@5cm×5cm 镀锌钢丝网,其距泡沫混凝土顶面 10cm。

10)桥面钢筋混凝土板浇筑

泡沫混凝土上现浇钢筋混凝土板,主要设计方式如下:

(1)钢筋混凝土板横向 19～25cm 不等厚形成桥面横坡(根据桥面设计高程,在保证沥青混凝土厚度前提下,跨中钢筋混凝土板厚度可适当减小),板内设纵横向钢筋。钢筋混凝土板纵横向设缝,横向跨内设缩缝,每跨墩顶设胀缝,纵桥向分块间设纵缝。

(2)钢筋混凝土桥面板与 T 梁相接位置设置伸缩缝,需在伸缩缝纵桥向附近 1.2m 范围内设置独立配筋混凝土及伸缩缝预埋件。

(3)为保证拱顶处混凝土层厚度最小,桥面横坡由原来的 1.5% 调整为 1.2%,钢筋混凝土板顶面、底面横坡分别为 1.2% 和 0.4%。

11)桥面沥青混凝土铺装

北岸引桥双曲拱桥桥面沥青铺装层总厚度为 9cm,上面层为 4cm 沥青玛琋脂碎石 SMA13(高黏沥青),下面层为 5cm 沥青玛琋脂碎石 SMA10(高黏沥青)。上下面层间设黏结层,与混凝土面板之间设防水黏结层。

防水黏结层施工前,对混凝土面板进行抛丸施工。

12)拱桥基础抗推力加强

由于上部结构加固后总重量有所增加,为防止对边墩基础受力不利,借鉴大桥基础抗震加固措施,在北岸引桥第 35 孔墩台间设置 50cm×110cm 的矩形钢筋混凝土底梁,底梁中心距 4m,每孔横向共 6 根。底梁施工时,对与桥墩桩基承台接触部位的原承台混凝土进行凿毛,露出承台钢筋,将底梁钢筋与承台外露钢筋焊成一体,然后进行 C30 混凝土浇筑。

对底梁处地基进行处理,地基夯实后施工 30cm 厚的碎石垫层,在其顶面施工 15cm 厚的 C15 混凝土垫层,最后进行钢筋混凝土底梁施工。

13)桥头引道改造

引道改造时先挖除老路破损结构,回填水泥稳定碎石后铺设沥青混凝土,由于沥青混凝土数量较少,为便于施工,面层考虑采用与桥面铺装一致的沥青混凝土结构,结构具体方案如下:

上面层:4cm 沥青玛琋脂碎石 SMA13(高黏沥青);
　　　　SBS 改性沥青黏结层。
下面层:5cm 沥青玛琋脂碎石 SMA10(高黏沥青);
　　　　SBS 改性沥青防水黏结层;
　　　　40cm 水泥稳定碎石。
总厚:49cm。

14)附属结构改造

防排水系统:原桥经 40 多年运营后,水患问题突出。改造过程中彻底更换并改进原有防排水系统,重新设置功能完善、构造合理、结构耐久的防排水系统。设置两重防水系统:沥青铺装底面、混凝土桥面板顶面设置防水黏结层;主拱圈顶面、腹拱圈顶面、侧墙内侧面设置 SBS

复合防水卷材。为防止填料内可能的下渗水造成水害,在拱顶填料低点设置盲沟和小直径的排水管。盲沟地面有混凝土垫层形成排水横坡及凹槽,并放置碎石及透水土工布。泄水管采用φ5cm植筋的球墨铸铁泄水管,并连通到桥面排水系统。

桥面排水系统:桥面排水系统是桥面雨水的主通道。重新设置桥面排水管,加密到每跨8个排水管,竖向穿过填料,雨水通过纵向集水管收集,集中排到桥下,与地面排水系统衔接。

为防止沥青铺装层间水蓄积对路面的破坏,在沥青铺装底部与路缘石相交处设置小型盲沟,将层间水引入泄水管排走。

人行道、栏杆、路灯:对桥面人行道缘石、人行道板、人行道栏杆进行整体更换。人行道路灯作修缮处理,其余均拆除重做,具体拆除由双曲拱桥结构主体施工单位实施,栏杆恢复、路灯修缮由文物相关单位实施。

6.2.2 加固施工流程

1)施工准备

施工准备工作应由熟悉该技术施工工艺的专业施工队伍承担并应有施工技术措施,熟悉图纸,进行脚手架搭设等各种准备工作。

2)封闭交通

施工进场后即封闭桥面交通,北岸引桥第38孔拱肋高度比其余孔小,跨径较大,根据结构计算需要搭设临时支撑(纵桥向位置选择拱肋$L/4$处及跨中靠近横梁位置)。临时支撑作为施工安全应急防护措施,要求支撑面与拱肋下缘留0.5~1cm施工空隙,整个施工过程支撑构件不参与主结构受力。

3)承台纵向拉杆加强

按设计文件对指定孔增设承台纵向拉杆,并按设计要求对拉杆位置处地基进行加强。

4)拆除桥面附属结构及沥青混凝土铺装

(1)拆除路灯、人行道栏杆时,将人行道下的过桥管线临时移至侧墙外侧面并做好保护措施。人行道栏杆拆除前应在桥梁外侧面设置防抛网,防止拆除过程中构件砸落至桥下地面导致安全事故,同时可保证桥上作业人员的施工安全。

(2)沥青混凝土铺装层的破除可从正桥往引道方向依次拆除(横桥向最多2台沥青混凝土铣刨机同步实施拆除,纵桥向错开施工至少35m以上,即施工车辆位于不同的孔跨位置)。承台纵向拉杆加强施工和桥面系拆除可同步实施。

5)拆除拱上填料

原则上采用人工拆除,不允许大型机械上桥作业(每孔施工荷载不应超过10t),严禁拆除不当导致主拱圈或腹拱圈损伤。

拆除时需严格按照纵向全桥分批分层、横向对称拆除的原则:拱上填料厚度为17~130cm不等,分三层拆除,待沥青铺装拆除后,拆除第1层填料至露出主拱圈和腹拱圈顶面,拆除第 2 层填料至主拱顶(腹拱顶)下 25cm 处,第 3 层填料全部拆除完成;待全桥上一层填料全部拆除完成才能进行下一层填料的拆除施工。横桥向填料拆除可由道路中心线往侧墙位置方向对称实施。拱上填料拆除后应做好拱背临时防排水措施。

6)加固拱肋及拱板

对拱肋混凝土表面进行凿毛、清理,除去表层浮浆、油污等杂质,直至完全露出混凝土结构新面。用高压水枪清洗被加固构件的表面,清除疏松混凝土,对外露的钢筋进行除锈及阻锈处理。对拱肋进行加固,先加固拱肋下缘,然后对靠近拱脚段拱板顶面进行增大混凝土截面施工。

7)裂缝灌注或封闭、腹拱粘贴玄武岩纤维布

首先对桥墩、拱波、拱板、腹拱波及横系梁裂缝按设计要求进行灌注或封闭。随后对腹拱指定位置按设计要求进行玄武岩纤维布的粘贴。

8)拱上泡沫混凝土填料施工

填料施工前需按设计要求粘贴 SBS 防水卷材、增设腹拱圈泄水孔及其他防排水设施。泡沫混凝土竖向可一次成型,浇筑至设计高程(纵坡可用临时分割模板纵向阶梯形浇筑,在泡沫混凝土初凝前人工拉毛顺直);纵桥向浇筑原则为每跨跨内纵桥向对称同步(桥墩往跨中推进)、跨间从两侧桥台往中间同步推进。每跨纵向两侧泡沫混凝土回填方量差控制在 $10m^3$ 以内。

9)钢筋混凝土桥面板施工

按设计图纸要求进行钢筋混凝土桥面板施工。

10)桥面系及附属结构施工

恢复人行道栏杆,进行桥面铺装施工。

11)表面耐久性处理

全桥混凝土外表面进行耐久性涂装,并尽量使外观颜色均匀无色差。

12)检验

全部施工完成后,进行验收及必要的试验,以验证加固效果。

6.2.3 加固施工关键工艺

1)混凝土裂缝处理

(1)裂缝封闭。

对宽度小于 0.15mm 且位于增大截面覆盖范围之外的裂缝进行封闭处理,封缝前应先在裂缝上开 V 形槽,然后用封缝材料进行表面封闭。封缝材料固化后必须保证裂缝完全封闭,防止水汽进入锈蚀钢筋。

(2)裂缝灌浆。

对于宽度大于或等于 0.15mm 的混凝土裂缝,用灌缝材料对其进行灌浆,将灌缝材料注入

结构物内部裂缝中,以达到闭合裂缝,恢复并提高结构强度、耐久性和抗渗性的目的,使混凝土构件恢复整体性。

2)破损混凝土清除及混凝土表面凿毛

原有混凝土中明显松动、破损的部位,可以用小锤人工清除,禁止用大型风镐凿除。与破损部位相邻的混凝土,可以用工作压力为200MPa左右的超高压水流凿除,直至露出未锈蚀的钢筋及坚实的混凝土。对未破损的混凝土表面,可用高压水枪将旧混凝土凿除1cm,并形成深5mm的混凝土凹凸粗糙表面。高压射流的压力可根据现场情况调整,但要保证凿除效果及凿毛效果。

旧混凝土清除后,如果钢筋仅部分露出,且没有锈蚀,可以不再凿除。如果露出的钢筋已经锈蚀,则需要将钢筋周围混凝土全部凿除,直至钢筋与混凝土之间有2cm的空隙。拱肋侧面与底面交接处,应凿除棱角。

3)露筋处理

外露的钢筋,如果已经锈蚀的,需要进行除锈,可以采用高压水(可考虑混合砂)除锈。最后,所有外露钢筋涂刷阻锈剂。如果钢筋锈蚀面积超过公称面积的15%,需要增补新钢筋,新钢筋可以点焊在旧钢筋旁边,新增面积不得小于锈蚀面积的1.2倍,且新补钢筋两头均需比原钢筋腐蚀段长出锚固长度(锚固长度按新钢筋直径的30倍考虑)。

4)横系梁增大截面施工

对原小拉杆进行高压水枪凿毛时,高压水枪不好操作的地方,可以辅以人工凿毛,但要注意不得伤及原有钢筋及混凝土。若原小拉杆损坏严重,损坏断面超过1/3,可以将其整个拆除,但应尽量保留原有钢筋。

5)植筋

植筋前,应用探测仪查明钢筋分布情况,避免损伤钢筋。对成孔应先用压缩空气清理孔内浮尘,特别注意浮尘清洗应至少在成孔1h后进行,避免孔内温度过高导致灰尘吸附于孔壁而无法清空。再用甲苯或工业丙酮清洗,晾干后涂抹一薄层E44环氧树脂基液,向孔内注入植筋胶,然后将清洗晾干并涂有一层环氧树脂基液薄浆的螺杆慢慢转动插入,最后补填植筋胶直至填塞饱满。

6.3 南岸引桥双曲拱桥及回龙桥拱上建筑拆除施工

南岸引桥双曲拱桥及回龙桥拱上建筑拆除施工方案设计,参考以下规范:
《建筑物、构筑物拆除规程》(DGJ 08-70—2006);
《建筑拆除工程安全技术规范》(JGJ 147—2016);
《公路桥梁加固施工技术规范》(JTG/T J23—2008);
《公路桥涵施工技术规范》(JTG/T 3650—2020);
《公路工程质量检验评定标准 第一册 土建工程》(JTG F80/1—2017);

《公路工程技术标准》(JTG B01—2014);
《公路沥青路面设计规范》(JTG D50—2017);
《双曲拱桥加固改造技术规程》(CECS 319:2012);
《江苏省公路水运工程"平安工地"建设考核评价标准》(2016年版);
《中华人民共和国安全生产法》2021年9月1日实施;
《建设工程安全生产管理条例》2004年2月1日实施;
《公路工程施工安全生产指南》2005年6月1日实施。

6.3.1 工程概况

南岸引桥及回龙桥拱上建筑拆除施工,包括双曲拱桥的外侧栏杆、沥青铺装层、拱上填料等拱上建筑拆除工作,具体工程量如表6-2所示。

南岸引桥及回龙桥拆除施工工程量　　　　表6-2

桥梁名称	项目	单位	工程量	备注
南岸引桥双曲拱桥	外侧栏杆	m	1306.4	
	沥青铺装层	m²	9797.7	厚度15cm
	拱上填料	m³	9671.4	
回龙桥	外侧栏杆	m	1032.8	
	沥青铺装层	m²	4131.2	厚度5.5cm
	拱上填料	m³	3461.7	
	人行道板	m	1032.8	

双曲拱桥结构特点决定了其拆除过程中存在整体倒塌的安全风险,不均衡受力容易导致结构破坏。为此,采取了以下措施:①全过程施工监控、结构薄弱跨搭设支架、编制合理专项施工方案;②严格按照纵向施工段分批分层、横向对称、单跨对称的原则拆除,并严格根据止推墩位置划分作业段。

南岸引桥双曲拱桥第50、51、61、62跨为城市道路,第53、58跨为小区道路;回龙桥H7跨跨越无名小路,H12跨跨越金川河。为此,采取了以下措施:涉及下方有公路跨,搭设钢结构防护门架;涉及下方有河跨(施工期可短时间排干水,且河床有承台拉杆可作为满堂脚手架基础),搭设满堂支架。

第2、3层拱上填料拆除过程中,拱上为曲线状态,机械设备无法通行。为此,采取了以下措施:道路中间3m宽的第2、3层拱上填料暂不拆除作为施工通道,待其他区域的第2、3层填料拆除后再进行拆除;单跨内人工开挖并搬运至相邻跨的平板车上,平板车单向运输出施工场地,依次逐跨施工。

6.3.2 拱上建筑拆除施工方案

1) 原则

(1) 结构安全第一:南岸引桥双曲拱桥拆除外侧栏杆和沥青混凝土铺装层依次从45跨往63跨方向进行,回龙桥拆除外侧栏杆、人行道和沥青混凝土铺装层依次从H1跨往H12跨方向进行。施工荷载按一列汽-10级车队考虑(图6-4)。拆除拱上填料时采用人工对称分层均匀作业。施工荷载按10t考虑。

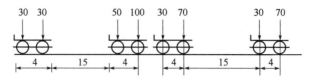

图6-4 汽-10级车队荷载(距离单位:m、力单位:kN)

(2)分作业段施工:南岸引桥有18孔双曲拱桥,回龙桥有12孔双曲拱桥,均布置有单向推力墩或路基,作为施工作业点划分处,应防止拆除过程中发生连拱破坏事故。

(3)分层、横向对称:栏杆、沥青铺装层、拱上填料的拆除影响拱肋结构安全,必须遵循分层、横向对称的原则。

2)总体部署

因回龙桥结构病害相对较少、桥下环境相对简单、结构安全风险小,前期施工回龙桥可为南岸引桥双曲拱桥提供施工经验。故先进行回龙桥施工,再进行南岸引桥双曲拱桥施工。回龙桥共12孔双曲拱桥,H5与H6、H11与H12间为路基,作为作业段分界点,将其分为1、2、3作业面进行三段施工;南岸引桥双曲拱桥施工范围共18孔,第54号墩、56号墩为单向推力墩,作为作业段分界点,将其分为4、5、6作业面进行三段施工,具体划分见表6-3。

作业面划分 表6-3

部位	编号	位置	孔数
回龙桥	作业面1	H1跨至H5跨	5
	作业面2	H6跨至H11跨	6
	作业面3	H12跨	1
南岸引桥双曲拱桥	作业面4	46跨至54跨	9
	作业面5	55跨、56跨	2
	作业面6	57跨至63跨	7

单孔内的总体施工流程如图6-5所示。

3)搭设防护脚手架

若不采取有效临边防护措施,栏杆拆除过程中及拆除后将存在高空坠落、物体打击等重大危险。为此,采用桥梁两侧设置落地脚手架的防护措施(图6-6~图6-8)。同时,此脚手架可作为双曲拱桥侧墙拆除用的工作平台。

跨城市道路临边防护支架适用于南岸引桥双曲拱桥50~51跨(跨越幕府西路)、61~62跨(跨越城河路高架和晓街)及回龙桥H7跨。为保证施工安全,设置防落天棚,如图6-9、图6-10所示。

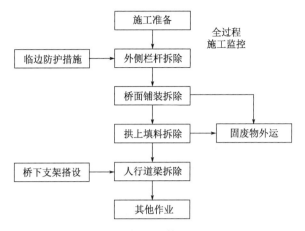

图 6-5 单孔内总体施工流程

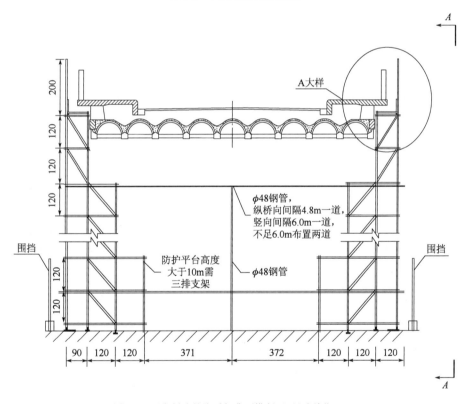

图 6-6 回龙桥防护脚手架典型横断面(尺寸单位:cm)

4) 外侧栏杆拆除

南岸引桥外侧栏杆为预制钢筋混凝土结构,高 140cm、宽 25cm,单件长约 325cm,单件重约 0.8t。横杆与立柱榫接、立柱与人行道梁榫接。底梁上宽 80cm、下宽 30cm、外高 20cm、内高 50cm,如图 6-11 所示。回龙桥栏杆同南岸引桥,人行道板与外侧栏杆底座为整体结构。

回龙桥拆除外侧栏杆时按从 H1 跨往 H12 跨方向进行,南岸引桥双曲拱桥拆除外侧栏杆时按从 45 跨往 63 跨方向进行,如图 6-12、图 6-13 所示。

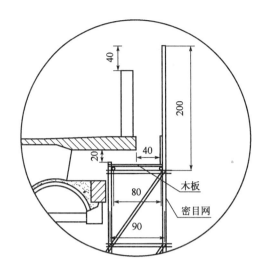

图 6-7　回龙桥防护脚手架典型横断面 A 大样(尺寸单位:cm)

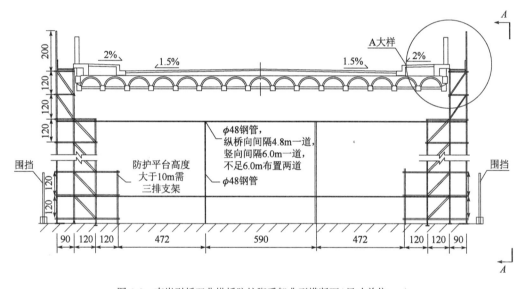

图 6-8　南岸引桥双曲拱桥防护脚手架典型横断面(尺寸单位:cm)

外侧栏杆采取人工持风镐作业方式,将各榫接口凿除后,整体内倾并吊装移出场地外。如图 6-14 所示,各榫接口凿除顺序如下:

(1)先使用风镐破碎端部护栏①号立柱与护栏预制件连接处(1 号断面),主要破除顶部横杆连接点,剪断连接钢筋;

(2)将护栏①号立柱与人行道梁连接点(2 号断面)破碎后,向内侧倾倒;

(3)继续解除②号立柱与第二片预制件连接处(3 号断面);

(4)②号立柱根部破碎(4 号断面);

(5)将 1 号预制件与②号立柱一起向内侧倾倒;

(6)循环上述步骤(3)~(5),依次向后拆除。

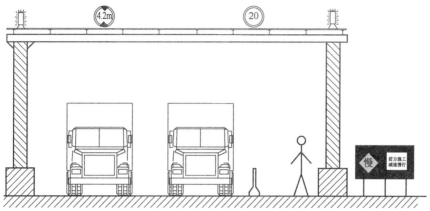

图 6-9 梁底防落天棚示意图

图 6-10 梁底防落天棚效果图

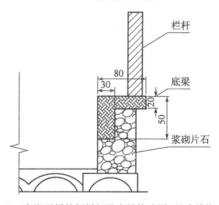

图 6-11 南岸引桥外侧栏杆及底梁构造图(尺寸单位:cm)

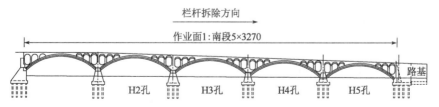

图 6-12 回龙桥外侧栏杆拆除顺序(尺寸单位:cm)

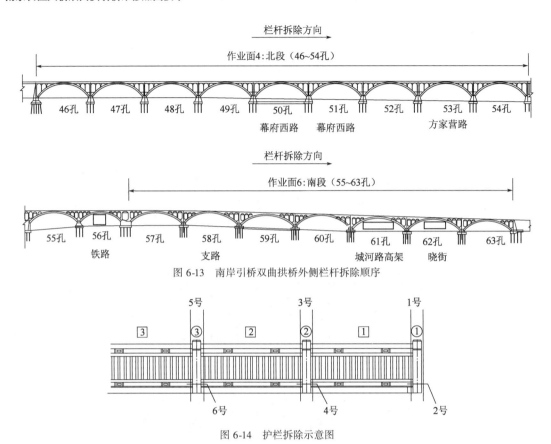

图 6-13 南岸引桥双曲拱桥外侧栏杆拆除顺序

图 6-14 护栏拆除示意图

对人行道底梁进行拆除时,先用盘锯沿竖向将底梁以每 300cm 一个节段进行分割,然后用绳锯机沿水平方向将底梁与浆砌片石侧墙分离,最后利用起重机将分离的 300cm 节段的人行道底梁吊离现场,如图 6-15 所示。

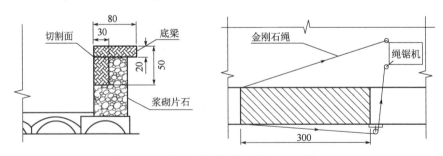

图 6-15 人行道底梁水平切割示意图(尺寸单位:cm)

5)沥青混凝土铺装层拆除

采用铣刨机铣刨,沿厚度方向一次铣刨完成,单次铣刨宽度 1.2m。铣刨机自重小于 150kN,配备满载小于 100kN 自卸车装渣。横桥向从中间往两边铣刨,两台铣刨机对称拆除(图 6-16)。两台铣刨机布置在相邻跨作业,间距 35m 以上。

在一联范围内从一端向桥头开始,单向施工。回龙桥由 H1 孔往 H12 孔铣刨,南岸引桥由 46 孔往 63 孔铣刨,如图 6-17 所示。

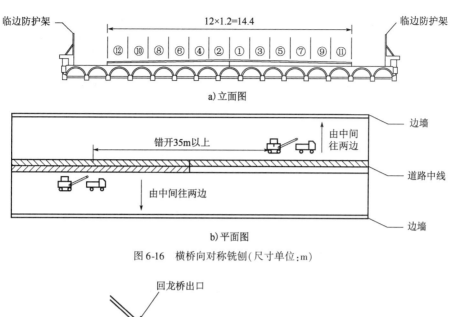

a) 立面图

b) 平面图

图 6-16 横桥向对称铣刨(尺寸单位:m)

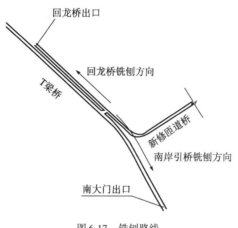

图 6-17 铣刨路线

6) 拱上填料拆除

采用挖掘机将第 1 层填料凿除松散,采用人工和风镐的方式将第 2 层和第 3 层填料分层凿除松散。拆除至主拱顶及腹拱顶处,要求风镐轻雕细凿,防止损害拱顶。拆除至侧墙位置,设置防抛网。风镐严禁凿侧墙。竖向从上往下分 3 层拆除拱上填料(图 6-18)。

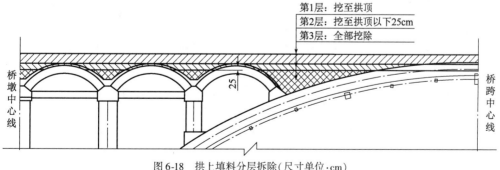

图 6-18 拱上填料分层拆除(尺寸单位:cm)

横桥向由侧墙内往道路中心线对称拆除,南岸引桥双曲拱桥横桥向长度划分为7个节段,节段编号如图6-19所示。回龙桥横桥向划分为3个节段,其中中间的3.9m为后拆除节段。

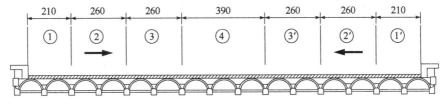

图6-19　南岸引桥拱上填料拆除段的横桥向划分(尺寸单位:cm)

拆除人行道系在一联范围内从一端向桥头开始,单向施工。回龙桥由H1孔往H12孔拆除,南岸引桥由45孔往63孔拆除,如图6-20所示。

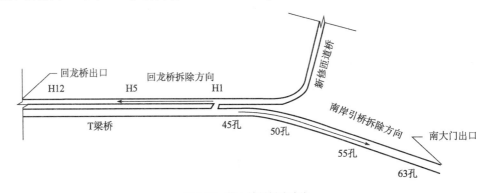

图6-20　拱上填料拆除路线

7) 拱上填料场内运输

固废物分层外运,严禁拱上堆载。南岸引桥和回龙桥各层出渣量如表6-4所示。

南岸引桥和回龙桥各层出渣量　　　　　　　　表6-4

部位		方量(m³)	部位		方量(m³)
南岸引桥	第1层	4420.8	回龙桥	第1层	1481.6
	第2层	3684.0		第2层	1484.7
	第3层	1566.0		第3层	795.4

第1层填料挖至拱顶,挖除后场地平整。单跨内采用挖掘机开挖,自卸汽车停留在下一跨。人工配合装载机和自卸汽车外运。自卸汽车停留在桥面上时应横桥向对称停车,防止桥梁横桥向单边荷载过大。第2、3层填料挖除后拱上不平整,无法通车。因此,中间预留3.0m填料不拆除,作为单孔内弃渣运输通道。车道两侧用挖掘机开挖,施工方法与拆除第1层填料相同。人工持风镐将预留车道填料凿松散后,用铁锹上料至满载后由平板车单向驶出。第2、3层预留填料依然采用单跨内分层拆除的方法:先将该跨内装料设备移至下一跨,再拆除该跨内第2、3层预留填料,如图6-21所示。

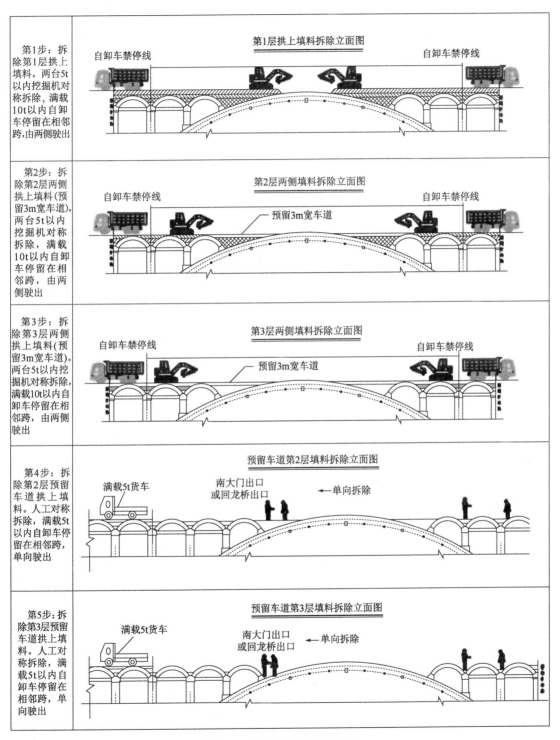

图 6-21 拱上填料拆除横立面图

6.3.3 拱上建筑拆除过程中的结构验算

第 46～54 孔双曲拱桥桥跨结构为：跨径布置 8×34.9m+35.2m，净跨径布置 9×32.2m。净跨径 32.2m。矢跨比 $f_0/L_0=1/4$，$f_0=8.05$m。桥面净宽：净 15m+2×2.25m 人行道，如图 6-22 所示。

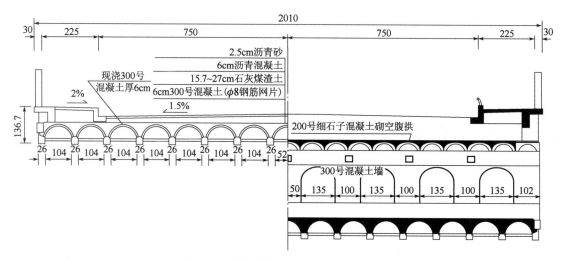

图 6-22 双曲拱桥横向立面图（尺寸单位：cm）

有限元模型建立过程中，结构材料性能参数取值如下：拱肋混凝土强度 250 级，弹性模量 $2.85×10^5$ MPa，重度 25kN/m³，抗压强度设计值 14.5MPa；拱波混凝土强度 200 级，弹性模量 $2.6×10^5$ MPa，重度 25kN/m³，抗压强度设计值 11.0MPa；拱板混凝土强度 300 级，弹性模量 $3.0×10^5$ MPa，重度 25kN/m³，抗压强度设计值 17.5MPa；立柱与横墙为 200 级混凝土构件，重度 25kN/m³；腹拱波顶填料为 120 号砂浆及浆砌块石，取平均重度 20kN/m³；钢筋为Ⅰ级钢筋。

计算荷载：汽车荷载，汽-18 级；人群荷载，取 4kN/m²。

为简化计算，采用 5×净 32.2m 为一联计算，以原设计主拱圈单片拱肋截面为计算单元，建立有限元模型。全桥共计 645 个单元，全桥结构计算模型如图 6-23 所示。

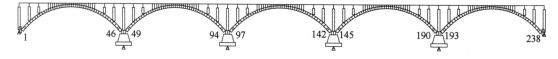

图 6-23 全桥结构计算模型
注：图中数字为模型中的单元编号。

根据检测试验报告，结构的承载能力检算综合系数取值 0.6688。原设计和现状结构在现行规范荷载组合下的主拱圈承载力验算结果汇总如图 6-24 和图 6-25 所示，图中正数和负数分别表示主拱圈上缘和下缘相应的内力及抗力。计算结果表明，原设计在现行规范荷载组合下，各孔 $L/8$ 和 $7L/8$ 处的部分单元在上缘受拉时承载能力不能满足规范要求，各孔的 $L/4$～$3L/4$ 段的单元在下缘受拉时承载能力不能满足规范要求。原结构根据病害情况进行承载能力折减后，主拱圈大部分截面的承载能力不能满足规范要求。

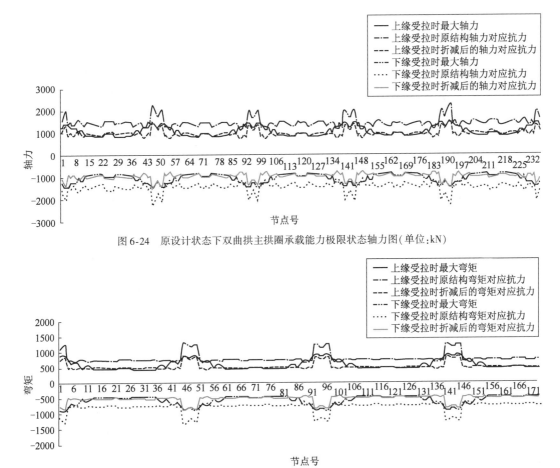

图 6-24 原设计状态下双曲拱主拱圈承载能力极限状态轴力图(单位:kN)

图 6-25 加固前主拱圈承载能力极限状态弯矩图(单位:kN·m)

根据现状,拆除施工阶段主要控制的施工工序有拆除人行道系、沥青铺装、拱上填料,加固恒载,此时全部荷载均由既有结构承担。根据施工过程,建立拆除过程中各阶段的有限元模型并完成相关计算分析。计算分析结果表明:各施工阶段中,上部结构满足加固施工规范要求。采用相同的方法、流程,完成了其他孔及回龙桥的施工过程计算与分析。

6.3.4 拱上建筑拆除施工监控

拆除沥青混凝土铺装层前后、拆除第 1~3 层填料前后需进行施工监控,监控对象包括每跨的拱肋和桥墩的应力、变形,测点布设如图 6-26 所示。每一个施工阶段必须按监控指令进行。单个作业段设置一个监控组。

6.3.5 拆除施工的其他保证措施

拱上填料拆除完成后根据主拱圈拱下填料渗水排水构造图实施拱圈以下排水系统修复,在每个腹拱拱脚处钻孔安装铸铁泄水管,拱上填料拆除完成后,在铸铁泄水管下方设置水管通至桥下,桥下排水集中处理(图 6-27)。

拱圈以上排水管在拱上泡沫混凝土施工前实施。

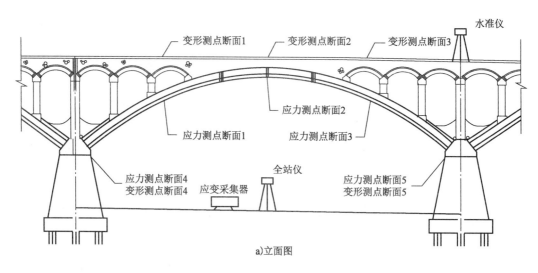

a) 立面图

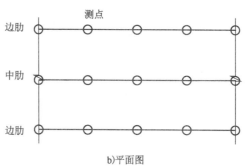

b) 平面图

图 6-26 应力和变形测点布置图

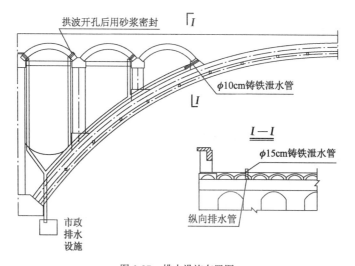

图 6-27 排水设施布置图

6.4 北岸引桥双曲拱桥拱上建筑拆除施工

6.4.1 工程概况

南京长江大桥公路桥北岸引桥路线全长1247m,自34号台至38号墩为双曲拱桥段。双曲拱桥全长137m,跨径布置为3×34.9m+32.3m,其中37~38号墩跨径为32.3m。北岸引桥双曲拱桥布置详见图6-28。

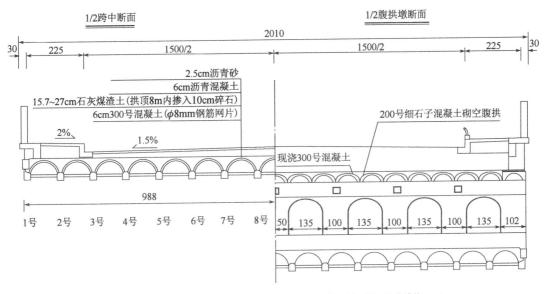

图6-28 南京长江大桥北岸非涉铁引桥双曲拱桥典型断面图(尺寸单位:cm)

引桥双曲拱桥主拱圈由16根拱肋、15个拱波组成,主拱圈高78.5cm。拱肋为250级钢筋混凝土预制构件,中心间距1.3m,群肋总宽19.76m;拱波为200号混凝土预制构件,系圆弧拱,拱波厚6cm,净跨径1.04m,矢跨比1/3;拱板为填平式300号混凝土现浇构件,与拱波形成整体;拱肋之间的横向连杆为预制构件,断面为8cm×11cm,连杆的最大间距为1.8m,抗震加固时增设截面为25cm×38cm的大拉杆(每孔1~3根不等)。加固改造施工中,需要进行双曲拱桥桥面铺装拆除、拱上填料拆除、人行道系拆除等施工。

拆除过程中,禁止使用大型机械设备进行拱上填料拆除施工,各工点均匀分布施工人员,采用纯人工开挖的方式进行拆除。拆除施工要求严格对称,故采用以下对策:

(1)施工人员全线均匀分布,确保人载对称分布。

(2)采用皮带输送机全线沿桥梁中线通长铺设,以方便出渣,避免装载车辆通行带来较大的车辆荷载。

(3)皮带输送机在施工过程中,须安排专人盯控,尽量确保输送机及其上渣土分布均匀。

(4)皮带输送机居中布设,可实现由两侧向中间施工的对称性。

(5)采用封闭滑槽,利用渣土自身重力作用,将剩余的皮带输送机轨道下方预留的通道渣土进行清除,由中间向两边施工,最大限度地实现对称施工。

（6）全过程施工监控，确保施工时最大限度地满足荷载对称分布，保障结构自身安全。

6.4.2 拱上建筑拆除流程及步骤

北岸非涉铁引桥双曲拱桥共 4 跨，覆盖范围为 34 号台～38 号墩。为加快进度，提高工效，计划分别由 34 号台、38 号墩同时向中间施工。合理安排各工序间作业顺序，确保工序衔接紧密。总体施工流程见图 6-29。具体施工步骤如表 6-5 所示。

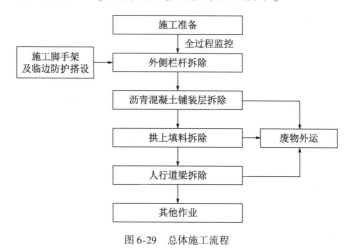

图 6-29 总体施工流程

总体施工步骤 表 6-5

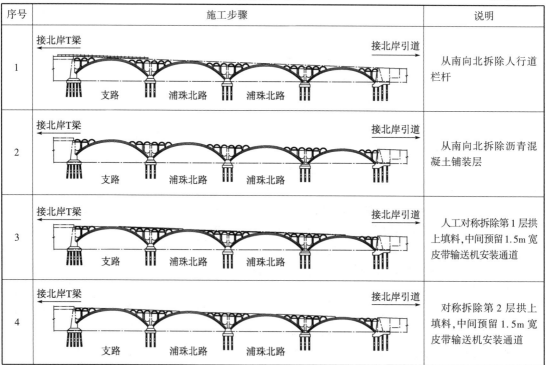

序号	施工步骤	说明
1		从南向北拆除人行道栏杆
2		从南向北拆除沥青混凝土铺装层
3		人工对称拆除第 1 层拱上填料，中间预留 1.5m 宽皮带输送机安装通道
4		对称拆除第 2 层拱上填料，中间预留 1.5m 宽皮带输送机安装通道

续上表

序号	施工步骤	说明
5	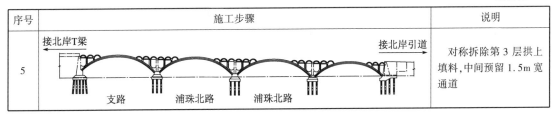	对称拆除第3层拱上填料,中间预留1.5m宽通道

6.4.3 拱上建筑拆除过程中的结构验算

上部结构跨径布置为 $3\times34.9m+32.3m$,净跨径布置为 $3\times32.2m+29.6m$,净矢跨比为 $f_0/l_0=1/5$,桥面净宽:净15m+2×2.25m 人行道(图6-22)。

由拱肋、拱波、拱板及横向联系组成双曲拱桥的主拱。施工时先吊装拱肋,再预制拱波,最后在拱波上浇筑混凝土拱板。主拱圈截面及配筋如图6-30~图6-33 所示。

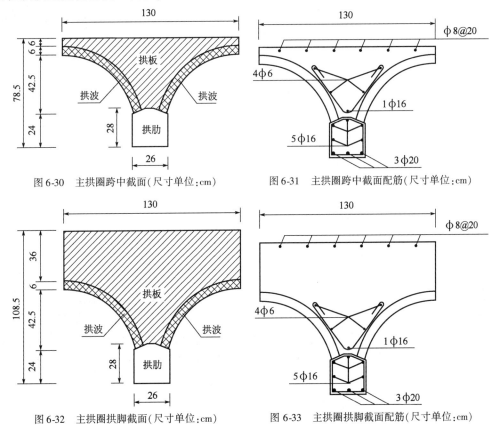

图6-30 主拱圈跨中截面(尺寸单位:cm)　　图6-31 主拱圈跨中截面配筋(尺寸单位:cm)

图6-32 主拱圈拱脚截面(尺寸单位:cm)　　图6-33 主拱圈拱脚截面配筋(尺寸单位:cm)

建立有限元模型过程中,上部结构材料性能参数取值如下:拱肋混凝土强度250级,弹性模量 2.85×10^5 MPa,容重 $25kN/m^3$,抗压强度设计值14.5MPa;拱波混凝土强度200级,弹性模量 2.6×10^5 MPa,容重 $25kN/m^3$,抗压强度设计值11.0MPa;拱板混凝土强度300级,弹性模量 3.0×10^5 MPa,容重 $25kN/m^3$,抗压强度设计值17.5MPa;立柱与横墙200级混凝土,容重 $25kN/m^3$;腹拱波顶填料为120号砂浆及浆砌块石,取平均容重 $20kN/m^3$;钢筋为Ⅰ级钢筋。由于各部分材料差异较大,在组合截面中,采用材料换算系数法对截面进行换算。

汽车荷载为汽-18级,荷载横向分布系数取值0.4;人群荷载取值$4kN/m^2$,荷载横向分布系数取值0.04。桥墩基础弹性系数:水平刚度取值40500kN/m,转动刚度取值$1.71×10^6 kN·m/rad$,弯剪刚度取值$63800kN·m^2$。

以原设计主拱圈单片拱肋截面为计算单元,建立有限元模型,全桥共计506个单元。

计算结果显示,第2孔和第4孔的拱顶段部分单元以及第4孔的桥台拱脚处在上缘受拉时承载能力不能满足规范要求。各孔的$L/4～3L/4$段的单元在下缘受拉时承载能力不能满足规范要求。主拱圈承载力验算结果汇总如图6-34和图6-35所示,图中正数和负数分别表示主拱上缘和下缘相应的内力及抗力。

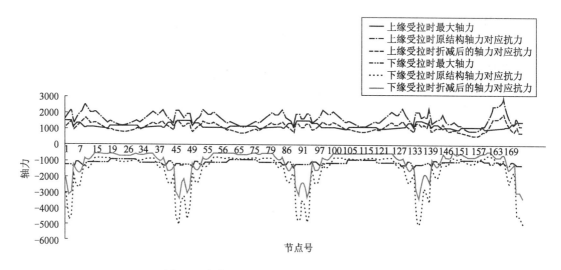

图6-34 主拱圈承载能力极限状态轴力图(单位:kN)

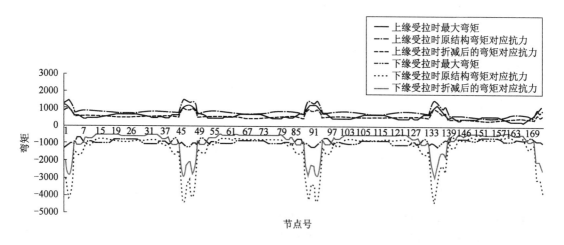

图6-35 主拱圈承载能力极限状态弯矩图(单位:kN·m)

施工阶段主要控制工序有拆除人行道系、沥青铺装、拱上填料,加固恒载,此过程中全部荷载均由既有结构承担。拆除人行道系和沥青铺装时要求在一联范围内从一端向桥头进行作业,施工荷载按一列汽-10 级车队考虑。拆除拱上填料时采用人工对称分层均匀作业。

计算结果显示,该工况上缘受拉时承载能力均能满足规范要求,下缘受拉时除第 4 孔 $3L/4$ 处的个别单元承载能力不能满足规范要求外,其余均能满足规范要求。主拱圈承载力验算结果汇总如图 6-36 和图 6-37 所示。

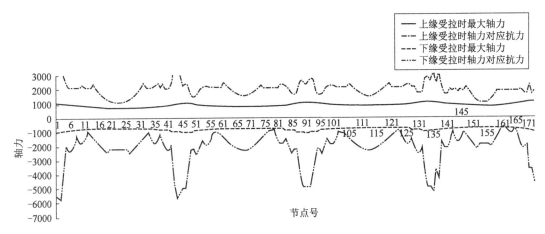

图 6-36 主拱圈截面轴力及抗力图 1(单位:kN)

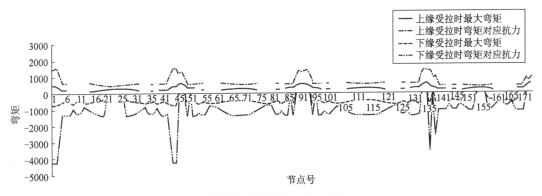

图 6-37 主拱圈截面弯矩及抗力图 1(单位:kN·m)

拆除沥青铺装时,该工况上缘受拉时承载能力均能满足规范要求,下缘受拉时除第 4 孔 $3L/4\sim7L/8$ 段的单元承载能力不能满足规范要求外,其余均能满足规范要求。主拱圈承载力验算结果汇总如图 6-38 和 图 6-39 所示。

拆除全部填料时,主拱圈承载能力均能满足规范要求。主拱圈承载力验算结果汇总如图 6-40 和 图 6-41 所示。

综上所述,在各个施工阶段,北岸引桥双曲拱桥均能满足基本结构受力要求,在实际施工中,通过采用轻型设备,控制并减小外部荷载,最大限度地减小结构损伤的风险。同时,严格按照第三方监控单位提供的指令值进行施工。

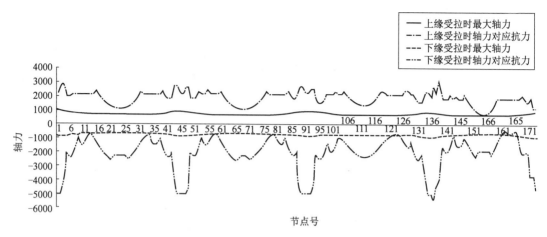

图 6-38　主拱圈截面轴力图 2(单位:kN)

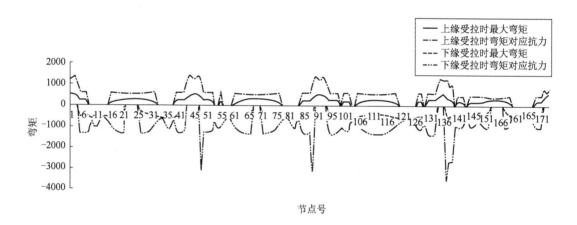

图 6-39　主拱圈截面弯矩图 2(单位:kN·m)

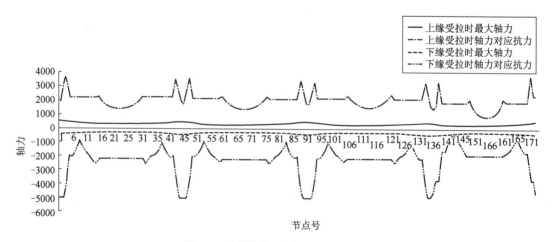

图 6-40　主拱圈截面轴力图 3(单位:kN)

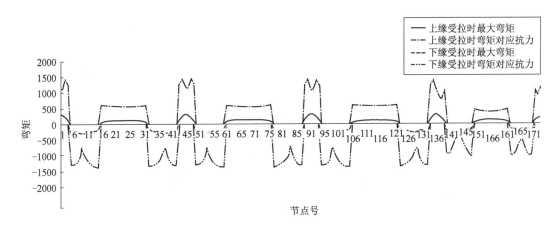

图 6-41 主拱圈截面弯矩图 3(单位:kN·m)

6.4.4 拱上建筑拆除施工

1) 主要施工设备

为确保施工过程对双曲拱桥原结构的影响最小,采用 15t 以下铣刨机进行沥青铺装层施工,铣刨机如图 6-42 所示。

图 6-42 沥青铣刨机实物图

现场选用皮带输送机作为填料场内运输的主要设备(图 6-43)。皮带输送机的机架、输送带、托辊、滚筒、张紧装置、传动装置等组成部分皆应符合《带式输送机》(GB/T 10595—2017)的相关要求,可根据现场施工条件做合理调整。

2) 施工脚手架搭设

施工脚手架采用钢管脚手架,立杆纵距、横距及步距均严格按照《建筑施工扣件式钢管脚手架安全技术规范》(JGJ 130—2011)进行设计。结合现场实际情况,脚手架仅承受部分施工人员荷载,且人员相对较为分散,按照规范表 6.8.1 取立杆间距 1.2m×1.2m,步距 1.8m 即可满足现场施工要求。

图 6-43 皮带输送机实物图

3）外侧栏杆拆除

北岸非涉铁引桥 T 梁桥外侧栏杆为预制钢筋混凝土结构，高 140cm、宽 25cm，单件长约 325cm，单件重约 0.8t，见图 6-44。立柱与人行道梁浇筑为整体，顶部横杆与立柱连接处离地高度约 130cm，预埋工字钢并设置榫眼，之后将预制件钢筋与工字钢榫接并现场浇筑成整体，其余横杆与立柱仅设置榫接。

人行道栏杆分段切割拆除，按照先拆立柱中间栅栏，然后拆除立柱的顺序，栅栏拆除前先采用钢丝绳将待拆除结构稍微向内侧拉紧，防止栏杆倒向桥梁外侧。采用手持式金刚石链锯在栅栏与立柱连接处进行切割，切割完毕后将栅栏吊装至运输车，然后切割立柱。将各榫接口切割并整体内倾后，吊装移出场地外，栏杆拆除后现场如图 6-45 所示。

（1）先使用手持式金刚石链锯切割端部护栏①号立柱与护栏预制件连接处（1 号断面），主要破除横杆连接点，剪断连接钢筋；

（2）将护栏①号立柱与人行道梁连接点（2 号断面）切断后，向内侧倾倒；

（3）继续解除②号立柱与第二片预制件连接（3 号断面）；

（4）②号立柱根部切割（4 号断面）；

（5）将 1 号预制件与②号立柱一起向内侧倾倒；

（6）循环上述步骤（3）~（5），依次拆除。

图 6-44 现场栏杆示意图　　图 6-45 栏杆拆除后现场图

4) 桥面铺装层拆除

沥青铺装层采用铣刨机铣刨，铣刨机自重不超过 15t，配备满载小于 10t 的自卸车装渣。单层铣刨厚度 15mm，单次铣刨宽度 1.2m。一台运输车配合铣刨机匀速同步铣刨施工。铣刨后的混凝土废料采用运输车运输至桥下指定弃土场。横桥向从中间往两边铣刨，两台铣刨机对称拆除。两台铣刨机布置在相邻跨作业，间距35m 以上，见图 6-46。

施工方法及过程如下：

（1）破碎：采取人工持风镐作业方式将填料凿松散。尤其注意跨中主拱圈上方凿除时，控制凿除深度在 15cm 以内，以免对圬工结构造成破坏。拆除至边墙位置，不得采用风镐施工，仅由人工利用铁锹等工具进行开挖凿除（图 6-47）。

图 6-46 铣刨机铣刨现场

图 6-47 破碎施工现场

（2）局部凿除松散后，人工配合清运。其中，第一、二阶段均由皮带输送机实现场内运输。北岸双曲拱桥下均为平坦路面，具备良好的车辆运输条件。考虑到局部区域有绿化覆盖，以及实际施工过程中，存在施工脚手架等结构物的干扰，第三、四阶段采用倾斜分级式密封滑槽实现场内运输。固废物分层外运，严禁拱上堆载。

5) 拱上填料拆除

施工前，将桥面沿纵桥向分成均等的三个区域，分别为最外侧施工区、内侧横向运输区以及纵向传输区。其中，纵向传输区设置为 1.5m 宽，确保皮带输送机可稳定固定于该区域上。拆除施工过程中，严格遵循水平分层的原则。

（1）第 1 层填料：拆除至露出主拱圈和腹拱圈顶面（厚 36cm）；
（2）第 2 层填料：拆除至主拱顶（腹拱顶）下 25cm 处（厚 25cm）；
（3）第 3 层填料：全部拆除完成（厚 30～90cm）。

拱上填料拆除施工共分为四个阶段：

阶段一：在四跨双曲拱桥面范围外侧，两边各均匀布置 32 名（共 64 名）施工人员，对施工区域的第 1 层填料进行凿除及破碎，并通过横向运输区设置的工作人员转运至纵向传输区，并由皮带输送机运送至北岸引道，通过自卸装载车外运弃渣。

阶段二：在四跨双曲拱桥面范围内侧，即横向运输区两边各均匀布置 32 名（共 64 名）施工人员，对该区域的第 1 层填料进行凿除及破碎，直接通过皮带输送机运送至北岸引道，通过自卸装载车外运弃渣。

循环阶段一、阶段二至施工区及横向运输区拱上填料均拆除完毕。

阶段三:拆除皮带输送机后,对称拆除纵向传输区下方填料,并由拱脚对应桥面预留的运输道路运至两侧,利用重力作用,将拆除填料通过密封滑槽运送至下方自卸车上。根据原结构设计图纸,双曲拱桥面至地面最大高度约为9.4m,施工中,根据需要设置降速装置(如滑槽分级)。自卸车上提前铺设缓冲材料(如废旧轮胎等)。

阶段四:拆除拱脚对应桥面预留的运输道路,将拆除的废料通过密封滑槽倒运至滑槽下方自卸车上并运离。

6.4.5 拱上建筑拆除施工监控

拆除桥面沥青铺装层前后、拆除第1~3层填料前后须进行施工监控,监控对象包括每跨的拱肋及桥墩的应力、变形。每一个施工阶段必须得到监控指令。单个作业段设置一个监控组。

采用 Midas Civil 建立结构分析模型,如图6-48所示,进行施工阶段应力、线形跟踪计算,以应力和线形计算结果作为拆除施工期间双曲拱桥应力及线形内部控制的基本参数,最终预警值及指令值均以设计及第三方监控单位为准。

图6-48 北岸引桥双曲拱桥计算模型

第7章
双曲拱桥加固后技术效果评估研究

南京长江大桥公路桥的双曲拱桥,出于病害多且服役时间长等原因,需要采用较综合的加固方案对拱圈和拱上建筑进行全面、彻底的加固。在此次提升改造过程中,拱上建筑经历多阶段、多区域的卸载—加载的复杂施工过程。因此,不同的加固方法、各种加固性能提升方案对主要承载构件加固前后力学状态的改善和影响,需要有定量化的指标体系方能加以分析、评判。此外,结构加固施工和加/卸载过程中拱圈各截面的受力状态及变化也需要量化指标来评估,以确保整个过程的安全性。为此,基于加固结构的二次受力特征与加固施工过程,从强度和刚度两个重要方面出发,提出了双曲拱桥加固后技术效果评估指标。

7.1 桥梁加固后效果评价研究现状及意义

我国桥梁使用状况面临严峻的形势,面对交通建设对桥梁加固与增强理论和技术迫切的现实需要,在广大科研工作者和桥梁建设者的共同努力下,针对各类桥型已出现一些加固方法和技术并应用于拱桥加固增强工程中。

但是,在拱桥加固技术的研究、加固设计及计算、加固施工过程中都普遍存在以下问题:缺乏完善的评价指标体系对加固技术进行综合分析、比较;在具体的工程中各种方案和技术应用尚不能站在桥梁整个设计基准期的高度对各自的性能和特点(如加固前后的承载力及其变化、结构刚度变化等)进行通盘分析,尚不能将各项技术方案的优点、缺点反映到实实在在的数据指标上。

在加固分析、设计期间,设计者往往对采用各项技术处理后的性能和特点仅有一些定性的认识,不能将这种模糊的、概括性的把握提高到数量的高度,这对于充分发挥各项技术的优点、利用各种材料的性能极为不利。在施工期间,也需要数量指标对加固前、加固中和加固后结构的力学状态从定量的角度给予控制,通过精确地分析桥梁受力形态变化来对施工加载程序等进行科学、合理的设计,显著提升加固效果;对于新的加固技术开发来说,定量的加固效果评价指标对于研究的针对性、方向性有重要推动作用。

另外,从整个桥梁使用寿命的时间跨度上来评价加固的效率、效益时不仅要考虑加固设计、施工期间的费用,而且需将在桥梁加固后漫长的服役期内的投入与产出比、维修与养护难度和成本纳入考虑范围。这种计入后期运营成本的方法,才能提升加固方案全生命周期的效率和效益。

因此,提出一套桥梁加固后效果评价指标体系,既是现有技术科学、高效运用的现实需要,也是新技术开发研究的迫切需要。

在上述背景下,基于对加固增强结构全过程中力学状态演变历程的深入分析、对加固前后和施工过程中桥梁刚度变化分析、使用材料的耐久性分析、从桥梁加固到投入运营全过程的经济性和综合效益分析,本书分别从以上方面提炼出各自的评价指标;为了能够明晰这些指标项在桥梁加固增强中的意义和作用,以下对各指标从定义到其在体系中的地位作全面而详尽的论证和阐述。本书提出的指标体系将对拱桥加固分析和设计、加固施工过程分析和桥梁全过程的技术优化和效益评价起指导作用。

7.2 桥梁加固后效果评价指标体系——强度评价指标

从力学角度而言,桥梁结构的安全性包含三个方面——强度、刚度及稳定性;从桥梁的使用和后期维护角度而言,桥梁结构的耐久性日益引起工程界的广泛关注。对于常规的旧危桥,稳定性已退居次要地位,因此集中探讨加固增强的强度评价指标和刚度评价指标。

7.2.1 加固后桥梁的承载能力计算方法

加固结构属于二次受力结构,即加固前原结构已有荷载作用(即第一次受力),内部存在一定的应力和变形;而加固一般是在未卸载或未完全卸载的条件下进行,新增的加固(增强)部分(简称加固层)在满足自身强度之后,才开始参与承担后期新增荷载(如活载)。

对于加固结构承载力计算,有的采用容许应力法,有的则采用极限状态法,两法各有优缺点。容许应力法考虑了施工过程、二次受力特性,十分简便,不足在于安全系数、材料容许应力限值等不科学,基础不牢固。极限状态法计算过程简单,设计的构件既安全又经济,考虑了结构、材料和人的随机性影响,不足在于该法难以分析加固结构的二次受力效应。

基于上述理论和方法各有优缺点的现实,目前有关加固构件的计算方法研究的重点和趋势是:将容许应力法和极限状态法融合在一起,既考虑二次受力特性又计入材料等随机性因素的新理论、新方法。以下各项参数指标部分以应力的形式提出,部分以极限状态法的承载力形式提出。

7.2.2 基本假定

本书基于以下两个前提展开论述:

(1)桥梁是可加固的(或可增强的)。此项前提一方面是指加固前结构在自重作用下最大应力小于材料强度极限值;另一方面加固后的结构在加固(增强)设计荷载(组合)作用下各截面上应力均不超过极限值,即不会出现结构通过各种方法和技术加固增强后达不到设计荷载使用要求的情况。从极限状态设计理论角度而言,此项前提要求结构加固前和加固后的极限承载能力与正常使用极限状态的各项性能指标均达到要求。

(2)原桥与加固部分的界面有足够大的抗剪强度,两者在设计荷载作用下、在各种状态下均能有效地共同工作。加固(增强)结构属于二次组合结构,新旧两种材料能否共同工作的关键是结合面剪力能否有效传递、是否发生界面剪切破坏。为了确保复合结构共同工作,设计时需要对结构的结合面(界面)进行抗剪验算,施工工艺上采取适当的措施保证新旧部分协调变形，共同承担后期荷载。

此外，论述中应力指标要求构件各阶段均遵循平截面假定，处于弹性变形状态。以下论述中如未作特别声明均假设加固层为一次性施工完成，加固层材料强度大于原结构材料强度。

7.2.3 强度评价指标

针对加固增强后桥梁的强度，以下四个指标对评价加固的效果有重要意义：承载力提高率α_L、恒载应力变化率α_D、荷载置换率α_T、加固层利用率α_M。

1) 承载力提高率α_L

桥梁加固增强的目的在于使达不到设计荷载或使用荷载要求的结构经整治处理后具有预期的承载能力，因此加固前、后的承载力变化必须纳入加固后的效果评价中。承载力提高率α_L定义为：

$$\alpha_L = \frac{R_2 - R_0}{R_0} = \frac{R_2}{R_0} - 1 \tag{7-1}$$

式中：α_L——桥梁加固前、后的承载力提高率；
R_0——加固前结构的承载力代表值，例如主拱圈跨中截面的抗力；
R_2——加固后与R_0对应的结构承载力代表值。

α_L是从宏观上分析而得的一个反映加固前、后结构承载力变化的参数，从理论上而言，其取值范围为：$\alpha_L \geq -1$。但是，若仅从承载力提高这个角度而言，一个成功的加固工程应该满足：$\alpha_L > 0$，即加固后构件的承载能力应有所增加。当$-1 \leq \alpha_L < 0$时，说明加固后结构的承载能力较加固前不但没有提高反而降低。出现这种结果，可能有以下多方面的原因：

(1) 加固层尺寸过大、质量较大，对原结构剩余承载力"侵蚀"较大；
(2) 加固层材料选择不当，使得其参与分担的活载占比较小；
(3) 以上两方面的共同作用。

对于不同的加固目标和要求，α_L取值不同，如桥梁加固整治要提高荷载等级则应有$\alpha_L > 1$，而且α_L越大增强效果越显著；如仅要求恢复结构的原有承载力水平，则$\alpha_L = 0$也是一个可以接受的结果。

加固后结构承载力R_2中有一部分须用于承担恒载（原结构恒载与加固层恒载），因此承担活载的"有效"承载力的提高幅度是一个更加深刻反映桥梁承载力本质的评判依据。

结构的"有效"承载力可以认为是从结构总的承载力中将用于承担恒载所消耗的承载力剔除，从而得到的用于承担汽车、行人和温度等荷载的承载力——剩余承载力（此"剩余"是相对承载完恒载后的余量）。剩余承载力是桥梁最具价值的承载力的组成部分。因此，从剩余承载力角度可以将承载力提高率α_L定义为：

$$\alpha_L' = \frac{\Delta R_2 - \Delta R_0}{\Delta R_0} = \frac{\Delta R_2}{\Delta R_0} - 1 \tag{7-2}$$

式中：α_L'——桥梁加固前、后的承载力提高率；
ΔR_0——加固前结构的活载承载力代表值；
ΔR_2——加固后与R_0对应的结构承载力代表值。

由于 α'_L 反映的是桥梁结构荷载等级上实实在在的变化,对要恢复承载力的桥梁,加固的目标是 $\alpha'_L \geqslant 0$;对要提高荷载等级的桥梁应有 $\alpha'_L > 0$,且 α'_L 越大,荷载等级提高幅度越大;$\alpha'_L < 0$ 则意味着加固后的桥梁荷载等级低于加固前,应重新选择加固材料、尺寸或采取必要的减载措施。

比较 α'_L 和 α_L 可知,α_L 强调的是承载力的总和,其中包含加固层恒载和施工过程中的恒载变化对结构的影响;α'_L 则专注于活载的承载力部分,直接指向桥梁结构的承载力核心。

2）恒载应力变化率 α_D

由上述分析可知,加固增强过程中恒载会发生变化,这种变化引起应力的增减完全作用于原结构之上。如果加固后整个结构即复合结构的恒载减轻了,则在其他各项要求均满足的前提下,加固后不但原结构恒载负担减轻了,而且复合结构具有更高的承载潜力、新增部分材料强度能发挥得更充分。相反,如果加固层重量过大,则加固可能招致"画虎不成反类犬"的后果(图 7-1)。因此加固前、后原结构上的恒载应力变化应引起工程人员的高度关注。

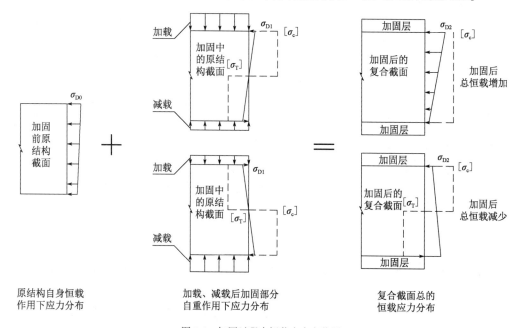

图 7-1 加固过程中恒载应力变化图

σ_{D0}-加固前原结构的恒载应力;σ_{D1}-加固过程中原结构的恒载应力增量;σ_{D2}-加固后原结构中总的恒载应力；$[\sigma_T]$-原结构材料的容许拉应力;$[\sigma_c]$-原结构材料的容许压应力

由此引入恒载应力变化率 α_D,并将其定义为:

$$\alpha_D = \frac{\sigma_{D1}}{\sigma_{D0}} \tag{7-3}$$

式中:α_D——桥梁加固前、后的恒载应力变化率;

σ_{D0}——加固前在恒载作用下原结构控制截面上的最大应力;

σ_{D1}——加固后在原结构同一截面对应位置恒载的应力增量。

α_D 在设计、施工中的作用和意义在于:

(1) α_D 反映了加固过程中恒载的变化,因此加固设计时一方面应尽可能采用减载措施,另一方面拟定的加固层的尺寸、采用的材料容重等都不宜太大,以免增加过多的恒载应力,从而压缩了"有效荷载"——活载等的增长空间。

(2) α_D 一定程度上揭示了桥梁已加固部分对其他部分的影响。如上部结构加固过程中增加一定的恒载后基础是否需要处理,结合 α_D 可以间接做出判断。

由于加固整治的目标不同,α_D 的合理取值范围有一定的差异。对于恢复结构承载力的桥梁,$\alpha_D \geq 0$ 即加固后桥梁恒载应力增大是可以接受的。在这种情况下加固层虽然使原结构的负担增加,但加固层能够很好地分配较大"份额"的活载,这样相对于加固前桥梁在加固整治后的承载力有所提高,达到恢复承载力的目的。因此,对于 $\alpha_D \geq 1$ 条件下的加固层尺寸限制可以适当放宽,但材料的强度、弹性模量等性能有较高要求。当然 α_D 也不能太大,否则仅加固层就已经"吃掉"较多的承载力而使桥梁总的承载力很难恢复或达到预期水平。

对于增强承载力的桥梁,宜满足:$\alpha_D \geq 1$。这样一方面原结构有部分原来用于承担恒载的承载力可以转而用于承担汽车、人群等有效荷载;另一方面可以极大拓展加固层参与分配活载的空间,提高加固层的材料利用率 α_M。$\alpha_D < 1$ 要求加固层的尺寸不宜过大,加固施工中尽量多地采取减载措施。在达到其他各项要求的前提下,满足 $\alpha_D < 1$ 的增强承载力的加固设计是较出色的方案。

另外,对于增强承载力的桥梁如出现 $\alpha_D \geq 1$ 也是允许的,但这类状况下结构的承载力提高幅度受到明显限制。

3) 荷载置换率 α_T

二次受力特性决定了加固层只能参与桥梁上活载和后期恒载的作用。一般情况下,原结构为这种分担活载等付出的代价是施工过程中增加了加固层恒载,而这部分重量全部由原结构承担。对原结构,这种以增加恒载应力为代价而换取活载应力的减少是否"划算"、是否会在所有荷载作用下产生一个总的"减负"效应,可用荷载置换率 α_T 反映。

荷载置换率 α_T 定义为加固过程中在加固层恒载作用下(不含减载与加载措施的作用),原结构截面边缘增加的恒载应力与加固前、后活载作用下应力减少之比,即

$$\alpha_T = \frac{\sigma_{DS}}{\Delta \sigma_L} \tag{7-4}$$

式中:α_T——桥梁加固前、后的荷载置换率;

σ_{DS}——加固层恒载作用下原结构截面边缘产生的应力;

$\Delta \sigma_L$——活载作用下,原结构相应截面加固后较加固前应力减少量。

α_T 的合理取值范围应为 $\alpha_T \geq 1$。$\alpha_T < 1$ 则表明对原结构增设加固层而增加的恒载应力比加固层分担活载等后期荷载的效应要大,即加固对原结构而言是不"划算"的。$\alpha_T > 1$ 则说明加固层的存在虽然增加了原结构的恒载应力,但与加固层分担的活载等后期荷载的应力相比要小。当然,对于有提高荷载等级要求的桥梁,$\alpha_T < 1$ 且控制在一定范围内也是值得的。

从力学角度对比多个加固方案时,α_T 能较全面地反映各方案在加固效率和效果上的差异。需特别指出,考虑到加固过程中多个方案的减载措施很有可能相同,为突出各方案中加固层部分的比较,式(7-4)中 σ_{DS} 可计入加固施工过程中引起恒载应力变化的效应中。

4)加固层利用率 α_M

加固设计中,加固层通常采用强度、刚度较高的材料,但是由于二次受力结构固有的应力(应变)滞后特性,加固层中的应力水平低于原结构。在界面强度足够的条件下结构破坏从原结构开始,因此加固层材料的高强度利用的效率——加固层利用率 α_M,能够较客观地反映加固方案在材料选择上的优劣。加固层利用率 α_M 定义为加固后控制截面加固层的最大荷载效应与其承载能力之比:

$$\alpha_M = \frac{\overline{R_m}}{[R_m]} \tag{7-5}$$

式中:α_M——加固层利用率;

$\overline{R_m}$——控制截面加固层的荷载效应最大值,如对于钢筋本项为钢筋应力与面积之积;

$[R_m]$——加固层承载能力,对于钢筋本项为其强度与面积乘积。

桥梁加固的强度评价指标,承载力提高率 α_L(或 α_L')、恒载应力变化率 α_D、荷载置换率 α_T、加固层利用率 α_M 是从不同的角度评价加固整治对桥梁强度的影响。α_L(或 α_L')是从桥梁承载力这个全局的高度来评估加固的效果;α_D 和 α_T 都是从原结构出发,讨论加固施工对结构的影响;α_M 则是从加固层的角度来研究加固层材料的强度和截面的使用效果。

桥梁加固的强度评价指标,可运用于加固方案比较阶段的技术评估、加固设计阶段的尺寸拟定和材料选择及施工中加载程序的确定等一系列过程。

7.3 桥梁加固后效果评价指标体系——刚度评价指标

与新建桥梁一样,加固桥梁的结构安全性包含三个方面——强度、刚度及稳定性;随着工程技术人员对桥梁长期使用过程中的性能、后期养护成本和结构使用寿命的逐渐重视,耐久性越来越受到高度关注。对于常规的旧危桥,稳定性通常已退居次要地位,因此集中探讨加固增强后结构的刚度评价指标。

7.3.1 刚度评价指标在桥梁加固后效果评价中的意义

为了保证桥梁在荷载作用下不致有过大的变形,设计时要对其竖向刚度加以验算。衡量竖向刚度的指标是挠度。

挠度分为恒载挠度与活载挠度,前者是由结构自重和承载的恒载引起的竖向变形;后者是由活载引起的竖向变形,当活载离去后这种变形就消失。

桥梁在荷载作用下的挠度必须有所限制,原因如下:

(1)挠度大,构件变形大,结构的次应力也大;

(2)挠度大,易在桥梁上形成凹形竖曲线,尤其在多孔拱桥上形成波浪起伏,高速行车会引起颠簸和冲击;

(3)挠度大,上部结构在端部转角就大,使跨间邻接处的桥面突然隆起,易受行车的冲击,破坏伸缩缝及两桥面系,不利于行车和养护。

根据存在状态分类,旧桥挠度又可分为非弹性挠度(永久变形)和弹性挠度。旧桥的永久变形是桥梁由于恒载作用、结构缺陷或病害致使结构发生的不可恢复的变形,属于结构病态的外部反映;弹性变形是荷载作用于结构上而使桥梁发生的变形,当荷载卸除后该变形即消失,属于结构对荷载的正常响应。

与刚度和承载力相比,挠度具有直观的外在表现形式,可以用工程中常见的仪器(如水准仪等)进行准确测量。从工程实际情况看,挠度指标更容易掌握和操作,因此挠度评价指标在桥梁加固中具有重要意义。

7.3.2 加固增强结构二次受力变形特性

加固结构属于二次受力结构。加固前原结构已有荷载作用(即第一次受力),结构必然发生挠曲变形;而加固一般是在未卸载或未完全卸载的条件下进行,新增的加固(增强)部分在满足自身刚度之后,才开始参与组合结构协调变形、受力。因此,加固桥梁也存在变形逐步叠加、加固层的挠曲变形滞后于原结构的特点。

对于部分病害较重的旧桥、危桥,在病害、缺陷和荷载的共同作用下,桥梁的线形与理想状态相比有很大的偏离,已处于不利状态;加固施工过程必然存在恒载的增加与减少、施工的扰动和影响,因此在设计过程中,对加固层的材料选择、尺寸拟定等基本问题都需有一个指标体系作为决策的参照和衡量标准,以使桥梁加固增强符合技术先进、安全可靠、耐久适用、经济合理的设计原则。

7.3.3 刚度评价指标

针对加固增强后桥梁的刚度,总挠度变化率 β_T(或 β_T')、恒载挠度变化率 β_D、挠度置换率 β_C 三个指标对评价加固的效果有重要意义。

1) 总挠度变化率 β_T

桥梁加固增强必然要求结构的刚度有所改善,因此加固前、后的总挠度变化必须纳入加固后的效果评价中。总挠度变化率 β_T 定义为:

$$\beta_T = \frac{\delta_2 - \delta_0}{\delta_0} = \frac{\delta_2}{\delta_0} - 1 \tag{7-6}$$

式中:β_T——桥梁加固前、后的总挠度变化率;

δ_0——加固前结构在全部荷载(含恒载和活载)作用下的挠度值;

δ_2——加固后与 R_0 对应的结构挠度代表值。

β_T 是从宏观上分析而得的一个反映加固前、后结构刚度变化的参数,若仅从刚度提高这个角度而言,一个优秀的加固工程应该满足:$\beta_T > 0$,即加固后构件的刚度宜有所增加,在全部荷载作用下正、反挠度宜有所减小。

加固后结构挠度 δ_2 中有一部分由恒载(原结构恒载与加固层恒载)引起,因此承担活载的"有效挠度"的变化幅度是一个更加深刻反映桥梁刚度本质的评判依据。

结构的"有效挠度"可以认为是从结构总的挠度中将由恒载所产生的挠度剔除,从而得到的由汽车、人群和温度等荷载引起的结构变形——剩余挠度(此"剩余"是相对由恒载引起的挠度的余量)。剩余挠度是桥梁最具价值的挠度的组成部分。因此,从剩余挠度角度可以将总挠度变化率β'_T定义为:

$$\beta'_T = \frac{\Delta\delta_2 - \Delta\delta_0}{\Delta\delta_0} = \frac{\Delta\delta_2}{\Delta\delta_0} - 1 \tag{7-7}$$

式中:β'_T——桥梁加固前、后的总挠度变化率;

$\Delta\delta_0$——加固前结构的活载产生的挠度值;

$\Delta\delta_2$——加固后与δ_0对应的结构挠度值。

由于β'_T反映的是桥梁结构荷载等级上实实在在的变化,对要恢复承载力的桥梁,加固的目标是$\beta'_T \leq 0$;对于要提高荷载等级的桥梁通常会出现$\beta'_T > 0$,如果采取措施效果较好也有可能满足$\beta'_T \leq 0$。不论对于需恢复承载力的桥梁还是需提高荷载等级的桥梁,$\beta'_T > 0$都是可以接受的,但是β'_T太大则对加固层的结构性能不利。

比较β_T和β'_T可知,β_T强调的是桥梁结构总体刚度和所有荷载产生的挠度,其中包含加固层恒载和施工过程中的恒载变化对结构的影响;β'_T则专注于活载产生的挠度部分,直接指向桥梁结构的刚度核心。

2) 恒载挠度变化率β_D

由于结构的二次受力特性,加固增强过程中恒载会发生变化,这种变化产生挠度的增减完全由原结构承担。如果加固后整个结构即复合结构的恒载减轻了,则在其他各项要求均满足的前提下,加固后原结构恒载负担不但减轻了,复合结构线形也得到改善,从而桥梁的内力分布、行车性能和外观都发生有利的改变。相反,如果加固层重量过大或加载位置不当,则加固可能招致"画虎不成反类犬"的后果。因此加固前后原结构上的恒载产生的挠度应引起工程人员的高度关注。

由此引入恒载挠度变化率β_D,并将其定义为:

$$\beta_D = \frac{\delta_{D1}}{\delta_{D0}} \tag{7-8}$$

式中:β_D——桥梁加固前、后的恒载挠度变化率;

δ_{D0}——加固前在恒载作用下原结构控制截面上的挠度;

δ_{D1}——加固过程中在原结构相同截面对应位置挠度的增量。

β_D在设计、施工中的作用和意义在于:它反映了加固过程中恒载的变化,因此加固设计时一方面应尽可能采用减载措施,另一方面拟定的加固层的尺寸、采用的材料容重等都不宜太大以免增加过多的恒载挠度,从而导致桥梁线形更加偏离原设计状态。

根据加固整治的目标不同,β_D的合理取值范围有一定的差异。对于要恢复结构承载力的桥梁,$\beta_D \geq 0$即加固后桥梁恒载引起的挠度增大是可以接受的。在这种情况下加固层虽然使原结构的负担增加,但加固层能够很好地分配较大"份额"的活载,这样相对于加固前桥梁在加固整治后的整体刚度有所提高,达到了恢复桥梁使用性能的目的。因此,可以适当放宽$\beta_D \geq 0$条件下的加固层尺寸限制,但对材料的刚度、弹性模量等性能有较高要求。当然,β_D也不能太大,否则仅加固层就已经产生较大的挠度而使桥梁总的挠度达不到规范要求。

对于要增强承载力的桥梁,宜满足:$\beta_D \leq 1$。这样一方面原结构有部分原来由恒载产生的挠度可以转而用于承载汽车、人群等有效荷载;另一方面可以极大地拓展加固层参与分配活载的空间,提高加固层的材料利用率 α_M。$\beta_D < 1$ 要求加固层的尺寸不宜过大、加固施工中尽量多地采取减载措施。在达到其他各项要求的前提下,满足 $\beta_D < 1$ 的增强承载能力的加固设计是较出色的方案。

另外,对于要增强承载力的桥梁如出现 $\beta_D \geqslant 1$ 也是允许的,但这类状况下结构的线形改善受到明显限制。

3) 挠度置换率 β_C

加固结构的二次受力特性决定了加固层刚度只能在桥梁上活载和后期恒载的作用下才有效。一般情况下,原结构为这种分担活载等付出的代价是施工过程中增加了加固层恒载,而这部分重量全部由原结构承担。对原结构,这种以增加恒载挠度为代价而换取活载挠度的减少是否"划算"、是否会在所有荷载作用下产生一个总的"减负"效应,可用挠度置换率 β_C 反映。

挠度置换率 β_C 定义为加固过程中在加固层恒载作用下(不含减载与加载措施的作用),原结构控制截面上产生的挠度与加固前、后活载作用下挠度减少之比,即

$$\beta_C = \frac{\delta_{DS}}{\Delta \delta_L} \tag{7-9}$$

式中:β_C——桥梁加固前、后的挠度置换率;

δ_{DS}——加固层恒载作用下原结构控制截面上产生的挠度;

$\Delta \delta_L$——活载作用下,原结构相应位置加固后较加固前挠度变化量。

β_C 的合理取值范围应为 $\beta_C \geqslant 1$。$\beta_C < 1$ 则表明对原结构增设加固层而增加的挠度比加固层对结构整体刚度的增强效应要大,即加固对原结构而言是不"划算"的。$\beta_C > 1$ 则说明加固层的存在虽然增加了原结构的恒载挠度但与加固后全部荷载作用下的挠度减小相比要小。当然,对于需提高荷载等级的桥梁,$\beta_C < 1$ 且控制在一定范围内也是值得的。

从力学角度对比多个加固方案时,β_C 能较全面地反映各方案在加固效率和效果上的差异。需特别指出,考虑到加固过程中多个方案的减载措施很有可能相同,为突出各方案中加固层部分的比较,式(7-9)中 δ_{DS} 可计入加固施工过程中减载措施引起的挠度变化的效应中。

总挠度变化率 β_T(或 β'_T)、恒载挠度变化率 β_D、挠度置换率 β_C 是从不同的角度来评价加固整治对桥梁刚度的影响。β_T(或 β'_T)是从桥梁整体刚度这个全局的高度来评估加固的效果;β_D 是从原结构出发,讨论加固施工对结构的影响;β_C 则是从加固层的角度来研究加固层材料的刚度和截面的使用效果。

参考文献

[1] 陈宝春.拱桥技术的回顾与展望[J].福州大学学报(自然科学版),2009,37(1):94-106.

[2] 张亮亮,刘思孟,武立群,等.基于模糊综合评判的石拱桥安全鉴定模式[J].土木建筑与环境工程,2011,33(S1):194-198.

[3] 袁晓峰.圬工板拱桥安全评估与加固方法的研究[D].成都:西华大学,2011.

[4] 郭风琪,余志武.在役大跨石拱桥极限承载力的影响因素[J].铁道科学与工程学报,2012,9(2):14-17.

[5] 龚晓进.石拱桥病害分析及维修加固方法研究[D].成都:西南交通大学,2007.

[6] 李学伟,袁鑫.实腹式圆弧拱桥病害机理分析与综合加固技术的研究[J].世界桥梁,2007(4):66-69.

[7] 赵清华.石拱桥上部结构加固技术研究[J].公路工程,2009,34(4):42-48,84.

[8] 王本毅,赵宁.公路危旧石拱桥的加固利用[J].山东交通科技,2013(3):53-57.

[9] ZHAO Z M, CHEN F J, CHAI J Y, et al. Analysis and evaluation on strengthening and widening of a Catenary Stone Arch Bridge with solid spandrels[J]. Advanced Materials Research, 2013 (838-841): 1042-1047.

[10] 邓秦峰.混凝土桥梁加固与改造技术概述[J].山西交通科技,2006(2):43-45.

[11] 廖碧海,王国鼎.拱桥加固新方法的研究及应用[J].公路,2006(10):34-37.

[12] 周林聪,郑一峰,赵洪波,等.石拱桥上部结构加固技术研究[J].铁道建筑,2010(8):36-38.

[13] GARMENDIA L, SAN J J T, GARCÍA D, et al. Rehabilitation of masonry arches with compatible advanced composite material[J]. Construction and Building Materials, 2011, 25(12):4374-4385.

[14] 周勇.石拱桥加固设计及施工方法探讨[J].山西建筑,2015,41(2):155-156.

[15] 庞国栋.增设复合钢筋混凝土拱板加固技术研究[D].重庆:重庆交通大学,2007.

[16] 周建庭,沈小俊,郝祎,等.劣化拱轴线石拱桥的综合加固整治技术[J].公路,2007(3):87-89.

[17] 祝小龙,赵春花.加固减载法在石拱桥加固处治中的应用[J].中外公路,2010,30(3):194-197.

[18] 高凯,周建庭,刘路.小跨径实腹式石拱桥拱背加固减载法研究[J].重庆交通大学学报(自然科学版),2013,32(S1):815-817,868.

[19] 周建庭,张劲泉,任红伟,等.多点支撑加固坦拱桥试验研究[J].公路交通科技,2009,26(11):66-70.

[20] 侯发亮,许志坚,孙富行,等.粘钢加固技术在提高既有桥梁承载力上的应用[J].桥梁建设,2000(4):17-19,22.

[21] 付素娟.粘贴碳纤维布在老石拱桥加固中的应用分析[J].粉煤灰综合利用,2010(3):40-41.

[22] 刘来君,秦煜,张艳,等.二次受力对粘贴钢板加固梁承载力的影响[J].长安大学学报(自然科学版),2011,31(1):46-50.

[23] 郭风琪,余志武.在役石拱桥的钢-混凝土组合结构加固法[J].铁道科学与工程学报,2012,9(1):1-4.

[24] LEIRE G, JOSÉT S J, DAVID G, et al. Innovative strengthening solution based on textile reinforced mortar for stone masonry arches[J]. Advanced Materials Research, 2010:133-134, 849-854.

[25] 崔圣爱,蒙云,黄志堂.释能法加固拱桥的结构性能分析[J].铁道建筑,2006(12):4-6.

[26] 杨圣春,胡国辉."释能法"加固石拱桥结构模型试验研究[J].公路工程,2015,40(2):51-53,69.

[27] 魏召兰,蒲黔辉,施洲.基于有限元分析的实腹式石拱桥合理计算模式研究[J].铁道建筑,2010(9):9-12.

[28] 吴跃梓.钢筋混凝土外包主拱圈加固石拱桥技术探讨[J].筑路机械与施工机械化,2016,33(8):91-94.

[29] 陈旭勇,樊建平,张斌.加固后双曲拱桥有限元分析与试验研究[J].武汉理工大学学报(交通科学与工程版),2010,34(2):246-249.

[30] 周建庭.钢筋砼套箍加固的复合主拱圈结构:CN03234347.7[P].2004-04-28.

[31] 唐洪亮,于世华.石拱桥植筋扩大截面加固措施合理化研究[J].公路,2016,61(11):133-135.

[32] 江世永,龚崇斌,白绍良,等.大偏心受压围套加固钢筋混凝土柱的抗震性能试验研究[J].重庆建筑大学学报,1999(3):5-8.

[33] 江世永,龚崇斌,白绍良,等.大偏心受压围套加固钢筋混凝土柱正截面承载力的理论分析[J].重庆建筑大学学报,1999(5):27-30.

[34] 樊华,顾瑞南,宋启根.喷射混凝土加固小偏心受压柱的二次受力研究[J].工业建筑,1997(10):11-15,63.

[35] 田炜,黄兴棣,张晖,等.大偏心围套混凝土加固柱二次受力试验研究[J].工业建筑,1994(9):31-37.

[36] 庞国栋,周建庭,李跃军.复合主拱圈加固石拱桥的承载力计算模式研究[J].重庆交通学院学报(自然科学版),2006,25(S1):16-18,27.

[37] 孙昊,钱永久.套箍加固拱肋力学性能模型试验研究[J].铁道科学与工程学报,2014,11(5):18-23.

[38] 张晶.钢筋混凝土套箍加固石拱桥力学性能试验研究[D].成都:西南交通大学,2013.

[39] 孙昊.套箍技术加固既有钢筋混凝土拱桥的试验研究[D].成都:西南交通大学,2011.

[40] 张晶,钱永久.围套加固石砌体小偏心受压构件正截面承载力的计算[J].实验力学,2010,25(1):106-112.

[41] 张晶,钱永久.套箍法加固石拱桥主拱圈的正截面承载力的理论分析[J].公路交通科

技,2008,25(6):76-80.
- [42] 黄海东,向中富,刘剑锋,等.基于组合截面内力分配的拱桥加固内力计算方法[J].重庆交通大学学报(自然科学版),2008(2):200-203,247.
- [43] 刘庆阳,周建庭,王玲,等.增大截面法加固石拱桥最小加固层厚度[J].重庆交通大学学报(自然科学版),2008,27(1):20-23.
- [44] 周建庭,郝义,刘国金,等.石拱桥合理加固工序及内力分析[J].公路.2005(4):33-35.
- [45] 廖碧海.拱桥评估与加固的理论和实践研究[D].武汉:华中科技大学,2009.
- [46] 倪玲.增大截面法加固拱桥承载力验算方法研究[D].重庆:重庆交通大学,2009.
- [47] 孙潮,刘明,陈宝春,等.下套拱加固石拱桥复合拱圈极限承载力研究[J].福州大学学报(自然科学版),2012,40(3):376-382.
- [48] 乔文靖.复合拱圈加固圬工拱桥模型试验及工程应用研究[D].西安:长安大学,2014.
- [49] 叶梦雨.石拱桥加固计算分析[D].重庆:重庆交通大学,2016.
- [50] 朱超,周建庭,刘思孟,等.基于应变斜面斜率的圬工拱桥加固后组合截面承载力计算方法[J].科学技术与工程,2016,16(10):56-62.
- [51] 黄炎生,宋欢艺,蔡健.钢筋混凝土偏心受压构件增大截面加固后可靠度分析[J].工程力学,2010,27(8):146-151.
- [52] 陈书生.复合主拱圈本构关系等效方法及模型试验研究[D].西安:长安大学,2013.
- [53] 乔文靖,宋一凡,陈书生.复合主拱圈加固石拱桥弹塑性本构关系研究[J].广西大学学报(自然科学版).2013,38(1):100-105.
- [54] 张四国,齐延平,何玉宝.单跨复合圬工圆弧拱受力特性分析研究[J].城市道桥与防洪,2013(6):238-241.
- [55] 乔文靖,宋一凡,孙克东.复合主拱圈弹塑性本构关系等效方法[J].科技导报,2014,32(2):21-25.
- [56] 周建庭,李志刚,刘思孟.二次受力 RC 梁增大截面加固配筋限值研究[J].重庆交通大学学报(自然科学版),2015,34(1):30-33,53.
- [57] 黄灿,刘思孟,周建庭,等.基于组合截面分析的拱桥加固效果评价[J].重庆交通大学学报(自然科学版),2012,31(3):373-376.
- [58] 刘向华,周安,杨庆印.南陵石拱桥的试验分析与加固研究[J].合肥工业大学学报(自然科学版),2010,33(8):1208-1211.
- [59] 邓连升,张朝明,李跃军.钢筋混凝土套箍封闭主拱圈加固石拱桥技术的研究[J].湖南交通科技,2010,36(1):77-80.
- [60] 韩继东.拱桥病害分析与增大截面法加固技术研究[D].重庆:重庆交通大学,2013.
- [61] 王军威.复合主拱圈加固拱桥受力机理试验研究[D].重庆:重庆交通大学,2017.
- [62] 周建庭,黎小刚,屈建强,等.复合主拱圈加固石拱桥力学性态分析[J].重庆交通大学学报(自然科学版),2010,29(6):849-851,903.
- [63] 孙潮,陈宝春,黄文金.圬工拱桥承载力计算方法比较[J].中外公路,2014,34(6):149-154.
- [64] 陈宝春,林上顺.混凝土偏压柱承载力计算方法[J].交通运输工程学报,2014,14(1):

18-25.

[65] 林上顺,陈宝春.钢筋混凝土偏压构件承载力各国规范算法比较[J].广西大学学报(自然科学版),2014,39(1):88-94.

[66] 陈宝春,林上顺.钢筋混凝土拱极限承载力研究综述[J].福州大学学报(自然科学版),2014,42(2):282-289.

[67] 毛德均,钱永久.套箍法加固RC轴压柱承载力计算方法研究[J].公路交通科技,2016,33(7):76-85.

[68] 乔文靖,孙克东.复合拱圈加固砌体结构拱桥中加固层优化设计[J].建筑技术,2016,47(7):593-596.

[69] 乔文靖,孙克东,李成华,等.基于初应力的复合主拱圈正截面承载力计算[J].四川建筑科学研究,2016,42(5):37-40.

[70] 林上顺,陈宝春.等效梁柱法计算钢筋混凝土拱承载力[J].福州大学学报(自然科学版),2016,44(1):110-114.

[71] 林上顺,陈宝春.素混凝土柱极限承载力计算方法[J].交通运输工程学报,2015,15(2):22-31.

[72] 林上顺,陈宝春.混凝土柱承载力按砌体柱计算的不合理性分析[J].福州大学学报(自然科学版),2017,45(2):173-178.

[73] 钟建国,唐诚.钢管混凝土拱桥外包段混凝土施工顺序探讨[J].公路交通技术,2004(3):61-62.

[74] 尼玛卓玛.加载程序设计在无支架钢筋混凝土箱形拱桥施工中的运用[J].林业建设,2005(6):36-37.

[75] 余钱华,罗波,张凯,等.大跨度拱桥加载程序优化分析[J].公路与汽运,2009(1):122-125.

[76] 周建庭,邓智,袁瑞,等.劣化拱轴线大跨石拱桥拱上建筑调载工序研究[J].重庆交通大学学报(自然科学版),2010,29(1):16-19.

[77] 黄泽权,梅盖伟,杨兴.拱桥有支架施工加载程序优化设计[J].重庆交通大学学报(自然科学版),2009,28(1):23-25.

[78] 刘思孟,张立永.圬工拱桥加固与加载程序优化方法[J].桥梁建设,2013,43(6):88-93.

[79] 刘思孟,张立永.大跨径圬工拱桥合理加固次序设计方法[J].重庆交通大学学报(自然科学版),2013,32(6):1148-1152.

[80] 钱令希.赵州桥的承载能力分析[J].土木工程学报,1987(4):39-48.

[81] 刘思孟,朱超,王庆.拱桥加固施工中的配重设计方法[J].北京工业大学学报,2015,41(2):230-236.

[82] 周建庭,刘思孟,等.钢筋混凝土肋拱桥现状评价与加固技术研究报告[R].重庆交通大学,2008.

[83] 杨文渊,徐犇.桥梁维修与加固[M].北京:人民交通出版社,1989.

[84] 张树仁,王宗林.桥梁病害诊断与改造加固设计[M].北京:人民交通出版社,2006.

[85] 刘来君,赵小星.桥梁加固设计与施工技术[M].北京:人民交通出版社,2004.

[86] BARTON S C,VERMAAS G W,DVBY P F,etc. Accelearted corrosion and embeittlement of high-strrength bridge wire[J]. Journal of Materials in Civil Engineering,2000,12(1).

[87] ALONSO C, ANDRADE C. Factors controlling cracking of concrete affected by reinforcement corrosion[J]. Materials and Structures,1998,31(7):435-441.

[88] 交通部公路科学研究所.旧桥的检测、评定和加固[M].北京:人民交通出版社,1985.

[89] 刘效尧,蔡键,刘晖.桥梁损伤诊断[M].北京:人民交通出版社,2002.

[90] 范立础,徐光辉.桥梁工程(上册)[M].北京:人民交通出版社,2001.

[91] 周建庭,刘思孟,李跃军.石拱桥加固改造技术[M].北京:人民交通出版社,2008.

[92] 石飞,周建庭,莫喜晶,等.肋拱桥关键截面箱型转换加固技术试验研究[J].重庆交通大学学报(自然科学版),2009,28(4):664-667.

[93] 刘庆阳,周建庭,王玲,等.增大截面法加固石拱桥最小加固层厚度[J].重庆交通大学学报(自然科学版),2008(1):20-23.

[94] 过镇海.钢筋混凝土结构原理[M].北京:清华大学出版社,1999.

[95] 王仁东.断裂力学理论和应用[M].北京:化学工业出版社,1984.

[96] 洪起超.工程断裂力学基础[M].上海:上海交通大学出版社,1987.

[97] 陈宝春,陈友杰.钢管混凝土肋拱面内受力全过程试验研究[J].工程力学,2000,17(2):44-50.

[98] 祝小龙.钢筋混凝土肋拱桥实用加固技术研究[D].重庆:重庆交通大学,2008.

[99] 周建庭,等.钢筋混凝土套箍封闭主拱圈加固拱桥研究[J].公路,2002(1):44-46.

[100] 刘思孟.钢筋混凝土套箍封闭主拱圈加固拱桥技术研究[D].重庆:重庆交通学院,2004.

[101] 孙训方,方孝淑,关来泰.材料力学[M].6版.北京:高等教育出版社,2010.

[102] 叶见曙.结构设计原理[M].北京:人民交通出版社,2005.

[103] 周雁群.钢筋混凝土拱结构的损伤分析与非线性行为研究[D].长沙:长沙理工大学,2006.

[104] 侯发亮,许志坚,孙富行,等.粘钢加固技术在提高既有桥梁承载力上的应用[J].桥梁建设,2000(4):17-19,22.

[105] 易文.自密实混凝土在结构加固工程中应用研究[D].长沙:湖南大学,2009.

[106] 王弯弯.沿海及盐渍地区输电杆塔混凝土钢筋牺牲阳极阴极保护技术研究[D].北京:华北电力大学,2017.